悖论简史

Philosophy and the Labyrinths of the Mind
A Brief History of the Paradox

哲学与心灵的迷宫

［美］罗伊·索伦森 著

李岳臻 译

九州出版社
JIUZHOUPRESS

本书献给那些从没有一本书献给他们的人

有两个著名的迷宫,常常使我们的理性误入歧途:其一关涉到自由与必然的大问题,这一迷宫首先出现在恶的产生和起源的问题中;其二在于连续性和看来是其要素的不可分的点的争论,这个问题牵涉到对于无限的思考。第一个问题几乎困扰着整个人类,第二个问题则只是让哲学家们费心。

——戈特弗里德·莱布尼茨,《神正论》

无论在什么地方,只有我们实际地看到事物从其开端发展而来,我们才能获得关于事物最好的洞见。

——亚里士多德,《政治学》

前　言

　　数学家将质数描述为数学研究的原子，因为所有的数都可以被分析为质数之积。我认为悖论是哲学的原子，因为悖论是规范思辨的基本出发点。

　　哲学是通过问题，而不是通过答案被整合而成的。基本的哲学问题产生于我们日常概念框架中的麻烦之处。这些悖论通过共同的问题以及对其不断积累起来的回答将一代又一代人联系在了一起。哲学通常的呈现方式要么以哲学问题为导向，要么以哲学史为导向。通过研习悖论的历史，我们有机会同时实践这两种方法。

　　本书被如下的人类学假说所指导：悖论产生发展自古希腊民间传说中的谜题——德尔斐神谕、基督教的教义问答（Christian catechisms）和哑剧猜谜游戏（charades）也都同源。与此对应，我将在本书的第一部分中讨论古希腊的哲学家。古希腊哲学家将不正式的口头辩论模式精炼为"辩证法"（dialectic），其最著名的体现就是柏拉图的对话集。古希腊人的创举在后世得到了进一步的提升，从而产生了当代的逻辑学以及对于历史与科学的辩证理解。

　　悖论是那些会使我们在**太多**个好的答案之间无法决策的问题（或者伪问题）。当一条变形虫一分为二时，它是否就不复存在了呢？从一方面来说，生物体是可以在失去了一半身体的情况下仍然继续存活的。变形虫母体的唯一问题在于它过于成功：它所失去的那一半身体并没有变成无生命的组织，而是变成了另一条同样健全的变形虫。从另一方面来说，变形虫的繁殖仿佛与自杀别无二致，因为它无法以任何身份在分裂之后继续存活。我们没有理由认为变形虫母体等同于繁殖之后两个子体之中的一个，而不是另一个。而变形虫母体同时以两个子体的形式继续存在的说法，又和每个生物体都是统一个体的观念相冲突。

通常来讲，支持悖论的一个解决方案的论证在孤立情况下往往看起来深具说服力。不同的答案就像拔河比赛中旗鼓相当的参赛者那样分不出胜负，而这使得问题长期持续存在。古希腊人对于诸如此类的令人惊讶且又持续存在的对立关系十分感兴趣。

常识或许看起来像是一个天衣无缝、恒久不变的整体。但是它其实更类似于地球的表面，是一个由一系列巨大的、缓慢碰撞并相互摩擦的板块所构成的拼图。大地所具有的稳定性，是强大的作用力与反作用力相互抵消的结果。这种均衡状态并不是完美的；潜在的张力持续地存在着，有时甚至会突然出现板块下降。悖论标志着我们的常识世界之中存在着断层。

这种裂痕是否深入到了理性本身？许多哲学家敦促我们坚持遵循论证，无论它引向何方——就苏格拉底而言，哪怕它引向死亡。但是，当具有说服力的论证将我们引向相互冲突的不同方向之时，我们应该怎么办？

一种由赫拉克利特率先提出的激进回应是我们应该接受矛盾的实在性。他认为悖论是切实存在的。黑格尔、马克思以及当代的澳大利亚辩证逻辑学家都扩展了这种思路。

处于另一个极端的人则认为我们的不自洽来源于我们对感官的依赖。巴门尼德摒弃了世界上存在着多个变化着且移动着的事物这一表象。他将实在视为一个单一的、统一的整体。芝诺的悖论则旨在通过从常识之中提取出荒谬的结论来强化巴门尼德的结论。

大多数哲学家都是这两种极端之间的温和派，试图调和知觉与理性。德谟克利特的折中方案是将这个世界看作一个由复杂物体组成的变化中的宇宙，而这些物体是由不变的、不可分的原子在虚空之中移动所构成的。理性主义者则将辩论推向有利于理性的那一方。他们认为悖论的起因是先天见解（*a priori insights*）的匮乏。随着科学的兴起，经验主义者则向相反的方向与理性主义者展开了艰难的"讨价还价"。他们将悖论归结于海量的错误信息。如果我们能够清除掉我们所具有的迷信思维和更不易察觉的思想污染，那么我们就会有充分的耐性来回答哪些谜题是可以得到回答的这一问题，也会有足够的成熟度来承认我们对感官范围之外的无知。悖论既塑造了理性主义者和经验主义者之间的经典辩论，又受到了这一辩论的塑造。要准确如实地描述悖论，就必须将它们放置于其自然的智性环境之中。一旦脱离了这种背景，它们就会看起来像是马戏团动物一般。

我承认，悖论**有时**确实应当孤立地被研究。逻辑学家和数学家惯常于在临床试验环境下将悖论拼装起来。二律背反（antinomies）、谬误推理（paralogisms）、诡辩（sophisms）被陈列于读者的眼前，就像是一列参加大型入伍体检的新征士兵。我们从忽略宏观大局的分析性方法中确已学到了很多。但是，为什么总是忽略宏观大局呢？

无论如何，我对悖论的发展历程和古老形态很感兴趣。因此，我的叙事方法是相对从容的。尽管对于悖论我有着自己的理论，但是我的总体意图是让悖论自发地按照其本来的发展顺序铺展开来。

最深刻的悖论具有外向的性格——它们自然地擅长于做自我介绍。这些对于必要的普遍信念的挑战具有自我诠释的能力：它们促使着我们做出区分、提出假说，来应对"我们应该如何回应悖论"这一问题。常识有可能是错误的吗？悖论的存在是否是人类理性的弱点的症状？它们是否指向了不可言喻的真理？在什么时候忽略论证又是合理的呢？

在亚里士多德的外甥卡利斯提尼斯（Callisthenes）主动选择去记述亚历山大大帝的远征之时，他不可避免地随着鲁莽的亚历山大一起陷入了容易产生误判的情形之中。悖论的发现者们使得为他们著史立传之人面临着类似的危险。与之保持着看似安全的距离的我看到探究者们仰起头来以获得更好的视角，最终将一只脚踩在某条看似坚实的原则之上，而将另一只脚踩在了与第一个原则不兼容的另一原则之上。因为我急于说明他双脚的站姿是不稳定的，所以我也有失足的风险。在本书接下来的篇幅之中，我将在两千年的历史长河中一次又一次地冒这种风险。我将或早或晚陷入与我所记述的人们相同的命运之中。对于这些错误，我深表歉意，但是我也感谢那些使得我有机会犯下这些错误的人们。

我还有更加具体的致谢辞要讲。我要感谢《心灵》期刊的编辑允许我在第一章中部分重印《鸡蛋先于鸡》一文。["The Egg Came Before the Chicken", *Mind* 101/403（July 1992）: 541–542] 我对 V. 阿兰·怀特（V. Alan White）允许我从其哲学歌曲网站上引用《二律背反》(*Antinomy*)一曲表示感谢,其网址为www.manitowoc.uwc.edu/staff/awhite/phisong.htm。最后,我感谢我在达特茅斯学院的同事与学生对本书的初稿提出的意见和建议。

目 录

前　言　/ i

1　阿那克西曼德与起源之谜　/ 001

2　毕达哥拉斯对公分母的探寻　/ 019

3　巴门尼德论不存在者　/ 029

4　西绪福斯之石与芝诺悖论　/ 045

5　苏格拉底：探究悖论　/ 059

6　麦加拉学派的同一性危机　/ 073

7　欧布里德与说谎者政治学　/ 085

8　"柏拉图"的注脚　/ 103

9　亚里士多德论宿命论　/ 119

10　克律西波斯论人的构成　/ 133

11　塞克斯都·恩披里柯与辩护的无穷倒退　/ 151

12　奥古斯丁的语用悖论　/ 165

13　阿奎那：上帝可以有传记吗？　/ 181

14　奥卡姆与不可解问题　/ 193

15　布里丹的诡辩　/207

16　帕斯卡的不可能运算　/223

17　莱布尼茨的充足理由律　/245

18　休谟吞噬一切的观念　/259

19　托马斯·里德的常识　/275

20　康德与纯粹理性的二律背反　/291

21　黑格尔的矛盾世界　/311

22　罗素的集合　/323

23　维特根斯坦与一个语法玩笑的深意　/339

24　蒯因的问号　/355

参考文献　/377

1

阿那克西曼德与起源之谜

"……5，1，4，1，3——结束了！"一个面容憔悴的老人高喊道。

"您看起来非常疲乏，请问您之前在做什么？"

"我在倒着背诵小数形式的圆周率！"

这是路德维希·维特根斯坦（Ludwig Wittgenstein）所讲的一个哲学玩笑。一个没有起源的事物几乎是一个矛盾。然而，哲学这门学科大概就是在接受了这种荒谬性后才得以发端的——因为它正是阿那克西曼德（约公元前610年—前545年）对于史上第一个有文字记录的悖论的解决方式。

我们来自哪里？

人们热衷于追溯他们祖代的谱系。阿那克西曼德对于这种好奇心加以概括。他注意到，每个人的生命都始于婴儿阶段，在这一阶段之中，人只有受到养育才有可能活下来。阿那克西曼德就此推论，最早的人类是由动物养育的。古希腊人知道鲨鱼孵育出的子代出生之后便具有活力和自立性。由此，阿那克西曼德猜测，最早的人类诞生于水生动物，并在之后受到了后者的抚养。

但是我们的这些动物祖先又来自哪里？在这个问题上，阿那克西曼德似乎再一次超越了他的时代：他推断说这些动物来自无生命的先祖。

那么，**这些**先祖的先祖又是什么呢？不论我们沿着这条思路探寻多久，我们都可以继续发出同一个问题："那么，在那之前发生了什么？"然而，历史似乎不可能没有一个开端。这不就是维特根斯坦那则玩笑的寓意所在吗？

也许一些与阿那克西曼德同时代的人们曾试图将这种荒谬性精确地表述为"不可能的等待"：如果过去是无穷的，就必须经过无穷的时间才能达到现在这一时刻。无穷的等待是没有终点的。然而，我们正身处当下这一刻！因此，过去必然有一个开端。

与阿那克西曼德不同的是，本书的读者应该很熟悉"负数"这一概念。我们可以构建一个模型来描述无穷的过去：我们用0来代表现在这一时刻，用-1代表昨天，-2代表前天，以此类推。对我们来说，即使在0之前有无穷多个数，我们也不会困惑于如何能够从负无穷到达0。那么，是什么让无穷的过去比负整数的无穷序列更令人困惑呢？

这个数学模型似乎也适用于表示无穷的未来：+1可以表示明天，+2可以表示后天，依此类推。你可以想象自己遇到了一个不朽者，其命运是永恒地计数，那么每一个正整数都会被他数到。

但是，负数并不足以解决起源悖论。宣称背诵出了无穷多的数总有一种"无中生有"的感觉。

什么是悖论？

在讨论哲学是否起源于野蛮人时，第欧根尼·拉尔修记录道："就印度的苦行僧和德鲁伊教的信徒而言，我们得知他们是通过谜题的形式来表达他们的哲学的……"我把悖论理解为谜题的一种。最古老的哲学问题是从民间传说演变出来的，我们可以看到产生这些问题的语言游戏在其中遗留下来的痕迹。

引诱性谜题（seduction riddles）被提出是为了使实质上很糟糕的答案看起来像是好的答案。譬如，一个 2 米长、2 米宽、2 米高的洞里有多少泥土？这个问题诱使我们回答说："有 8 立方米的泥土。"而出题者则会提醒我们，一个洞之所以被称为洞，说明它里面并没有被填上泥土。

与此相反，神秘性谜题（mystery riddles）则看似没有任何答案。达成这种不可解表象的一种途径是用一种显然自相矛盾的方式描述一个事物。当阿那克西曼德还是一个小男孩的时候，他一定曾被问到过这个古希腊谜题："什么东西有口却从不进食，有床却从不睡觉？"（答案是：河，因为它有河口和河床。）文字谜题的存在为我们具体展现了民间传说中的诸多体裁。阿那克西曼德也许是从赫西俄德的《神谱》（*Theogony*）中听说斯芬克斯之谜的。我们通过索福克勒斯（Sophocles）的戏剧《俄狄浦斯王》（*Oedipus the King*）清楚地知晓了这一谜题。斯芬克斯是一个怪物，每天都用它从缪斯女神那听来的谜题考验路人："什么东西早上有四条腿，下午有两条腿，而晚上有三条腿？"它希望它的受害者全都无法理解这个谜题中所暗含的隐喻。而俄狄浦斯则通过**破解**题目找到了答案：在人生的开端，婴儿需要用到全部的四肢来爬动，此后人们学会利用双腿直立行走，而最终，在垂暮之际，他们需要依赖于拐杖才能蹒跚而行。然而悲惨的是，俄狄浦斯最终没能解决更深层次的问题，即他自己的出身，盲人先知狄瑞西阿斯（Tiresias）在其"谜言"之中不断地提及这个问题。

对于大多数神秘性谜题，在知晓答案之前我们是不大可能理解其题意的。在驾驶着飞机撞击世贸中心大厦之前的两周，穆罕默德·阿塔（Mohammed Atta）打电话向拉姆齐·比纳尔谢赫（Ramzi Binalshibh）求教一个谜题：两根棍子、一个短横线、一个下面插着小棍的蛋糕——这是什么意思？比纳尔谢赫也感到困惑。在"9·11"恐怖袭击发生之后，他才意识到那两根棍子表示"11"，那根短横线代表日期分隔符，而那个下面插着小棍的蛋糕则代表数字"9"。

有时甚至连出谜者本人都会感到困惑。当疯帽匠向爱丽丝提出"为什么说渡鸦就像一张写字桌"的问题时，他也不知道答案是什么。甚至连疯帽匠这个人物的创作者逻辑学家刘易斯·卡罗尔也不知道答案。

悖论的提出者并不一定需要把悖论的含义遮掩在含糊和隐喻的幕障之后。他完全可以表现得十分坦率，因为谜题之所以有效果就在于它会使得听众在太多个好的答案之间无法决策。譬如，让我们来思考这个广为流传的悖论："是先有鸡，还是先有蛋？"回答"先有蛋"的人可以用一个令人信服的理由来支持自己的观点：所有的鸡都是从蛋里孵化而出的。但问题是相反的答案有着一个同等可信的原理支持：所有的蛋都是由鸡下的。

通常相互矛盾的证据都是不牢靠的。通过进一步观察、重新测量与多次计算，我们的犹疑往往会得到消解。相较而言，悖论是极其顽固的。每当一方似乎更胜一筹时，反向的观点就会发展出来，最终恢复双方的平衡。根据工程学，我们知道达成这种动态平衡最简单的方式是构建对称。当两块板子互为支撑时（就像这样：∧），它们之间大小相等、方向相反的作用力使得这一组板子立起来。这种对称性在"鸡或蛋"谜题中是显而易见的。然而我们也会遇到构造得更复杂的情况。

希腊人十分着迷于对立斗争。他们热衷于那些由相反观点的相互斗争来维持平衡的问题。他们的剧作家亦善于将悖论这一元素熔炼于其作品之中。

悖论爱好者为出乎意料的平局而感到快乐——尤其是当他的观众可以预料到正确结果时。就连小孩子们都知道芝诺运动悖论的答案：你能走出一个房间吗？一根箭可以在空中穿梭吗？如果一只缓慢的乌龟在最初稍稍领先的话，那么飞毛腿阿喀琉斯能追上它吗？芝诺通过合乎逻辑的论证使听众产生混淆，使听众认为每一个问题都是**无解**的。就像刘易斯·卡罗尔笔下的爱丽丝那样，孩子们知道"这个说法一定在什么地方有错"，但是他们无法确切地指出那个错误。

悖论有时可以通过表明一种解决方案的某一先决条件不成立而得以"消解"。问题逻辑的研究者将**直接答案**定义为那些恰好满足了提问者所需信息量的答案，它既不包含任何多余内容，也不缺少任何必要信息。当我问道"第一个制作星图的希腊人是阿那克西曼德还是他的老师泰勒斯"时，我其实留给了你两个直接答案，并且要求你从中挑选出那个正确的答案（或者说，一个正确的答案）。你若是完全遵从我的要求的话，就应该断言道："阿那克西曼德是第一个制作星图的希腊人。"在一道填空题里，比如"地球的高度和直径的比例是多少？"你需要在一个无穷的值域中做出选择。阿那克西曼德选择道："地球的高度和直径的比例是1∶3。"（阿那克西曼德认为地球的形状类似于一个犬用水碗，大体上是一个圆柱体，只是其顶部有一些内曲，以免水从中溢出。）如果一个问题的所有直接答案都是错误的，那么你正确地回答该问题的唯一方式便是去质疑"某一个直接答案是正确的"这种假设。

有的时候，人们会将谜题的一部分等同于悖论。这一部分或是最出人意料而合乎可能的**答案**，或是**支持**这个答案的论据，甚至是所有可能答案的整个**集合**。

譬如说，加雷斯·马修斯（Gareth Matthews）将悖论定义为一种与概念真理相冲突的表述。他给出的例子是斯多葛主义的信条：有且只有那些自由的人才知道他们是不自由的。

大多数哲学家都认为论证在悖论之中起着核心作用。R. M. 塞恩斯伯里（R. M. Sainsbury）认定悖论就是从可接受的前提和可接受的推理模式之中所推出的不可接受的**结论**。J. L. 麦基（J. L. Mackie）则宣称悖论就是整个**论证**本身。

其他哲学家则认为，悖论是一组分别看似合理，合在一起却相互矛盾的命题。根据尼古拉斯·雷舍尔（Nicholas Rescher）的观点，不同的哲学立场可以被归为解决悖论的不同方式，它们通过排除集合中的某一成员来解决悖论。而这个集合可以被视为更有条理的悖论的答案集，这个悖论的形式是："下列命题中的哪一个是真的（如果至少有一个为真的话）"这种有效的形式不基于任何预设，因此它将回答者的答案限制在直接答案之中。希腊人发明了这种思维工具，而我在本书中会经常使用它。

虽然我认为悖论是谜题，但我认为悖论中的一部分也可以被称为悖论，就像玫瑰的一部分可以被称为玫瑰一样。玫瑰严格来说是**蔷薇**属下的一种灌木，但是否认这种灌木被切下的花朵是玫瑰，这种做法是迂腐的。

这个关于玫瑰的类比让我想起了伯特兰·罗素和维特根斯坦之间的一段交流。在维特根斯坦还是学生的时候，他会极度认真地思考某一个问题，然后就像沙皇颁布诏书那样公布自己的解决方案。罗素责备他往往不将他得出结论时的推理过程写下来。维特根斯坦大声问道，如果他要送给罗素一朵玫瑰花，他是否也应该把花的根部一起给他？

哲学家们将论证解读为种类极其繁多的现象：解释、预言、思想实验，甚至是历史本身（仿佛战争本质上不过是一场激烈的辩论似的）。如果一名哲学家提出加拿大的国旗中暗含了一个论证的话，我不会感到太过惊讶。看看旗帜左上和右上方的白色区域。如果把深浅的着色对调一下，你可以看到这两个区域很像两个向下45度垂着的头在争吵。（图1.1）

在我的观点之中，悖论的任何好答案并不需要基于某种论证。一个好答案可能基于你看到的东西，抑或是基于常识。月亮是在靠近地平线时最接近地球吗？亚里士多德的眼睛告诉他是这样，但是他的天文学理论却否定了这种说法。在亚里士多

图1.1

德凝视瀑布的时候，他发现河岸显然在移动，然而同时它又看起来是静止的！在此，似乎在同一种知觉**之内**产生了矛盾。基于论证的悖论定义不符合被心理学家描述为"视觉悖论"的那种幻象，譬如罗杰·彭罗斯三角形（Roger Penrose's Triangle，图1.2）。这种三角形有三个相等的边，因此也有三个相等的角。然而，如果有人问到这三个角有多大的话，你会"看到"每个角都大于60度。由于三角形的内角之和必须是180度，所以你对于这三个角都大于60度的看法只能持有将信将疑的态度。但同时，你也不能改变视觉上对此的直观印象。

心理学家认为这种不协调是无法解决的，因为我们的视觉系统是分割的。我们可以把每一个心智模块看作包含一个做出初步判断的小人，那么，这种小人如何做出其判断呢？我们可以说，每一个小人都是由更小（而更基础）的小人组成的。这种层级体系的底部是那些可以用机械方式解释的行为。一个专长于判断角度的小人无法与其他小人——譬如一个专精判断长度的小人——进行沟通。即使在你用量角器测量了角度之后，

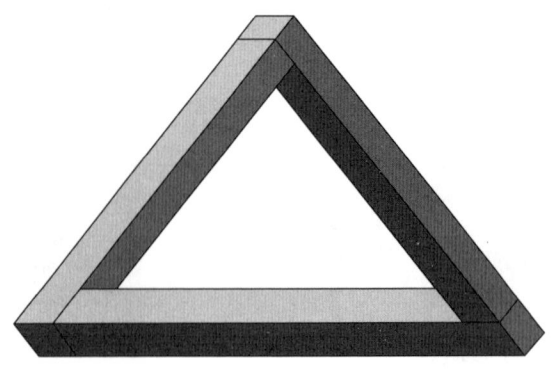

图1.2

这个判断角度的小人仍然会给出与之前相同的角度判断。为了加快速度，每个小人的判断都基于寥寥的几条标准以及少量简单的法则来处理有限的信息。小人没有时间来沟通或是思考。因此，这些小人是固执成见的，常常陷于互相的分歧之中。为了使得我们的知觉能跟得上环境的变化，错觉的产生是不可避免的。

如果说一个谜题的所有好答案都出自一个由不同小人（比如那些负责视觉或语言的小人）构成的体系所做出的判断的话，那么这种冲突就无法用理性的方式化解。当某种事物**导致**处于矛盾之中的小人不再进行判断时，这种悖论才可能会消失。比如说，有一些知觉上的错觉会随着我们年龄的增长而消失。若是我们能够抑制非理性的冲动（就像是一个镇静的航空旅行者忽视其对于坠落的恐惧那样），或者我们干脆接受这种冲动的合理性（就像情人接受自己的妒意），则悖论也就可忍受了。然而，这些小人完全不具有**推理**的能力。

只有那些具有认知成分的悖论才有被化解的可能。因此，哲学家的兴趣集中在那些可以基于理性判断其答案是否可信的悖论之上。同时，他们将**悖论**的讨论相对化，限定至当下拥有最佳理性的思考者的手中。最重要的问题是探求究竟是什么妨碍了这些优质的思考者得出答案。

尽管我认为哲学家夸大了论证在悖论之中的作用，但是我个人认为他们将悖论定义基于论证是富有教育意义的。只有在我养成了用逻辑模式来看待问题的习惯之后，我才开始能够理解哲学。我不再以零散的猎奇心态阅读伟大思想家的作品，而是依照具体的思维导向深入地研究他们。正是通过悖论这面棱镜，哲学史才变得真正明晰起来。

有记录以来最早的悖论

阿那克西曼德的悖论是：每个事物都有起源吗？他的回答是**否定**的。有一个无限的存在物维持其他一切存在物的存在，而它本身却不基于任何其他东西。阿那克西曼德的推理过程可以被重构为对无穷倒退的规避：有些事物现在存在，却并不总是存在。任何有开端的事物之存在都需要基于另一个先于其存在的事物。因此，必然有一些没有起源的事物。

在基督教兴起之前，宇宙不可能有开端这一看法是人们的共识。唯一的疑虑在于阿那克西曼德的"无受因的起因"（uncaused cause）的论证中是否存在漏洞。譬如说，一些哲学家曾思考过是否可能存在由有限事物构成的无限序列。每一个负整数与0之间的距离都是有穷的，而且这些负整数"来自"另一个同样与0保持着有穷距离的前数。例如，-1有-2作为其前数，-2则是-3的后数。这个无穷的整数序列中的每一个数都有一个起源（亦即它的前数），并且其与现在这一点（亦即0）的距离都是有穷的，然而整个负数的序列并没有一个起点。

这表明了人类起源问题的另一种解决方案。我们与其跟随阿那克西曼德从无限**事物**出发的思路，不如考虑有限事物之间的无限**关联**。特别是如果父母与子代之间存在着无穷序列的话，那么每一代都有父母来哺育子女，因而我们不需要再考虑人类起源于动物这一假设。亚里士多德赞同这种解法。他相信每个物种都是无限古老的。因此，亚里士多德相信"是先有鸡还是先有蛋"这一谜题所基于的是错误的前提。因为每一只鸡都来自一枚鸡蛋，且每一颗蛋都来自一只鸡，所以鸡和蛋的出现没有先后之分。

查尔斯·达尔文最终验证了阿那克西曼德的假设：鸡和蛋存在的时间是有限的。因此，要么蛋的出现先于鸡，要么情况相反。

　　阿那克西曼德对于人类起源问题的看法同样适用于应对鸡的起源问题。鸡蛋需要被孵化，而小鸡需要被饲养。因而在太古之初，必然有一些非鸡类的生物承担起了对鸡的抚养责任。因此，在成年鸡出现之前，必然已经有了鸡蛋。

　　阿那克西曼德认为人类的祖先在幼年时是由某种水生动物饲养的。从现代生物学的视角来看，这种观点是愚蠢可笑的。但我认为当代的演化论会同意阿那克西曼德所持有的蛋先于鸡的观点。根据格里戈·孟德尔的遗传理论，转变为鸡这一事件只能发生在生蛋者和它生的蛋之间。其原因是一个特定的生物体在其生命历程中不能改变它的物种归属，它的基因是固定的。然而，演化论告诉我们，生物存在着没能纯系繁殖的可能性。所以，虽然我们无法确定第一枚鸡蛋具体是哪枚，但可以知道最早的那枚鸡蛋一定先于最早的那只鸡而存在——无论这只鸡具体是哪只。蛋之先于鸡的存在，是一种生物的而不是逻辑的必然。如果我们根据让·拉马克（Jean Lamarck）的特质后天获得论来思考的话，鸡也完全可能是先于蛋的。

　　因为阿那克西曼德并不具备必要的生物学知识，他对于鸡与蛋谜题的解答最多只能算是幸运地猜对了罢了。但他为其猜想构建了理性的根基，这一点值得称赞。

无受因的起因之含义

　　阿那克西曼德的无限存在者向我们提供了一些关于过去的

信息。但是，未来又是怎么样的呢？是否一切事物都有尽头？有尽头似乎是不可能的，因为我们总是能持续追问：那接下来又如何呢？无穷无尽的未来在某种模糊的意义上显得不很令人满意，因为它不具有完全性。我们对各种各样的不确定性感到不安：无穷、模糊、随机性。这些概念尤其容易引向悖论。但是有时我们无法回避它们。阿那克西曼德在接受了无限定的"阿派朗"（apeiron）作为万物的普遍起源的同时，也承认了它是宇宙的宿命。我们所处的有限世界就如同三明治一样被两个无限夹在中间。

根据阿那克西曼德的说法，我们现下的环境是通过分离的过程从无限的本原中产生的。如果你拿起一根管子，用它把土、沙子和细小的微粒吹入一片水中，冒着气泡的混合液体最初是未分化的混合物。但随后气体从水中升起，而最粗糙的颗粒会沉入底部，在这些颗粒之上是稍微细一些的颗粒，而最细小的颗粒会留在最上面。物以类聚。大地同样通过沉积的过程从水本原中产生。随着水的退去，土地才显露出来。

阿那克西曼德绘制了第一张世界地图来描绘这些广阔的土地。根据希罗多德对这张地图的详细描述，学者们将它重新绘制了出来。阿那克西曼德用平衡来解释为什么地球不会无尽地落入太空的深渊之中。对于这种平衡的本质存在着好几种解释。亚里士多德说阿那克西曼德利用的是作用于地球上的力之间的对称性（每一个力都有一个等大、反向的力抵消其效果）。因为并不存在任何理由使得地球向一个方向而不是另一个方向移动，所以地球保持在它的位置上。

悖论何时会成为谬误？

阿那克西曼德将我们现在这个时代中的变化解释为对立面之间斗争的结果。夜晚的寒冷取代白天的温暖。正午烈日下的干燥取代晨间露珠的湿润。夏季一定会取代冬季，而随后冬季又会取代夏季。一切事物都与其对立面相生相克。阿那克西曼德的著作《论自然》(The Nature of Things) 中唯一留存下来的一句话就说明了这个道理："万物所借由产生者，万物消灭亦必复归于它。此般皆遵循必然性，因为万物按照时间的秩序为其不义彼此补偿。"与往往摆出价值中立姿态的现代物理学家们不同的是，阿那克西曼德用规范的方式来构建他的法则：对立双方**应该**相互抵消。只有苦涩与甜蜜相平衡、热和冷相平衡，才称得上健康。所有的变化都涉及对先前错误的矫正。如果对立面中的一方得以永久地占据上风，那么世界秩序就会被破坏。

在阿那克西曼德所处的时代，人们相信好运和厄运会相互抵消。希罗多德记录道，在公元前540年时，波利克拉特斯（Polycrates）在他的兄弟们的帮助下，在萨摩斯（Samos）夺取了政权。在谋杀他的一名兄弟并流放了另一名兄弟以巩固他的地位之后，波利克拉特斯与埃及统治者阿玛西斯（Amasis）达成了和约。此后，波利克拉特斯顺利地开始了对外的征服与扩张。

此时，阿玛西斯开始感到担忧了，于是他写信给波利克拉特斯予以善意的警告，他说道：

> 了解到我的朋友、盟友境遇甚佳，自然是值得开心的。但是你获得的这些巨大成功不甚合我意，因为我了解诸神，

深知他们有多么易妒。因此比起在所有事务上都顺风顺水来说，我更愿意看到我和我所在意的人都在一些事情上获得成功，又在别的事情上不那么顺利，从而有起有伏地度过一生。因为根据我所知，没有哪个人在历经了接二连三的好运后不会最终承受恶劣的结果，彻底毁灭。因此，我希望你听从我之于你所获的成功的建议：想清楚什么是你看来最珍贵、最不容失去的东西，将它丢弃得足够远，使它不再重见天日。此后，如果你所取得的成功没有带给你厄运，那么再努力地按照我所建议你的那样弥补这件事吧。（希罗多德，1920，iii，40）

波利克拉特斯感觉失去他的铭文指环会给他带来最大的痛苦。于是他召集了一船水手出海。波利克拉特斯当着整船人的面把那枚指环投到了汪洋大海之中。大概在五六天之后，一名渔夫捕获到了一条大鱼。那是条上佳的鱼，于是渔夫决定把它献给波利克拉特斯。波利克拉特斯收下了这份礼物，并且邀请那位渔夫与他一起吃鱼。当波利克拉特斯的仆人们割开鱼腹之时，他们发现了那枚丢掉的指环并把它归还给了波利克拉特斯。当阿玛西斯听说了这件事情令人难以置信的走向之后，他总结道：要把一个人从他的命运中拯救出来是不可能的，他预言波利克拉特斯很快就会陷入重大的不幸之中。果不其然，波利克拉特斯在应一位波斯总督的邀请乘船驶往马格尼西亚时，遭到了残忍的杀害。

阿玛西斯在这里是否犯下了赌徒谬误呢？赌徒谬误（gambler's fallacy）是指错误地假设平均法则（law of averages）是通过补偿，而不是大量重复来起作用的。在投掷一枚均匀的硬币时，硬币落地应该有50%正面朝上和50%反面朝上的概率。如果一枚硬币连续五次正面朝上落地，是否第六次投掷就更可能是反面朝上的呢？如果平均法则通过补偿起作用的话，那么答案就会是肯定的——过多正面朝上必然需要过多反面朝上以维持均衡。但是概率并不具有记忆力。平均法则其实是通过大量重复起作用的。从长远来看，正反面朝上的概率会各自趋近50%，因为大量的投掷次数使得偶然性的影响微不足道。

谬误与悖论的不同之处在于谬误中的错误可以被明确"诊断"出来。在此"明确"只是相对于专家，而不是普通人来说的。即使是在今天的赌场中也仍然充满了犯下赌徒谬误的人。令人惊讶的是，直到17世纪人们才终于明白这种对于平均法则的误解。在分析阿那克西曼德在大量重复与补偿之间的混淆时，我们很难避免犯下时代错误。将之称作"补偿悖论"更适合他的年代。如果我们把他的"宇宙正义"重新解释为大量机械性重复的效果，那么我们的解释就会冲击阿那克西曼德的理论，成为其去神话化研究方法的激进延伸。

我们之所以能够理解阿那克西曼德的错误是因为我们自己仍然忍不住犯下相同的错误。即使是专家也会在不经意间犯下统计学谬误。新的知识并不会抹去旧有的道路。我们的大脑里是存在隔层的。在面对不确定性时，我们大脑中同时存在着拥有精深的概率论知识的现代隔层与经验法则的旧隔层。当新隔层没有得到运转的暗示时，旧隔层就会起作用。因此，专家在缺乏专注度的情况下的思考方式与业余人士别无二致。

阿那克西曼德基于对立的物理学是补偿悖论的一种极佳表现形式。质量和能量等各种自然量都是守恒的。但是认为运气也是守恒的就是一种错误。我们关心某一年是干旱还是湿润、是温暖还是寒冷之类的问题，因此，如果我们认为平均法则是通过补偿来运作的，那么我们就会认为干旱年份的歉收将会带来多雨年份的丰收，从而实现平衡。我们将自己的好恶因此而投射到自然界之中。我们会认为宇宙的诸多基本力量（包括但不限于运气）都是通过补偿的机制来发挥作用的。

任何在自然界中找寻规律的人都会注意到有些事物确实会相互抵消。人类可以通过监测数据并定期施以增减来实现数量上的均衡。他们把这种平衡化行为看作是世界运行的模式。因此，我们可以在中国人那里看到对"阴""阳"的执念，以及在印度人那里看到对"业"的关注。同时，有些人注意到此生的命运其实并不总是平衡的。对于补偿机制的坚定信念使得他们选择相信前生或者来世，以此来解释凶吉运气的不均。

补偿机制的运作需要对过往事物的记忆。只有在可以从记忆的内容得出推论的时候，记忆才起作用。这些记忆的内容必然来自此前已有的认知。如果我的坏运气总是能被好运气所平衡的话，说明记忆的内容必然可以感知到我的欲望。因此，阿那克西曼德的补偿法则要求至少有一名形而上的监督者进行运作。

诚然，阿那克西曼德主要的关注点是给出世俗化的阐释。他淡化了神在他的理论中的作用。虽然与他同时代的人大都把雷电看作是宙斯的神圣长矛，但阿那克西曼德指出雷电是由风引起的。即便如此，阿那克西曼德确实最终将理智赋予无限者。出于补偿法则的推论，机运必然具有记忆。好事的出现会使得坏事的降临更加可能，反之亦然。福兮祸所伏，祸兮福所倚。无限的存在者指引万物运行的方向，而我们必须遵循。

我猜想阿那克西曼德的理论框架之中的那一点反常的拟人

化倾向源自无起源过程自身的怪异特性。无穷的存在会令人自感渺小。在成长的过程中，我们会慢慢地培养起新技能，最终获得所有儿童都应具备的基本能力。但是当这些成长过程中培养的技能不足以应对生活时，我们会回到最基本的模式，即要求父母的保护和指导。尽管阿那克西曼德对神人同形感到十分抗拒，但他最终还是回到了在没有思维的宇宙那里寻找意图的做法上。

人们即使在面对无限存在者时，也仍要给它贴上人的面孔。我从街区里一个比我稍大的男孩那里第一次听说了对上帝存在的宇宙论论证。这一论证的要点是："一切存在者的存在都有其原因，且的确有存在者存在。因此，必然有一个本身没有原因的事物作为其他一切事物的原因。"后来，在同一条街上，我听到了反对意见：这个论证的结论和它的第一个前提是相互矛盾的。我们可以通过将第一个前提的应用范围缩小到仅包括依赖其他事物而存在的事物来避免这种矛盾。"第一因"不能像其他事物那样有所依赖。因为如果那样的话，它的存在就有赖于另一事物，从而无法避免无穷倒推。第一因必须是某种不依赖于任何其他事物的事物。因此，它是一种其他一切事物都最终以其存在为基础的必然存在者。第一因通常被人们归为造物主。

造物主这位候选人在民主选举中的确很可能会赢下多数选票。选民名单星光熠熠，包括4世纪的哲学家圣奥古斯丁。他意识到这种推理的基本思路会引发许多问题，并且提出了其中一些问题。当年轻的奥古斯丁问道，上帝在创世之前在做些什么时，他收到的答复是："在给那些提出这种问题的人准备地狱。"

当然，也有一些稍温和些的答案。当被问到上帝在创世之前在做什么时，数学家利特尔伍德（J. E. Littlewood）回答说：

"人们关于这个问题可能写过几百万字了吧,但其实上帝当时正在钻研理论数学,并且觉得做一些应用数学是个令人愉快的改变。"(1953,136)

2

毕达哥拉斯对公分母的探寻

儿子:"爸爸,你能帮我找到这个题目中的最小公分母吗?"

爸爸:"天呐,儿子。不要告诉我人们还没有找到这个最小公分母。自打我小时候起,人们就在找它了!"

阿那克西曼德举出一个例子来说明如何去构建并且应对悖论。他的追随者们意识到解决悖论需要有训练有素地提出理由的过程。但他们从未真正切实地为任何命题给出可信的**证明**。从某种程度上来说,天文学和工程学为古人提供了一个不错的起点。但是归根结底,证明法之诞生受到的最大影响来自数学知识。

数学背景

阿那克西曼德对世界的看法基本上都被他的后继者们接受了。然而,希腊人从来不愿意彻底地接受"无限"这一概念。他们认为实在往往是边界清楚、结构明晰的。无限则是无限定、无定形、无规定的。真实存在的事物怎么可能以无限这样不具有明确定义的概念作为其根基呢？

阿那克西曼德的继任者阿那克西美尼（Araximenes）试图强化无限这一概念。虽然阿那克西曼德认为无限是土、空气、火和水的混合物，但阿那克西美尼认为气才是最本质的基本元素：火实质上就是膨胀了的气，而云则是气受压缩产生的；如果气被进一步压缩，那么它会成为液态水；如果再进一步地压缩，就会变成土，甚至是石头——在被压缩的过程中，它会变得更冷、更密、更重和更暗。与此类似，阿那克西曼德所说的对立无非就是气的变疏或是变厚。量的变化导致了质的差异。

如果实在的基本性质是可以量化的，那么算术学和几何学就成为理解实在的结构的关键。这些学科部分是由埃及人建立的。希罗多德记录称，埃及人对分数和几何的兴趣源自法老对农民征税时的现实要求，这些税收是与农民们的耕地面积成比例的。当尼罗河泛滥而淹没了农民的部分耕地时，农民的纳税义务会根据剩余耕地的面积按比例减少。

许多数学史学家都把埃及人对数学的兴趣描述为完全出于现实考量的结果。然而，任何建立了数学的文化都包含用于**消遣**的数学。有一卷被称为《莱茵德纸草书》（*Rhind Papyrus*）的书包含着有记录以来最早的算术学和几何学谜题。从这个小册子中我们了解到，埃及人在第十二王朝时期（约公元前2000年—前1788年）就已经得出了π的近似值（他们认为是3.16），并且提出了计算截断形金字塔体积的公式：$V = (n/3)(a^2 + ab + b^2)$，其中$a$和$b$是金字塔底边的长度，$n$是金字塔的高度。然而，《莱茵德纸草书》也表明埃及人在计算中严重依赖于试错法：他们是通过反复做加法来解决乘法问题的。

许多学者，尤其是数学家，都对古埃及数学中几乎不存在证明感到惊讶。但这是古代社会数学发展中的常态，而非特例。巴比伦人、玛雅人以及古印度人对于验证他们的结论几乎没有兴趣。对他们来说，通往发现的步骤是手段，而不是目的。他们从未将推理过程视为应该得到公开展示以支持结论的结构——就好比建筑师并不会用玻璃墙向大家保证房梁很坚固。早期的数学家满足于仅仅**展示**他们所发现的结论。

而希腊人则改变了数学的思维，他们的后继者就想住在玻璃墙搭成的房子里。

毕达哥拉斯学派

毕达哥拉斯（约公元前582年—公元前500年）坚持认为数学中的证据应当是公开的，因为他的同行们应有权利去检查推理的步骤。但毕达哥拉斯实际上禁止他的弟子们将他的证明（甚至定理本身）传播给学派之外的人。毕达哥拉斯的数学与他的神秘教派的其他学说一样，都是神圣的秘密。

由于这种保密性，我们很难探究毕达哥拉斯对于证明的仪式性坚持的基础。从泄露出来的内容看，我们可以推断毕达哥拉斯是出于精神完美主义而要求严格的演绎证明的。毕达哥拉斯教导说，我们的灵魂受到惩罚被束缚在我们的肉体里。我们的灵魂渴望升入它们产生的地方——神圣的天体中。死亡并不会使不死的灵魂从肉体中得到解脱，因为它会转世到正要出生的动物当中。在经过栖息在陆地、海洋和空中的各种动物之后，灵魂将最终再次进入人体。因此，人类吃任何动物的肉都是在同类相食。

人生的目的是按照我们心灵之中的最高标准来生活。我们如果要尊重自身的神圣本源的话，就必须遵守一系列的禁忌，例如戒除肉食、酒精和性交。就更积极的一面而言，我们则通过追求智慧来表达我们对纯洁性的渴望。毕达哥拉斯是第一个称自己为**哲学家**（也即"爱智者"）的人。

形式最纯粹的研究是数学。在这里，人们可以摆脱自己对感官的依赖。人们可以无视质料世界的束缚，从自明的真理中推断出结果。经验领域中的不确定性在此可以被人类所超越。

毕达哥拉斯用以研究自然的数学路径取得了惊人的成功。他通过发明单弦琴（monochord）——一种带有可移动琴桥的单弦乐器——而发现了音程。这些协和的声响之间的比率似乎与天体的位置相对应。除了在自然现象中发现的这些数学关系，毕达哥拉斯也相信它们存在于伦理学中。数学通过相互性（reciprocity）、相等（equality）和平衡（balance）等概念在道德中获得立足点。毕达哥拉斯用几何方式来表示数字，这使人们自然而然地认为世界是由数字生成的。毕达哥拉斯学派通过在平面上排布鹅卵石的方式来表示数字。他们通过在一枚鹅卵石周围摆满**曐阵**（gnomons）来构建平方数。曐阵是一组类似于木工直角尺的装置（图2.1）。这种表示方法可能有助于毕达哥拉斯解决在寻找那些一边的平方等于另外两边的平方和的三角形时所遇到的算数问题。但它也表明了一种将越来越多的实在纳入数字控制之下的方法。通过添加越来越大的曐阵，我们可以让环绕最初的"一"的区域变得越来越大。

数字是这整个图形，包括由这些鹅卵石或圆点组织而成的空间。如果圆点之间不存在空间，那么就只会存在一个大点。毕达哥拉斯认为数字越大，则其占据的空间越大。因此，所有的实在都包含在自然数中。

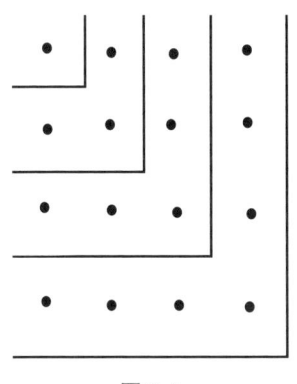

图2.1

毕达哥拉斯形而上学化的数学理论体现了他对于漂亮论证的美学理解。不少毕达哥拉斯学派的精美论证都被记载于欧几里得的《几何原本》之中永垂不朽。

归于毕达哥拉斯名下的最著名的结论是毕达哥拉斯定理。《绿野仙踪》结尾部分甚至提到了这一定理：在稻草人发现他拥有大脑后，他获得了一份文凭。为了向人们展示他新发现的聪明才智，稻草人向他们指出了等腰三角形任意两边的平方根之和等于第三边的平方根。

稻草人其实没有获得聪明才智。实际上，毕达哥拉斯定理的内容是，在一个**直角**三角形中，斜边长的平方等于两个直角边长的平方和。

然而当我们精确地规定物体的形状时，毕达哥拉斯定理却常常不太好用。例如，少年棒球联盟（Little League baseball）的官方规则手册将本垒板规定为一个不规则的五边形（图2.2）。但是这种形状是不可能的，因为它要求一个三边长各为（12，12，17）的直角三角形的存在（布拉德利，1996）。根据毕达哥

```
        12      12


  8.5              8.5



         17
```

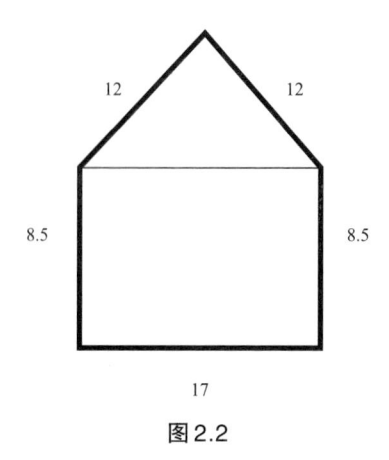

图 2.2

拉斯定理，直角三角形两直角边边长的平方之和必须等于斜边长的平方：$a^2 + b^2 = c^2$。但是 $12^2 + 12^2 = 288 \neq 289 = 17^2$。

这样的规则手册是否使少年联盟棒球这项运动成为不可能的呢？棒球中的许多关键术语（譬如击球、跑动等）都是基于本垒板来定义的。少年儿童们**似乎**是实实在在在打棒球。然而，如果我们一定要坚持官方对于本垒板的定义的话，那么他们只是在从事一项类似于少年联盟棒球的运动（就像一个圆角方块类似于圆的方）。

与此相反，我们将这本规则手册中的定义理解为一种描述一个我们已经理解的词汇的努力，而且这努力是有缺陷的。给出定义的目的在于达到统一的比赛条件。一个东西之所以被称为本垒板，本质上是因为它在棒球运动中发挥着某种作用。即使没有任何人为之给出一个精确的定义，本垒板也可以并且已经成功发挥了这种作用。

毕达哥拉斯定理并不会使得少年棒球联盟比赛无法开展。但是，毕达哥拉斯定理确实会破坏毕达哥拉斯主义。当梅塔蓬图姆的希帕索斯（Hiappasus of Metapontum）将毕达哥拉斯定理应用于直角边长为1的等腰直角三角形时，麻烦就开始了。根据毕达哥拉斯定理，斜边长等于$\sqrt{2}$。如果有一个比例等于$\sqrt{2}$的话，那么它应该是大小介于1和2之间的一个分数p/q。这个数可能是什么？不可能是3/2，因为$(3/2)^2 = 9/4$，大于2。也不是5/4，因为$(5/4)^2 = 25/16$，小于2。希帕索斯从存在一对符合条件的数字这个前提导出了矛盾。与毕达哥拉斯学说相悖的是，有些事物并不能由自然数来表示。

推论的宗教

希帕索斯将他的结果泄露给了学派之外的人。他遭到毕达哥拉斯学派的驱逐，之后在海里溺亡了。毕达哥拉斯学派称这是众神对他的轻率行为的惩罚。

众神真的会支持一个错误的定理吗？毕达哥拉斯学派将众神看作纯粹的理智存在者。因此，他们应该是逻辑上的完美存在者，并会相信从他们所相信的东西中可以推出的一切逻辑后承。一个逻辑上完美的存在者会看出毕达哥拉斯定理是如何推出以下结论的，即等腰直角三角形中的斜边长与直角边长是不可通约的。因此，众神对希帕索斯的证明不会感到惊讶。

毕达哥拉斯学派错误地认为推论是一种神圣的活动。作为完美主义者的他们在构建严谨的数学证明时试图模仿诸神。但我们之所以推理，是因为我们并不完美。一个会相信从其所持的观点中推论出的任何逻辑后承的人根本不需要推理。

希帕索斯提出的悖论可以被表述为四个分而各自合理、合而不相协调的命题：

1. 实在拥有数学结构。

2. 如果实在拥有数学结构，那么所有的关系都可以用数来表示。

3. 这里的数指的是（非零）自然数：1，2，3……

4. 等腰直角三角形的斜边与其直角边长度是不可通约的。

第一个命题是毕达哥拉斯学派观点的基础。第二个命题阐明了他们用比值来描述世界的信念。比值应当指明事物的本质。这意味着等腰直角三角形缺乏某种特定的本性。然而，直角边长都为1的等腰直角三角形与直角边长都为2的等腰直角三角形理应具有相同的本性。毕竟，除了相同的数学关系，它们还可能有什么共同点呢？第三个命题——毕达哥拉斯学派认为它几乎不值一提——是关于数字意义众所周知的道理。最后一个命题是希帕索斯提出的让人惊讶的定理。

毕达哥拉斯学派认为此处的结论严重威胁了他们哲学的核心元素，即第一个命题。对我们来说，这种反驳对实在的数学图画似乎无害，因为我们接受无理数的存在。但对于许多毕达哥拉斯的追随者来说，数学形而上学不再能行得通了。对于这种困境存在着两种常见的反应。赫拉克利特放弃了现实必须符合我们的理性期望这一假设。现实有它自己的逻辑，体现着支撑起宇宙之谜的诸多对立。我们的感官向我们揭示出的是一个充满混乱与变化的世界，它漫过了理性所建立的堤坝和水渠。在现实生活中，我们经历着种种边界案例、偶发事件以及无始无终的发展。

巴门尼德的应对方式是放弃世界上可以存在许多事物这一

假设。如果只存在着一个事物的话,那么事物间的不可通约性这一问题就不复存在。因而一切都会与理性相协调。你需要做的只是坚持理性,并且不要因自己的感官而分心。在下一章,我们将专门讨论巴门尼德这种态度坚决的方案。

3

巴门尼德论不存在者

在公元前515年左右，巴门尼德出生于位于意大利南部海岸的希腊殖民地埃利亚。由于他发现的一个悖论，人们用"埃利亚学派"一词来称呼一群认为实在是一个不变的统一体的哲学家。

"万物本是一物"的论断听起来是一种积极判断。但是，巴门尼德是通过不停地消极思考才得出这个积极结论的。他通过将人们的注意力从关注"是者"转移到"不是者"而给哲学带来了一场革命。

巴门尼德会反对这种描述。他认为人无法考虑"不是者"。"不是者"并不在那儿以供人思考。我们只能思考存在着的东西。

否定存在命题难题

商业大亨海因里希·施里曼（Heinrich Schliemann）通过发掘出符合荷马在《伊利亚特》中对特洛伊的描述的城市遗迹，驳斥了"特洛伊不存在"的说法。在此过程中，他炸毁了无数墙壁，撬开了诸多坟墓，而且没少贿赂当地的官员。

让我们考虑一下这个更清晰的反驳：如果"特洛伊不存在"这个句子关涉什么东西的话，那它关涉了特洛伊。就像只有存在一个可以刻画的表面的时候我们才能雕刻一篇铭文一样，只有当某个陈述所关涉的事物存在时，这个陈述才可以关涉某个事物。"特洛伊不存在"是一种自我推翻的说法。它否认了使自己能够有意义的一个先决条件。就像是说"没有人可以被称作雅典人"。

没错，这种扶手椅考古学看起来是滑稽可笑的。尽管施里曼之前的学者们误以为特洛伊不存在，但他们之前似乎已经正确地断言了许多东西不存在："亚特兰蒂斯不存在""宙斯不存在""飞马不存在"，等等。根据巴门尼德之于"关涉"的推理，这些否定句怎么可能会是真的呢？

20世纪的哲学家将这个问题称为"否定存在命题难题"（problem of negative existentials）。"否定存在命题"是一种否认某种东西存在的陈述。既然陈述句必须关涉某些内容，那么否定存在的陈述句怎么可能为真？

一种富有吸引力的解决方案是，认为"飞马不存在"这句话所关涉的是飞马的观念。但如果"飞马"是飞马的**观念**，那么"飞马不存在"这一命题**为假**。飞马的**观念**确实存在着。需要记住的是，我们的问题在于要解释一个否定存在命题何以为**真**。无论如何，飞马显然不是一个观念。它应该是柏勒洛丰所骑乘的有翅膀的马。而观念显然不会飞。

亚历克修斯·迈农（Alexius Meinong，1853—1920）认为，可能在实存之外还有其他的存在形式。他宣称飞马具有某种存在性（subsists）。迈农的策略是挑战从"有某种东西是飞马"推断出"飞马存在"。对迈农的一个普遍反驳是，当我们考虑"飞马不存在"这样的否定存在陈述时，之前的问题会再次出现。至此，我们又需要**重新**解释为什么这些陈述为真。

即便如此，迈农的解决方案在其问世之初也曾流行一时。直到伯特兰·罗素在他的经典论文《论指谓》（"On Denoting"）中提出了一个非常详细的替代方案后，迈农方案的受欢迎程度才急转直下。根据罗素，"飞马"是一个伪装的摹状词。"飞马存在"意味着恰好存在着一匹带有翅膀并且由柏勒洛丰骑乘的马。如果有两匹或更多匹这样的马，或者根本没有这样的马，那么这个陈述为假。"飞马不存在"指的是两种可能中的第二种；它意味着"所有事物都不是一匹长有翅膀的、由柏勒洛丰骑乘的马"。这种分析方法使我们无须再指称不存在的对象。

罗素对于他的限定摹状词理论解决悖论的方式深感自豪。他建议其他逻辑学家们尽可能地收集各种悖论，因为它们与实验在科学中所发挥的作用相同。正如我们可以通过观察一个科学理论能多好地回答观测中的问题来检验这个理论一样，我们也可以通过观察一个逻辑理论能多好地解决推理中的谜题来检验它。

罗素的理论所具有的解决问题的能力，佐以他本人的论辩技巧，使迈农的方案沦落成哲学史中一个可笑的脚注。当我还是学生时，迈农仍被视为处于边缘的过渡性人物。因此，当我在晨间电视节目中看到一本研究迈农的著作时，一度感到十分吃惊。在那个节目里，电影评论家吉恩·沙利特（Gene Shalit）正在展示名字越来越怪异的书籍。压轴的一本是特伦斯·帕森斯（Terence Parsons）所著的《不存在的对象》（*Nonexistent Objects*）。沙利特难以相信帕森斯写了一整本书去讨论并不存在的东西。

否定与时间

巴门尼德接下来考虑的是事物是否可以开始存在或者停止存在。他相信自己已经成功证明了"不存在的事物"这一说法跟"圆的方"一样是包含矛盾的。没有任何东西可以既是圆形，又是方形，因为一个方形不可能具有边上任意一点与其中心等距离的特性。可以由此推出，没有任何东西可以是一个圆形的方形，也没有任何东西可以从圆的方形变为一个更能令人接受的图形。同理，没有东西可以成为一个不存在的对象，同时也不会出现以下情况，即开始时是不存在的，之后变成存在的。巴门尼德因此得出结论，认为任何存在者都没有开始，也没有结束。

是否有东西可以**没有**属性？如果"毕达哥拉斯不胖"为真，那么要么存在毕达哥拉斯胖的事态，要么不存在这一事态。如果存在毕达哥拉斯胖的事态，那么"毕达哥拉斯不胖"的表述为假。如果不存在这样的事态，那么"毕达哥拉斯不胖"就不指称任何事态。因此形如"x 不为 F"的陈述与形如"x 不存在"的陈述会陷入相同的困境。

人们也许会说，"毕达哥拉斯不胖"这句话是借由**否定**事实而成真的。如果确实存在一个在其间毕达哥拉斯并不胖的事态的话，那么"毕达哥拉斯不胖"这一表述就可以借由这个事实而成真。然而巴门尼德会反驳称，实在所关涉的是存在的东西，而不是不存在的东西。如果你允许一个否定事实的存在，你就等于为无数的否定事实打开了大门。在诸多否定性事实之间，我们很难加以区分。在此时此刻，埃利亚没有发生地震。现在埃利亚的没有地震是否等同于爱奥尼亚的没有地震？这个问题没有确定的答案。然而，实在一定是**确定的**。

如果"毕达哥拉斯不胖"没有意义，那么我们就无法理解毕达哥拉斯何以能从胖的状态转变到不胖的状态。据此，巴门尼德否认任何事物随着时间变化。

那么事物可能随着空间的变化而变化吗？根据地理测量数据，克里特岛在延伸257公里后终止。但克里特岛之有端点意味着它从空间的某一点开始就不再有了。不再有就是不再存在。巴门尼德总结说，事物的大小必然不能有界限。

如果所有事物的大小都无限的话，难道结果不会是宇宙变得难以忍受的拥挤吗？答案是否定的，因为巴门尼德否认世界上存在多于一个事物！假使存在两个不同的事物，那么就会存在这样的陈述，它对于其中一个事物为真，而对另一个为假。诸如"毕达哥拉斯不是阿那克西曼德"这样的陈述不可能为真，因为没有任何东西可以是"非阿那克西曼德"的。非阿那克西曼德是一个不存在的东西。

对于巴门尼德来说，论证并不像出租车那样，在你到达想去的地方之后就可以挥之即去。你必须一直走到底。巴门尼德得出结论说，只存在一个不变的事物。它具有统一性和简单性，而这种合一是很难想象的。巴门尼德倾向于将它想象成一个又大又圆的球体。这个球体没有裂口、密度均一、亘古不动。

如果实在是字面意义上的球体的话，那么我们就可以区分球体的表面和球体的内核。巴门尼德已经通过论证反对存在着具有不同部分的物体。因此，实在这一巨大统一体不可能是球体或任何其他常见的对象。巴门尼德关于实在所给出的很多正面说法只能统统被看作是比喻性的。

理性的统治

对于巴门尼德的一个自然的反驳是他的推论与我们的经验相悖。感官告诉我们，有**很多**事物存在着。这些事物大小不一。它们有时会移动。它们也会经历质的变化，譬如牛奶变酸。

阿那克西曼德的追随者们并没有去质疑经验的权威性。即使赫拉克利特这个最早强调知觉错觉的人，也以经验为师。赫拉克利特认为，我们的感官显示每个事物都处于不断的流变之中。但这种变化之中存在统一性。当赫拉克利特说到"你不能两次踏入同一条河流"时，这只是意味着你不能两次踏入一条河流的同一部分水之中而已。即使在同一条河流之中也有不同部分的水流过。赫拉克利特主张我们要在经验和理性之间找寻一个平衡点。他说只有在感官作为证人的价值被我们的理智评估之后，我们的感官才能指导我们。

必须承认的是，毕达哥拉斯学派确实提升了纯粹推理的地位。但是他们把理性看作一种通向结论的神圣捷径，而后者总可以顺利地通过感官得到证实。只有在巴门尼德那里，我们才能看到一种完全否定感官的尝试。巴门尼德十分乐意地同意他的论证与经验相冲突这种说法。而他依然坚持着理智相对感官而言的至高无上性。

巴门尼德强调了这样一个原则：人们在任何时候都应该遵循论证，无论它导向何方。他之前的哲学家们认为感官对推理提供着重要的制衡作用。但他们很难反驳巴门尼德口中"理性为王"的论断。毕竟，感官的证言必须由理性来加以判断。还有别的选项吗？任何声称比理性更好的方法都必须通过理性才能被采取和应用。这使得理性对于所有的研究方法都具有一种近乎专制的统治力。

尽管巴门尼德认为感官所传达的是一种宏大的错觉,但他承认与这种表象世界打交道具有实用意义上的必要性。为此,他或多或少地跟随了阿那克西曼德的传统而提出一种物理理论。他通过避免提及"虚空"与"缺乏"(譬如,认为黑暗无非是光的缺失的观点)来修正其前辈的观点。但即使在从传统的物理学中清除虚无这一概念之后,巴门尼德也只是提供了一种旨在"近似"真理的理论。在他看来,真正的真理是一种不妥协的一元论。

对巴门尼德的回应

有些人指责巴门尼德是一个故意把话说得模棱两可的骗子。古希腊人早已清晰地意识到否定句有可能会让我们陷入谬论的泥潭之中。在《奥德赛》中,荷马描述了波吕斐摩斯——一个独眼巨人无意间将奥德修斯与其好奇心过剩的船员困在了他所居住的洞穴里。波吕斐摩斯用一块大到只有他才能搬动的岩石封锁了洞口。当波吕斐摩斯发现他挡住了奥德修斯一行人的去处后,他当场吃掉了其中两个人作为晚餐。第二天早上,波吕斐摩斯吃了另外两个人作为早餐。"诡计多端的男人"奥德修斯决定使用大量的高度酒来解救自己。在波吕斐摩斯又一次吞噬了另外两个随从之后,奥德修斯向他奉上了一杯甘甜美味的葡萄酒。饮毕,波吕斐摩斯急切地接受了第二杯酒,随后是一杯接一杯……在过足了酒瘾后的恍惚状态中,波吕斐摩斯许诺给予奥德修斯一个恩惠,于是便询问了后者的姓名。奥德修斯回答:"没有人。"独眼巨人对"没有人"的奖励是承诺最后才吃掉他。波吕斐摩斯在咯咯作响地咀嚼被他吃掉的人的遗骸的时候,渐渐进入了睡眠。奥德修斯和他剩下的随从们抓住了这个时机,一举戳瞎了波吕斐摩斯唯一的眼睛。这个盲掉了的巨怪发出可怕的叫声,吸引了所有邻近的独眼巨人都跑向了封锁他的洞口外。巨人们高声询问波吕斐摩斯为什么哭嚎,是因为有人类要拐走他圈养的牲畜,还是因为有人在尝试通过背叛或暴力的方式来杀害他?强壮的波吕斐摩斯从洞穴深处咆哮道:"'没有人'正在以背叛或暴力的方式杀害我!"听到这个消息后,他的独眼巨人邻居们纷纷回到了他们自己的洞穴,并且建议波吕斐摩斯应该耐心地忍受众神带给他的东西。随后,奥德修斯和他的手下逃出了洞穴,并在划船离开的途中嘲笑着那个失了明的独眼巨人。

一元论者巴门尼德自嘲说:"如果说巴门尼德是对的,那么狗就是人,天就是地。"

根据巴门尼德的推断,最多只能存在一个有意义的陈述。因为如果存在两个的话,那么其中一个陈述就将具有另一个陈述所不具有的含义。

在此,巴门尼德开创了对于悖论的语义学解决方案。他并没有试图正面回答"飞马存在吗"这一谜题,而是将它看作一句隐藏的无意义句。如果你认为名称的意义是其所指,而且"飞马"没有所指,那么你就会认为"飞马存在"和"飞马不存在"同样没有意义。由于论证的结论必须是一个命题,这两则陈述都不能充当一则论证的结论。如果你也认为悖论是结论或者论证的话,那么你就不得不否认任何否定存在命题类悖论的存在。

悖论的谜题理论允许存在无意义的悖论这一可能性。谜题只需要看起来像是真正的问题即可，它们完全可以只是看似是问题，而实际上却没有意义的话语。伪问题只需要看起来似乎有答案即可，因而它只需要看起来有许多好的答案就可以了。每个伪答案都可以在一个对于答案进行排名的标准化衡量下获得高分，而不必真正地表达任何命题。它们起效用的方式与假币在市场中流通的方式别无二致。

巴门尼德似乎接受了只存在一个有意义的陈述这一观点。他并不回避他的批评者所指出的其观点与常识之间的冲突。去淡化这种跟常识之间的冲突不会给巴门尼德带来任何好处。正因如此，批评者不知道该如何对巴门尼德提出反对意见。你怎么能指责巴门尼德犯下了比他所明确承认的内容还更加荒谬的错误呢？

对巴门尼德的唯一回应方式就是在他的推理中找出重要失误。由于他的论证所基于的前提都是非经验性的，能给出的驳斥只可能是建立在语言学和逻辑学的基础上的。在巴门尼德所处的时代，这两个领域都不存在，因此当时的人们在回应巴门尼德革命性的哲学论证风格时几乎没有说出任何有价值的内容。虽然希腊人发现了巴门尼德的推理和语言技巧与奥德修斯用到"没有人"的语言诡计之间存在可类比性，但是没有人利用这一点。

当代的哲学家和语言学家认为奥德修斯的伎俩在于故意混淆"没有人"作为名称和作为量词（量词表示着有多少，如："一些""大多数""全部"，等等）的两种用法。从表面上看，名称是最容易理解的词语，因为名称的含义就是它所指示的事物。所有人都强烈地倾向于用名称的这种含义模型来理解所有词汇，哪怕他们无法想到任何合理的所指。我们不应该认为

"没有人"**命名**了任何东西。"没有人"的含义只来源于它在整个句子中的功能；它并不是从它所命名的事物那里获得含义。

人们对于自己如何说话的理解并不比对于如何看见的理解更深。比如说，父母会试图通过问孩子们许多问题的方式来教他们说话。但疑问句是最复杂的语法结构，它总是在孩子语言成熟过程的末期才会被掌握。与此相似，"悖论即是谜题"这种说法可能因其看起来过于简单而不像是真的。但实际上我已经为自己找到了一个丰富的解释性实体。问题比哲学家们定义悖论时所使用的论证、集合或任何其他实体都更加万能和精微。我对他们的定义的反驳往往都是因为它们太过于狭隘。

巴门尼德在其所处的年代是无可匹敌的。古希腊人尚处于语言学自我意识的萌芽阶段，甚至还在努力地确定诸多基本的语法差异，比如动词和名词之间的差异。他们无法解决"没有人"带来的问题。

语言学的革命性进步并没有消除长期以来关于语言本质的迷思。在20世纪初期，对于语言的理解方面，德国人做出了很大的贡献。然而，他们仍然错误地认为，如果哲学思考是可能的，那么它只有通过德语进行；如果不只是通过德语，那就只有通过德语和希腊语！这种语言民族主义直到1953年仍然在马丁·海德格尔的著作《形而上学导论》(*Introduction to Metaphysics*)中得到了体现。

讽刺的是，希腊语在存在问题上尤其容易犯模棱两可的错误。英语也存在类似的问题。"是"（is）这个字存在着含义上的模糊性：在"西塞罗是雄辩的"这一句中表谓述，而在"西塞罗是塔利"（"Cicero is Tully"）一句中表同一。这种模糊性是大学厕所中常见的演绎推理涂鸦的基础：荷马是盲目的，爱情是盲目的。因此，荷马就是爱情。这个推论的问题在于，它将其前提中表谓述的"是"看作是在表同一。

"是"还有一种相当边缘性的意义：指示存在。人们常说"我是"（I am）是英语中最短的完整句子，而这句话里的"是"意味着存在。在希腊语中，这种存在的意义更为常用，因此在人们用希腊语说到"是"时，比起其他意义而言，他们更容易联想到存在这层意义。

最后，我应该提一下"是"代表着"提及"的情况。"是"有时会被用来描述一个指称某一事物的词，而不是该事物本身。譬如在"雅典娜爱宙斯"这句话中，宙斯（Zeus）是一个4个字母的单词。从这里我们可以得出结论说，雅典娜爱着一个4个字母的单词。这里的第二个前提就涉及了"是"的提及用法，但只有在"是"被看作表示同一的条件下，这个论证才有效。

第欧根尼·拉尔修声称克律西波斯（Chrysippus）提出了如下的一则诡辩："如果你说某物，那么该物就会通过你的嘴唇。现在你说马车，因此，一辆马车通过了你的嘴唇。"有时，在一个词到底是真正在被使用，还是仅仅被提及之间存在着不确定性。"在字母不重复的情况下能拼写出来的唯一一个15个字母的单词是'不可版权化的'（uncopyrightable）"。在这句话里，"不可版权化的"这个词到底是被使用了还是被提及了呢？通常情况下，词语和事物之间的差异似乎非常明显，不易混淆。然而，将词语的性质推广到事物，或者反过来把事物的性质推广到词语的做法在各种文化中都是普遍现象。埃及人相信他们可以在死后通过保存自己的名字继续存活。因此，埃及史上毁誉参半的首位女法老哈特谢普苏特（Hatshepsut）在帝王谷的所有纪念碑上都铭刻下自己的名字。在哈特谢普苏特去世后，她充满怨恨的继子图特摩斯三世（Thutmose Ⅲ）主导了一场大规模的铭文擦除活动。他希望通过擦掉"哈特谢普苏特"这个名字来从世间抹除哈特谢普苏特。

小小一个"是"字竟然描述了如此多不同的概念！伯特兰·罗素将"是"字这种歧义性描述为全人类的耻辱。

人们习惯于根据词汇的长短来判断它的精微性。他们对于重大的事务可以依赖短小的词汇这一想法往往抱有嗤之以鼻的态度。这种根据词汇长短作判断的思维在当代的政治史中有很多例子可以证明其存在。在1997年，保拉·琼斯（Paula Jones）对于有关比尔·克林顿总统的性骚扰指控展开了调查。她询问了多名女子是否与总统存在任何性关系。莫妮卡·莱温斯基（Monica Lewinsky）签署了一份宣誓证词，声称她与克林顿总统完全没有发生任何形式的性行为。克林顿的律师罗伯特·贝内特（Robert Bennett）针对琼斯的指控为克林顿辩护时引用了莱温斯基的宣誓证词。总统后来承认他与莱温斯基发生过不当接触——虽然这种接触并不符合强加于克林顿身上以获取其证词的性关系的定义。在1998年8月17日，所罗门·维森贝格（Solomon Wisenberg）对总统进行了质询。他问克林顿总统是否同意莱温斯基的陈述是完全错误的。

> 克林顿：这取决于"是"这个词的含义是什么。如果这……如果他……如果"是"意味着现在是，而不是过去是，那她说的就并非完全错误，这是一回事。如果这意味着现在没有发生任何形式的性行为的话，那她给出的是一个完全真实的陈述……
>
> 维森贝格：我想确认一下我理解了你的意思，总统先

生。你今天的意思是，因为你在举证期间没有与莱温斯基女士进行性行为，所以贝内特先生的说法就是准确的吗？

克林顿：不，先生。我的意思是，在举证时，我与莱温斯基女士之间已经……早就不存在任何不当接触了。因此，一般现在时包括了几个月的时间，如果在一般现在时态下一个人说（我和莱温斯基之间）并不存在着不正当关系的话，他是用一般现在时说的并不存在，那么这个人说的符合事实。这就是我的意思。

记者把这段证词作为克林顿诡辩的证据。但克林顿对现在时态的灵活性理解是正确的。"现在是现在吗"（"Is it now, now?"）这个哲学难题部分基于这样一个事实，即现在可以被缩短为任意厚度的时间切片。与许多哲学谜题一样，"现在是现在吗"的答案是："得看情况。"如果出题人把"现在"理解成说完整个句子所用的时间的话，那么现在就是现在。如果出题人把"现在"限制到说到"现在"这个词的瞬间，那么现在就不是现在。在注意到"现在"这个词恰似一台手风琴一样能屈能伸之后，我们就可以抵制出题人暗示的那种观点：我们对于"现在"一词的常规用法存在错误。我们可以自由地压缩现在，也可以自由地把它拉伸成现–在。

克林顿是正确的：几个月的时间段足以涵盖现在时态。当然，他的"没有性行为"这一说法仍然具有误导性，因为此前确实发生过相关的"不当接触"。宣誓证词的意义在于提供证据去证明总统没有参与任何不当性行为。莱温斯基与克林顿之间不当接触的时间接近于现在，这已经足以支持保拉·琼斯的控诉了。但在法律审查中双方斗智斗勇的情况下，证人没有义务去避免听众推断出错误的结论。这是提出问题的律师的职责。

我对于克林顿的态度是太温和了吗？我承认我自己的一次经历使得我倾向于在他的事情中置身事外。在克林顿于1992年当选时，一位记者了解到总统的官方照片是在就职典礼之前，也就是在宣誓上任之前拍摄的，而那时他还不是总统。他想知道这些照片是否真的算是总统的照片。这名记者打电话给纽约大学哲学系主任——也就是我。我告诉记者不必担心。克林顿的就职照片确实是作为总统的克林顿的照片。这样想吧：一张照片并不需要照下克林顿整个身体的全部空间外延才能被算作一张克林顿的照片。只要照下他身体上具有代表性的一部分就够了。这个道理同样适用于时间上的部分：克林顿在某一个时间阶段拍下的照片也是克林顿的照片。即使是克林顿在婴儿时期的照片也是克林顿总统的照片。记者在我提到时间部分时开始变得兴奋起来。因此我继续讲到了阿尔伯特·爱因斯坦在对作为第四维度的时间进行建模这一方面的开创性研究。在所谓的"块状宇宙"中，克林顿是一条从其出生延伸到死亡的时空蠕虫，就像长岛高速公路从长岛的西端延伸到其东端那样。这名记者对我表示了感谢，而我觉得我已经把问题扼杀在萌芽状态了。

后来我从一位不满意的宣传官员那里听到了回复。为什么哲学系主任会把美国总统称为一条"时空蠕虫"？当我拿到那份报纸时，我感到非常懊恼，因为我发现人们开始认为哲学界发现了一个关于就职摄影的新谜团。我们这些继承了古希腊光荣传统的人们似乎现在就把我们的时间浪费在讨论就职摄影的问题上了。（显然，这不过是中途小憩罢了，我们更多时候是在争论一枚针尖可以容纳多少天使在上面跳舞。）

这名记者为我担任学界领导的志向蒙上了阴影。我能体会另一位与我一样崇拜巴门尼德的人一定有的感受。伯里克利是一位有影响力的雅典政治家。有一次，他和他的大儿子克桑提普斯（Xanthippus）发生了争执。他愤怒的儿子

> 感觉自己深受虐待、满腹窝火，于是就公然辱骂他的父亲。首先，他用嘲讽的语气讲述与伯里克利在家里的对话相关的故事，以及他与来到家里的智者和学者们的交谈。例如，当一位五项全能运动员在无意之中用飞镖或是标枪击中并害死了法萨罗人厄庇提姆斯（Epitimus the Pharsalian）时，他的父亲与普罗泰戈拉大吵了一整天，究竟这个过错的原因是标枪，是那个投掷它的人，还是那些允许这项运动的官员们。（普鲁塔克，1880，122）

虽然伯里克利是雅典最负盛名的民主人士，但他的贵族背景和他对抽象哲学思考的偏爱使他饱受质疑，因为当时的大多数哲学家都是反对民主的贵族。幸运的是，哲学家们同时也被认为是不切实际的梦想家，因此他们的存在被人们所容忍。尽管如此，伯里克利的政治反对者仍然挑起事端，指责他的老师阿那克萨戈拉有不敬神灵的行为。阿那克萨戈拉不得不从监狱中被救出来（可能是在伯里克利的帮助下），并被安置到了兰普萨库斯（Lampsacus）。他在那里建立起了一所学校。当阿那克萨戈拉去世时，兰普萨库斯的市民在市场上竖立了一个致敬心灵和真理的祭坛。

巴门尼德也同样享有良好的声誉，即使他不时遭到嘲讽。他受到了同胞的尊敬并招来了忠诚的学生。我们接下来将转而讨论他最著名的学生。

4

西绪福斯之石与芝诺悖论

西绪福斯受到了惩罚，被要求将一块圆石推上山坡，但却只能任由它由于自重而滚回原处。冥界之神哈得斯惩罚他在昏暗的冥界中无休止地重复做这件事。尝试去解决悖论是与此同样的徒劳吗？毕竟现在的哲学家还在研究的大多数重要悖论早在2000多年前就已经被讨论了。

阿尔贝·加缪认为西绪福斯是一位英雄人物。西绪福斯通过失败获得了胜利，正是尝试去做不可能的事本身使得他高尚了起来。一些哲学家试图以类似的不屈态度来证明与悖论进行斗争的合理性。

我认为你无法尝试去做你自己都认为不可能做到的事情。要完成一次尝试，你需要靠近你的目标。如果你相信你所做的一切都不能让你更接近目标的话，那么你所做的一切就都算不上尝试了。

幸运的是，我们在这并不需要英雄主义。历史表明，大多数悖论都不过是短暂存在的。每一代人所看到的悖论，都偏向于前人之努力尚未破解的残留问题。即使那些最为麻烦的悖论有朝一日也会得到解决。本章在方法论上的意旨是通过讨论芝诺悖论来证实这种乐观主义。

芝诺关于多的悖论

巴门尼德在公元前450年访问了雅典。他在此行中由他最喜欢的学生芝诺作陪。当时还年轻的苏格拉底可能是芝诺最喜欢的人之一,柏拉图记载了两人之间可能存在情人关系的流言。无论如何,埃利亚的芝诺(约公元前490年—前430年)写出了一本备受好评的书来为他的老师辩护。巴门尼德的论证来自关于否定的语义学,而芝诺的论证所要做的却是从有穷多的帽子中拉出无穷多的兔子来。

芝诺的一些论证支持了巴门尼德否认任何事物具有大小这一观点。如果一个物体存在大小的话,那么它就可以被细分为不同部分。那么,它本质上就是更小的物体的集合,而不是一个单一的事物。因此,真正的**个体**必然没有大小。但是如果一个物体没有大小,那么它就什么都不是了。因此,如果将一个没有大小的物体加到另一个物体上的话,后者的大小并不会增加。如果将成千上万个没有大小的物体组合在一起的话,它们的集合仍然不会成为任何东西。由于不具有大小的东西跟虚无没有什么不同,所以它们就是虚无。

芝诺还有另一个反对事物存在大小的论证。如果一件东西具有大小的话,那么对它而言就存在外部,例如,橙子的果皮处在其果肉之外。对于每个处于外部的部分来说,又必然存在别的区块处在它之外。这种外部性原理可以无穷地推演,因而任何具有大小的物体都必须无穷大。在球体S(图4.1)中,S1部分处在球心S2之外。靠外的部分S1可以被更细地分成(图4.2)靠内的外部S1.2和靠外的外层S1.1。外层S1.1又可以继续被分成内圈S1.12和外圈S1.11(图4.3)。我们可以继续细分到

S1.111，然后到S1.1111，依此类推。如果这样划分出来的每个区块都至少有一定的大小，那么整个球体将会是无穷大的。

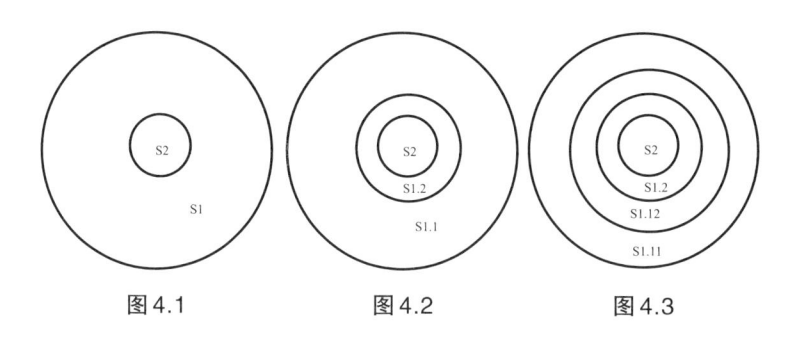

图4.1　　　　图4.2　　　　图4.3

芝诺提出了反对多的第三个论证。如果存在着多个物体的话，那么它们的总数就一定是某个特定的数字。这个数字可能是一个巨大的数，但它仍然是一个有穷的数。这就是阿基米德在《数沙者》一书中进行计算的意义。为了避免将巨大的数与无穷相混淆，阿基米德耐心地计算出要填充一个与我们的宇宙同样大的球体所需的沙粒数量小于10^{51}。

在向我们说明了所有存在着的事物在数量上必然有穷之后，芝诺转而论证称，根据"不止存在着一个事物"的原则，同理可以推论出数是无穷的这一结论。因为在任何两个事物之间，必然存在着第三个事物。如果存在着两个独立的事物，必然有某个第三者将它们分隔开。这第三个事物本身也必须与其相邻者有所分隔。由于每当我们设定了一个分隔者时就必须有另一个分隔者存在，因而事物的数量必然是无穷的。

许多旁观者认为芝诺的归谬法论证无非是在炫耀他的辩论技巧罢了。芝诺首先会去证明讨论案例的一方面，然后再转过头去证明另一方面。弗利奥斯的提蒙（Timon of Philius）因而写下了这样的对句:"芝诺强就强在他的双刃舌剑。不论是谁说了些什么,他都能证明那是错误的。"但是芝诺并不认为每个人都可以被驳倒。比如说,巴门尼德就不能被驳倒。

与巴门尼德不同的是,芝诺不会直接给出论证去支持一个特定的观点。他总是间接地支持,从而将与他的观点相竞争的其他理论划归为荒谬之说。在芝诺朗读了他所著书中的部分内容之后,苏格拉底试图理解芝诺的观点:

"芝诺,你这是什么意思?你说道,存在着的事物如果有多个的话,那么它们必须既相似又不相似。然而这是不可能的,因为不相似的事物不可能相似,而相似的事物也不可能不相似。这是你所说的,不是吗?"

"确实就是这样。"芝诺回答道。

"那么,如果说不相似的事物无法相似,且相似的事物亦无法不相似,那么就不可能存在多个事物。因为如果存在多个事物的话,就一定会推论出很多不可能的结论。这是否就是你论证的目的——面对着所有反对者坚称不可能存在多个事物?你是否认为你给出的每一个论证都是在证明以上观点,因此在你看来,你的论述中所提出的论证之数目是如此之多,因此多就不存在了?确实是这个道理,还是说我误解了你的想法?"

"没错,"芝诺回答说,"令人钦佩的是,你已经完全理解了这本书的全部目的。"(柏拉图,《巴门尼德篇》,127 D)

许多介绍芝诺悖论的数学家和物理学家会向他们的读者强调说,芝诺并没有疯。他们称他只是在给我们提出挑战来厘清我们的思路。但是柏拉图的上述段落表明，芝诺对于促使我们针对熟悉的现象提出更好的理论并不抱有任何兴趣。芝诺认为这些现象并不存在。一个无神论者问道："上帝可以创造一块大到连他自己都举不起来的石头吗？"此时他并不是在邀请有神论者提出一个关于上帝之全能性的自洽理论。无神论者利用这种"巨石悖论"来反驳上帝存在的可能性。芝诺具有相同程度的破坏性。芝诺希望展现出所有与他的老师巴门尼德的观点相对立的观点的荒谬性，以此来服务于前者。他在回答苏格拉底时明确指出了这一点：

> 事实是，这些著作的写作动机是支持巴门尼德的论证，以便应对那些试图讥讽他的论证的人。那些人说，如果整体是"一"，那么许多荒谬和矛盾的结论必然会随之而来。我的这个论述是对那些声称有多个事物存在的人的一则回应，而且它对他们是"连本带息地偿还"的。因为它表明如果你顺着他们的逻辑想得足够远，那么坚称有多个存在着的事物会产生更加荒谬的结论。（柏拉图，《巴门尼德篇》，127 D）

芝诺的运动悖论

芝诺更有名的举动是辩护巴门尼德所提出的"运动不存在"这一观点。柏拉图没有提到过任何这类论证。我们主要是通过亚里士多德了解到它们的。这些谜题中最著名的是"二分悖论"。你能穿过一个房间吗？要到达对面的话，你必须先走完一半距离。在此之后，你必须走过剩余距离的一半。然后是新的剩余距离的一半。这样的半途点是无穷多的。没有人能在有穷的时间内完成无穷多的行动。

芝诺的第二个运动悖论围绕着阿喀琉斯与一只乌龟之间的赛跑展开。因为阿喀琉斯跑得更快,我们允许乌龟提前开跑。阿喀琉斯能否超过乌龟呢?为了超过乌龟,阿喀琉斯必须首先赶上乌龟在他开跑之前跑过的路程。但在他刚刚跑过了这段距离时,乌龟已经又向前移动了一段了。因此,阿喀琉斯必须再次跑完这一段距离。但是一旦阿喀琉斯这样做了之后,乌龟就已经又向前移动了一些。虽然这段新的距离较短,但阿喀琉斯仍然必须从后赶上。但是,尝试去赶上这种无止境的落后距离的努力是徒劳的。阿喀琉斯无法超过乌龟,因为他不可能无数次地追赶。

第三个悖论询问飞矢是否不动。如果一支箭处于与自身相同的位置,那么我们就认为它处于静止状态。在任意给定的时刻,无论多快的箭也不可能处在它所不在的位置。因此,它必须处在它所在的地方,也即是与自身相同的位置。因此可得,飞矢不动。

最后一个运动悖论涉及运动场内静止的观众面对朝相反方向运动的物体(图4.4)。假设AAAA代表观众。又设BBBB和CCCC代表两个复合物体,且它们以相同的速度向相反的方向移动,直到它们与观众对齐。这种相向对齐是可能的吗?在完成移动之后,BBBB中的第一个B经过了两个A。然而第一个C却

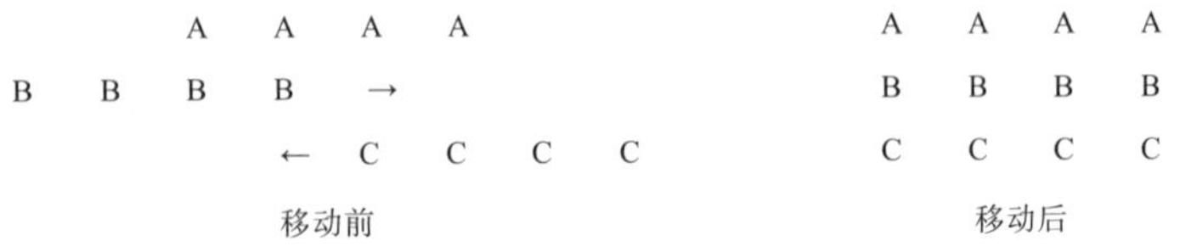

```
        A A A A                    A A A A
B B B B         →            B B B B
        ← C C C C                  C C C C
        移动前                      移动后
```

图4.4

经过了四个B。因此，第一个C的移动速度是第一个B的两倍。这个现象与我们最初所假设的两者以相同速度移动相矛盾。

亚里士多德的解决方案

我记得我曾感觉"运动场悖论"很难理解。难道芝诺不知道速度是相对的吗？BBBB和CCCC相对于AAAA以相同的速度移动，但它们相对于彼此的速度却是相对于AAAA的速度的两倍。

亚里士多德对于这个"悖论"的解决方案简单明了地指出了这种显而易见的区别。我觉得这对芝诺来说堪称一种羞辱；难道一位如此才华横溢的哲学家会犯下如此明显的混淆错误吗？

其实吧，什么东西称得上"显而易见"与一个人所处的环境息息相关。对我们来说，以铅制成的杯子明显有害健康。但与我们不同的是，芝诺并不是在警告防范铅中毒的公共卫生告示中长大的。如今，我们经常在移动的密闭空间中旅行，而这些密闭空间本身之中又有移动的物体（例如，列车员沿着火车的过道行走）。我们习以为常地认为地球的转动本身比任何车辆的移动都要快得多。我们早已经养成了以相对化视角看待运动的习惯。然而芝诺和亚里士多德多半从来没有获得这样的习惯。因此，芝诺才犯了这个错误，而亚里士多德需要经过很仔细的思考才能纠正芝诺。

另一种可能性是，芝诺意在用运动场悖论反驳时间由离散的、不可分割的单位组成这个假设。在这种对于时间的原子化理解中，最右边的B和最左边的C确实相互通过了对方。然而并不存在一个它们对齐的时刻。由于两个不同时刻由最短的时间所分离，因此它们之间不会存在任何时刻——其间相隔的时间会比我们能想象出的两个时刻间最小的时间间隔还要小。此处的教益是，如果时间确实存在，那么就不可能存在最小的时间单位。此后芝诺可以将这个有条件的结论与另一些反对时间连续可能性的论证结合起来，并且得出时间并非真实存在的结论。

亚里士多德对芝诺其他三个运动悖论的解决方案采用了对"实在无穷"和"潜在无穷"进行区分的方法。在不死的阿波罗出生后，他变得越来越老，而且没有上限。但他不可能到达"无穷岁"的生日。他总是比他的父亲宙斯年轻。他们的年龄都是"潜在无穷"的，但并非"实在无穷"。当阿波罗试着穿过房间时，他的路径可以无穷尽地分成两半。但与二分悖论所说的不同，这种潜在无穷并不意味着阿波罗在有穷的时间内进行了实在的无穷多次移动。当阿喀琉斯与乌龟进行比赛时，他重复地追赶乌龟曾走过的路程这一行为确实没有次数上限。但这种潜在的无穷次追赶并不意味着阿喀琉斯在实在的意义上无数次地做出了追赶动作。同样，箭的飞行路程可以被拆分成无穷多的分段。要是我们将它的飞行路程分成 n 个部分，我们也同样可以把它分成 $n+1$ 个部分。但这并不意味着箭的飞行路程在实在意义上就是这些分段的集合。

芝诺否定位置的论证

巴门尼德已提出过一个反对位置之存在的论证了。我们的常识会对物体和它所占据的空间加以区分。毕竟，一个物体可以从它的位置移走，而另一个物体可以取代它占据那个位置。

物体实际上还可以轻易地腾出这片空间，留下一个无物占据的位置。因为在此情况下物体是存在者，而位置是非存在者，所以巴门尼德对非存在者的否定也适用于位置。

对巴门尼德的一种答复是，位置并不仅是非存在者。马厩里的槽位是位置，但只有在建造了马厩之后槽位才产生。芝诺对于这种说法的反驳会是，如果位置确实存在，并且一切存在的事物都占有位置，那么每个位置本身也都占有位置。因此就会有一个无穷无尽的位置层级。在《一间自己的房间》（*A Room of One's Own*）一书中，作为平等主义者的弗吉尼亚·伍尔芙认为每个人都应该拥有自己的房间。芝诺会告诉我们，伍尔夫没有办法将这种权利推广到房间本身。

芝诺与小米种子

通过宣称感官所感知的内容是不自洽的，芝诺对巴门尼德反对感官的论证给予了支持。在与普罗泰戈拉的对话中，芝诺问到单独一粒小米种子在落地时是否会发出声响。普罗泰戈拉的回答是否定的。芝诺继续说道：一大把小米在落地时无疑会发出声音。单个小米种子是一整把小米的一部分。因此，单个小米种子落地时必然也会发出一点声音。因为一整把发出的声音只是作为其构成部分的各单粒种子所发出的声音的复合体。因此，感官告诉我们单粒小米种子落下时不发出声音是错误的。

这与构成谬误（fallacy of composition）非常相似。**整体**中的**构成部分**不具有某种性质（比如，可被听到这一性质）这一事实并不意味着这个**整体**本身不具有该性质。

为了防止芝诺囿于细枝末节之中，一些人提出小米种子的问题可以被看作"谷堆悖论"的一种简单形式。芝诺实质上的论证将构成一个滑坡:一粒种子的落下不会发出声音。如果 n 粒种子不发出声音,那么 $n+1$ 粒种子也不会发出声音。因此,一把种子不能发出声音。

如果小米种子能算作简单形式的连锁悖论(sorites)的话,那么德谟克利特(约公元前460年—前370年)有关锥体的两难困境又该怎么说呢?

> 如果一个锥体被一个平行于底面的平面切割(这意味着这个平面无穷地接近于底面),那么我们应该如何理解形成这些截面的表面?它们是相等的还是不相等的呢?譬如说,如果它们并不相等,那就会导致这个锥体变得不规则,因为那样它就会有许多不平滑的痕印,如台阶状和凹凸状等。但是,如果它们是相等的,那么这个圆锥体就会具有圆柱体的性质,由相等的而非不等的圆构成,而这是非常荒谬的。(普鲁塔克,1921,179—180)

圆锥是一堆无穷薄的圆盘的集合。如果圆盘逐渐变小,那么这个"圆锥"将会具有分明的层级结构,就像婚礼蛋糕一样。如果圆盘大小相等,那么这个"圆锥"将会变成一个圆柱体。人们可以将这种困境解释为对以下原则的质疑,即细小差异可以积累成显著变化。

要是将连锁悖论算作德谟克利特或者芝诺的发明的话,也许是对他们过于慷慨了。据记载,芝诺发明了大约40个悖论。自然,它们的质量不尽相同。和我们中的其他人一样,芝诺获得的成功也许离不开他的大量尝试。

对于芝诺的回应

大多数哲学家现在认为芝诺的悖论已经由格奥尔格·康托（Georg Cantor）在19世纪末发明的超限算术解决了。由于本书将在第22章中讨论该理论，并在其他地方严谨地将之加以呈现，我在此将满足于描述康托最简单的回答：芝诺错误地假定了速度存在限制。人们可以走得足够快以完成"超高速任务"（hypertask），在有穷多的时间间隔内完成无穷多的动作。你可以通过走得越来越快来离开房间。你在10秒钟内走完半程，然后在5秒内走过余下路程的一半，在2.5秒内走过再余下的一半，依此类推。在忙活了20秒钟之后，你就到达了房间的对面。

对于"超高速任务"的可行性也存在着质疑的声音。J. F. 汤姆逊（J. F. Thomson, 1970）试图证明执行无穷多任务在逻辑上是不可能的。请想象一盏只有一个按钮的台灯，上面的按钮按一下就可以把关着的灯打开，或者把亮着的灯熄灭。如果最初台灯处在关闭状态，按下按钮的次数是奇数，那么灯就会被打开；如果按下的次数是偶数，那么它就会被关闭。现在假设汤姆逊正在努力按下无穷次按钮：他会在第一分钟内按一次按钮，此后半分钟后按下第二次，再在四分之一分钟后按下第三次，依此类推。这样的话，在两分钟之后，灯应该是开着的还是关着的呢？它不可能是开着的，因为汤姆逊从没有在打开它之后不关掉它。它也不可能是关闭的，因为在第一次打开它之后，他也从未在关掉它之后没有打开它。

这里看起来存在着的矛盾只是因为假设不够完整而产生的幻象。汤姆逊的指令仅仅指明在第 $2-1/2^{n-1}$ 分钟时所发生的事情，而不关乎第二分钟本身。请想象一个人告诉我们：每个小于1的数要么是"合规数",要么是"违规数"。在1/2,1/4,1/8……这一序列中,第一个数是违规数,第二个是合规数,然后此后的数依此交替,使得如果n是奇数,则$(1/2)^n$是违规数,而如果n是偶数,则它是合规数(贝纳塞拉夫,1970)。现在,这个序列的极限是一个合规数还是违规数?它不可能是违规数,因为每个违规数后都紧接着一个合规数。但它也不可能是合规数,因为每个合规数后都紧接着一个违规数。此处存在的困境是一种虚假的表象。指令仅仅涉及序列,因此不能对序列以外的数字提供任何信息。

其他人认为康托不能解决"诸神悖论":

> 一名男子决定从A到B步行一英里。当他行走了半英里时,将会遇上一位已经做好准备筑起一道挡住他去路的神。第二位神(第一位神不知道其存在)也做好了准备,他将在男人行进了1/4英里时筑墙阻止其前进。接着又是第三位神直至无穷。很明显,这种仅涉及*意图*的无穷序列(假设以下反事实条件句:每位神在有机会的情况下都能成功执行其意图)在逻辑上必然导致该男子将在A点就被挡住,他将无法离开起点,即使事实上他的路径上没有任何一道墙会被筑起。(贝纳尔德特,1964,259—260)

如果我们增加以下假设:除非有障碍被放到他的路上,否则这个人不会停下来,那么就会产生矛盾。这个悖论在于低估了意图之间产生冲突的可能性(亚布洛,2000)。我有能力说出一个比你说出的任意一个数都大的数。你也有能力说出一个比我说出的任意一个数都大的数。但这并不意味着我们可以同时施展这些能力。

现在假设有一个由恶魔排成的无穷队列，他们以从后往前的顺序呼叫"是"或"否"。每个恶魔都愿意成为第一个说"是"的魔鬼，但是如果不能如此的话就会决定说"否"。乍一看来，我们会预测某个恶魔会说"是"。但如果他们都坚持自己的计划的话，这在逻辑上是不可能的。假设有一个恶魔说"是"，那么这意味着他身后的所有恶魔都说"否"。但是在他前面说话的那个恶魔会说"是"，因为在这个恶魔之前说话的所有的恶魔都说了"否"。

筑墙之神与说"是、否"的恶魔非常类似。每个神灵都能阻挡前行者。但是，既然只有第一个尝试阻挡的神才能真正挡到，那么这名前行者就不会被任何神挡住。

阿尔弗雷德·怀特海评论道："在你完成著作后的每个世纪都会被人反驳，这是最高程度的胜利……没有人曾在了解过芝诺之后却不试着反驳他，并且每个世纪的人都认为反驳他是有意义的。"（1947，114）我认为这种称赞在未来几个世纪后将不复存在。有关"超高速任务"的悖论仍然存在。然而它们并没有推翻以下判断：芝诺的所有悖论都由康托在100多年前解决了。

康托的胜利表明，某些重要的悖论是可以被解决的。我们现在对于芝诺的谜题拥有了满足现代数学严苛标准的解法了。2400年的等待是漫长的。但要记住，我们的比较对象是西绪福斯，而他的劳役将永恒持续。

5

苏格拉底：探究悖论

古老的谜题们看起来就像是一棵树上的许多枝杈：印度教的吠陀赞美辞、离合诗、填字游戏，等等。苏格拉底式的提问方法则是另一个分支。要想充分理解怎么才能算是解决了一个悖论的话，就必须了解苏格拉底所定义的游戏规则。

对定义的探寻

德尔斐的神谕宣称没有人比苏格拉底（约公元前470年—前399年）更有智慧。苏格拉底认为这道神谕给予了他去质疑任何自称知识渊博的人的权利。如果一位备受尊敬的人确实拥有着值得传授的知识的话，苏格拉底会通过使自己受到启发而使神谕得到应验。如果所谓有智慧的人并非真正拥有知识的话，苏格拉底则会通过证明此人不比自己更加有智慧来让神谕得以应验。

在面见雅典的所谓博学者时，苏格拉底摆出了作为一名渴望受到指教的学生的姿态。与他这种谦逊的姿态相一致的是，苏格拉底似乎没有写下任何著述。我们对苏格拉底的了解主要来自柏拉图的对话录。柏拉图的早期对话录呈现为相当准确的苏格拉底思想传记。但随着柏拉图自己的观点成熟了起来，他笔下的苏格拉底越来越多地承担起了柏拉图哲学理论的发言人这一文学角色。

苏格拉底自称，除了他自己一无所知之外，他什么都不知道。因而，他自然会提出许多问题。苏格拉底探究的是简短的问题："什么是勇气？""什么是虔诚？""什么是正义？"在《美诺篇》(Meno)之前，他专注于道德问题。苏格拉底研究过物理学。但他得出的结论是，对物理原因的研究无法给出应该以某种方式，而不是另一种方式行事或思考的理由。只有理由可以为行动提供辩护。只有通过理由，我们才能被未来（譬如，为后代写作）、理想（譬如，设计黄金矩形的花园），或者不存在的事物（譬如，寻找青春之泉）所影响。

当苏格拉底向你提出一个问题的时候，他想要知道的是你的想法。这要求你所说的是你个人的想法。你不能通过引用智者的说法使得他满意。你也无法通过附和大多数人的想法满足他。如果你的立场遭到了他的驳斥的话，**你**会发现你所持有的信念是相互冲突的。这种由矛盾产生的痛苦将迫使你去修改**你自己**的信念。

苏格拉底让谈话保持简单。清楚明了的讨论会帮助他发现其间存在内在矛盾的地方。如果你开始长篇大论的话，苏格拉底会将你打断。如果你试着改变话题的话，他会把你引导回去。如果你措辞模棱两可的话，他会迫使你去澄清。

如果被问到"什么是美德"，你可能会回答美德是某一种品质，比如坚韧、节制或者诚实。然而，苏格拉底拒绝接受这种包含例子的答案。他想要的是定义。能够满足他的答案必须直接地陈述出一件事物的本质，例如"黏土是泥与水的混合物"，或者"三角形是一个封闭的、具有三条边的图形"。苏格拉底对于单纯了解人们如何使用词语或如何正式地定义术语不感兴趣。

苏格拉底想要那种能反映独立于我们意志的实在的定义。当你把 π 定义为圆的周长与直径之间的比值时,你是给一个本身就有趣的概念赋予了一个任意的名称。名称的任意性并不会使得这个概念本身变得任意。这个概念涉及的是一种客观的关系。人们可以去发现有关 π 的基本事实,但绝不能通过制定规则或者举行投票来发明或改变这些信息。

在 1897 年,印第安纳州众议院审议了第 246 号法案以确定 π 的新数值。该法案在运河委员会得到了通过,并得到了教育委员会和禁酒委员会的保荐。任职于普渡大学的数学家 C. A. 华尔多(C. A. Waldo)教授当时碰巧身在州议会大厦。当听到关于 π 的辩论时,他感到很惊讶。在他的干预以及《印第安纳波利斯哨兵报》(*Indianapolis Sentinel*)的宣传之下,议员们同意推迟对该法案的审议。关于它的审议工作再也没有重启过,因而也没有正式成为法律。

如果印第安纳州众议院第 246 号法案得到了通过的话,那么议员们所成功做到的可能无非是让"π"这个名字改为指称另一个(远没那么有趣的)概念罢了。但是此前就由"π"来指代的圆周率仍然还是会等于 3.14159265……即使在印第安纳州也是这样。

毕达哥拉斯的弟子曾经统治了希腊的殖民地克罗顿一段时间。但即使他们发布法令宣布 $\sqrt{2}$ 与 3/2 是相等的,也无法解决不可通约性的问题。

苏格拉底认为词语指称是独立于人类实践而存在的理念。理念(或者说"共相")是不同事物之间共同存在的东西。"布西发拉斯（Bucephalus）和多宾斯（Dobbins）都是马。"这一陈述实际上涉及了三个事物：布西发拉斯、多宾斯、马的理念。即使所有具体的马都消失了，马的理念也会继续存在。理念比与理念相关的具体事物具有更高的实在性。

苏格拉底式对话的普罗泰戈拉起源

在苏格拉底的对话者提出一个定义之后，苏格拉底会对它进行细致的考察。通常情况下，在苏格拉底通过以对话者的让步作为前提而推论出一些令人意想不到的结论之前，他所提出的问题背后的逻辑都不会显而易见。在其他场合下，苏格拉底会要求对方加以澄清，其原因无非是讨论中的定义似乎有一个细微的反例。无论如何，他总是以一种轻松的求教氛围开始，而后才逐渐演化出一场辩论。在此过程中，苏格拉底在对话中扮演着越来越具有主导地位的角色。他的"老师"最终总会在不同的谬论之间进退维谷。

希腊人喜欢看到高大的形象被降低威望的样子。而苏格拉底的对话则更加具有观赏性，因为他总是以一个身着破旧长袍而深蹲于地，双眼突出、鼻梁微塌的形象示人。

苏格拉底所认可的探究方法是"争辩法"——他更喜欢称之为"辩证法"。它起源于由普罗泰戈拉开创的正式辩论赛（尽管苏格拉底本人认为这是芝诺的发明）。一名裁判员指定任意一方为某一个命题进行辩护，并让另一方持续对之提出诘问。如果诘问者使得受问者陷入矛盾的境地，他就获得了比赛的胜利。在一些充斥着层层限制的比赛过程中，受问者只能回答"是""否"或"不知道"。诘问者也受到了一系列规则的限制。

例如，他不能要求承认与辩题中的内容等价的前提。这就是"乞题"这一逻辑谬误的奇怪名称的来源。这个术语的运用不再被局限在辩论场上，而是也被用来指责在不那么正式的推理过程中出现的问题，譬如柏拉图在《蒂迈欧篇》（*Timaeus*）中对于传统的循环辩护："我们必须接受那些自称是众神后代——这是他们的说法——的古人留下来的传统。他们肯定了解他们自己的祖先。我们怎么能怀疑众神的子孙的话呢？"

普罗泰戈拉通过收取学费而变得富裕起来。一些经由普罗泰戈拉训练过的人转而自己也成为辩论教练。这是智者运动的经济基础。为了让他们自己凭借着辩论技巧出名，智者会到处与著名人士展开论战。智者们还愿意不停地从一个地方到另一个地方迁徙和办展，以促进其业务的繁盛。就像现在一样，人们愿意花钱去听有关如何结交朋友和影响他人的建议。最为成功的智者可以在某一个城市安顿下来。其中有一些甚至聘请了助教，并办起了小型学校。贵族们将这些职业教师视为图利市侩。来自贵族阶层的哲学家，譬如柏拉图，以自己从不屈尊接受学费而感到自豪。

事实上，除了花钱学习这些重要的技能之外，雅典人几乎没有其他方式来实现向上的社会流动。雄辩术在他们所处的诉讼日益频繁的社会中深受重视。有时候，法律诉讼实在是太多，以至于败诉者会无由无据地起诉他们的邻居，只是为了支付给胜诉者的赔款。

讼师们相互起诉。法学生起诉他们的老师。老师也会起诉学生：欧提勒士（Euathlus）签下合同，将在他首次出庭获胜时向普罗泰戈拉支付他的学费。在完成学业后，欧提勒士从来没有出过庭。为了从他那收到学费，普罗泰戈拉以起诉来威胁欧提勒士。他指出，如果他真的起诉了欧提勒士的话，那么欧提勒士无论如何都将不得不支付学费。如果普罗泰戈拉赢得诉讼，那么法院将会命令欧提勒士付款。如果普罗泰戈拉输了的话，那么欧提勒士就会赢下他的第一个案子。根据合同，他也必须付款。

然而，欧提勒士之前显然学得很好。欧提勒士反驳说，如果自己赢了的话，那么法院会判决称他并不欠普罗泰戈拉任何钱。如果欧提勒士输了的话，那么他就还没有赢下他的第一个案子，所以仍然没有付款的义务。

智者对于希腊文化产生了巨大的影响。讼师成为戏剧中最受青睐的人物。在《云》(*The Clouds*)中，阿里斯托芬将苏格拉底描绘成一个最为典型的智者。在了解了苏格拉底古旧的思考伎俩时，斯瑞希阿得斯（Strepsiades）对苏格拉底的一些学生弯腰躬身、面对地面、背对天空的行为表示困惑。向导解释说，这些学生主修地理学、辅修天文学。苏格拉底的追随者对于这种针对苏格拉底的讥讽感到愤慨，因为在柏拉图的对话中，苏格拉底将自己与智者进行了鲜明的对比。苏格拉底否认他曾为了钱而教书。他总是以纯粹的真理追求者的身份示人。

美诺的探究悖论

在《美诺篇》之前的柏拉图著作里，苏格拉底并没有支持任何具体的观点。这篇对话录的开头与早期对话录大体相似。美诺以非常懂得美德而著称，而且他尝试通过介绍各种具体的美德来启发苏格拉底。苏格拉底打断了他的列举，并要求美诺说出使得美德与其他特征得以区分的普遍原则。当美诺试图定义美德时，他收到了苏格拉底给出的常见待遇。陷于迷茫的美诺在懊恼之中给出了如下的对比：

> 苏格拉底，在我见到你之前我就曾经听说过，你除了让自己和别人都陷入困惑之外，什么都不做。而现在，你似乎迷惑住了我，用你的法术荼毒我、束缚我，使我完完全全地囿于困惑之中。如果我可以说句玩笑话的话，那么在我看来，无论是在长相还是在其他方面，你都跟生活在海里的扁状电鳐极其相似。因为无论谁与它相接触之后，都会被它麻醉掉。而你似乎对我做了类似的事情。事实上，我的头脑和嘴唇都感到一阵麻木，我不知道该给你什么答案是好。（柏拉图，《美诺篇》，80 A）

此后美诺信守着"最好的防守就是进攻"这一格言。他用一个困境来刁难苏格拉底：如果你本来就知道你所问的问题的答案，那么通过提问，你无法学到任何东西。如果你本来不知道答案，那么即使给你答案，你也没有办法认出它是正确的答案。因此，人没有办法通过问问题来学到任何东西。

对于美诺的探究悖论最自然的解决方案是，探究者所拥有的知识应该既不多也不少——足以识别出正确的答案，但恰好不足以自己给出回答。请想象一位在做下述的一道单项选择题的学生："苏格拉底在对波提狄亚（Potidaeu）的战役中救了谁的命？阿尔西比亚德（Alcibiades）、赞西佩（Xantippe）、欧克利德斯（Euclides）、伯里克利。"这个学生知道在德留姆（Delium）之役中，是一位名字以A开头的将军拯救了苏格拉底，而苏格拉底之前在对波提狄亚的战役中救过他的命。从这些知识碎片以及对测试中只有一个选项是正确的确信，这名学生可以推断出苏格拉底在对波提狄亚的战役中拯救的是阿尔西比亚德。在那些探究者拥有一些知识片段，并且可以将它们拼接起来以确定正确答案的情况下，美诺悖论是可以得到解决的。

这种解决方案不适用于那些探究者没有任何知识以做出推论的情况。比如说，新生婴儿看起来对一切事物都完全不具有知识。如果一个男婴最开始是一块"白板"，他就没有任何可以利用的线索。

极端的怀疑论者认为成年人并不比婴儿知道得更多。如果这些怀疑论者要把他们的观点坚持到底，并因而停止提出问题的话，那么这些自称一无所知的人就能摆脱自相矛盾的状态。然而苏格拉底正是通过问问题来摆脱完全无知的状态的。

回忆说

为了挽救苏格拉底式方法，苏格拉底选择在苏格拉底式无知这一问题上给出让步。他承认说，在一种**知道**的意义上，人们确实拥有很多知识——事实上，他们拥有着全部知识！为了证明这种说法，他引导着美诺的奴隶男孩推导出了一个几何学定理。虽然这名奴隶男孩此前从未接触过几何学，但苏格拉底通过向这个男孩一次次地提出问题来促使他认识到这个定理的内容。这个男孩有时会给出错误的回应，但当苏格拉底提醒他注意由给出的答案推论出的结果时，男孩很快就能够发现自己的错误。苏格拉底得出结论称，奴隶男孩在接受提问之前就对这个定理有着"潜在的"知识。苏格拉底并没有教给他任何新的东西，而只是唤醒了男孩既有的知识。

那么奴隶男孩的知识来自哪里呢?苏格拉底推断这个男孩其实是在回忆他在出生前的某一时间就清楚地知道的事实。这名男孩之所以曾经具有这种知识,是因为他曾居住在理念世界。这种知识在出生的创伤之中被遗忘了。但当苏格拉底促使男孩去回忆时,他就重新获得了这种知识。

苏格拉底推广开来说:我们从来没有学习任何新知识。我们只是通过遇到具有提醒效果的事物来重新学到我们之前就知道的东西。当我们看到具体的马匹时,马这一理念就会浮现在我们的脑海中。具体的马匹是马之理念不完美的反映,因而它本身是不足以给予我们关于马的知识的。

苏格拉底否认任何人能教别人任何东西这一可能性(也许这就是为什么他不会教书赚钱)。苏格拉底唯一能做的是去促使人回忆。苏格拉底的母亲斐纳瑞忒(Phaenarete)是一名助产士,而苏格拉底认为自己是子承母业:"唯一的区别是我的病人是男性而不是女性,我所关注的不是肉体,而是处在出生痛苦中的灵魂。我技艺的顶峰是通过每一次的考验来证明一个年轻人思想的产物究竟是一种虚假幻象,还是生命与真理的本能。"(柏拉图,《泰阿泰德篇》,150)助产士自己不生孩子。同样,苏格拉底只是帮助他人恢复知识,而他们必须首先在之前的存在状态中就已经获得这些知识了。

精神上的助产士是一份危险的工作。大多数人并不会质疑日常的表象世界。对于在表象背后有更深层的实在这一观点,他们会表示厌恶。在柏拉图的《理想国》(Republic)中,苏格拉底用洞喻戏剧化地表现了哲学的危险。一群人戴着镣铐,面对着洞穴里的墙壁。在他们身后的上方有一团火丛,以及一条被围墙挡住的走道。这段围墙遮掩住了一群头上顶着小雕塑的奴仆。这些雕塑在火的照耀下在洞穴墙壁上投下影子。这种影子游戏是这些囚徒眼中唯一的实在——他们从未在正常情况下看到过任何东西。影子代替了物体的地位。(图5.1)。

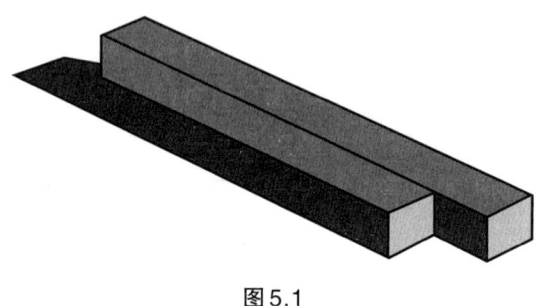

图5.1

在长期与这些影子打交道之后,囚犯们变得善于预测影子的变化模式。如果这群对外界一无所知的囚徒中有一个人得以从枷锁中释放出来并转过身去,那会怎么样?他难道不会对他背后的场景感到震惊吗?让我们再假设他冒险离开了洞穴。他会笨拙地抬起双腿,迈出陌生的步伐。他会走到阳光之下,而这会让他头晕目眩。如果他能够克服退回到他所熟悉的黑暗之中的冲动的话,他会最终适应生活在由物体所构成的真实世界之中。他会对现实的多彩与丰富感到欣喜。他会惊叹于照亮一切事物的太阳——那一切存在的源泉与支撑。

最终,这个获得了解放的人会感到自己有义务去解救那些还被困在洞里的朋友。他克服自己的不情愿并回到洞穴,以期让他们摆脱错觉。由于他现在习惯了在阳光下的生活,他回到山洞时往下爬就跟他先前往上爬时一样笨拙。当他重新跟他的朋友们坐到一起时,他们会留意到他已经失去了预测影子行为的能力。当他告诉他们这些影子其实仅是真实的物体阻挡住光线而产生的效果时,他的同伴会因他的放肆言论而感到惊讶。如果他坚持把他们预测倒影的技艺称作仅仅是对于错觉的熟悉的话,那么洞里的同伴们甚至可能因他恪守异端而处死他。

遵循论证,无论它引向何方

洞喻的故事预示着苏格拉底本人将会遭到逮捕,并因持有异端观点和腐化雅典的青年人而遭到处决。

苏格拉底的宗教信仰不同寻常,他只服从他自己的"守护神"——一种来自个人内心的、警惕某些行为的声音。这种自省与希腊的宗教思想格格不入。

苏格拉底将腐化青年的指控解释为在控诉他作为"雅典的牛虻"而进行的活动。他在法庭上发表的大部分辩词都是在为苏格拉底式方法进行辩护。苏格拉底滔滔不绝地为不受限于传统或不顺从于当局的询问做辩护。

在苏格拉底被定为有罪后,检方建议将其判处死刑。根据习俗,被告会提出其愿意受的替代性惩罚,并让陪审团在两者之间做出选择。苏格拉底的提议是,国家应该在公共会堂为他提供免费食宿——他指的是一种国营酒店,专门用来奖励那些为国做出了杰出奉献的人。陪审团因而只能选择唯一一种前后一致的判决:死刑。

苏格拉底不认可这一判决,但是愿意接受它。他既然已经心甘情愿地接受了国家所赋予的权利,那就因此同意受到其法律的管束,因而有义务遵循其司法机构的命令。

苏格拉底的朋友们(和一些反对者)希望他能越狱并逃出雅典。他在以往确实曾经实践过公民不服从(civil disobedience）的行为。苏格拉底曾说，他不会为了遵守司法命令而停止哲学思考（《申辩篇》，29 C—D）。他早年曾违反了一项要求公民指认出国家敌人的法令。如果在那时公民抗命是可以接受的，那现在为什么就不是了呢？所有人都知道苏格拉底在雅典有许多有影响力的贵族朋友。苏格拉底的朋友克力同甚至都已经替他做好了越狱安排。他恳求苏格拉底配合。苏格拉底回答说：

> 亲爱的克力同，如果你的这般热情是正当的话，那么它就会是无价的；但如果失当了的话，热情越高，危险就越大；因此，我们应该好好考虑我是否会按照你的建议去做。我一直是那种必须用理性指导行动的人，我会听从通过思考得出的最好的理性结论，无论它是什么。既然我现在就已经遇上了这样一种契机，那么我不能违背自己的信念：我将继续遵从我一直以来尊重的原则，除非我们能当即找到其他更好的原则，否则我肯定不同意你的建议。不，我不会越狱，即使众人的力量给我们带来更多的监禁、私产充公、死亡，像用妖精恐怖故事恐吓儿童一样来恐吓我们。（《克力同篇》，46—47）

在当时，被判处死刑的人一般会被迫自己了结性命，而不是让其他人经受处决他们的折磨。因此，苏格拉底向他的狱卒要来了毒堇汁，并询问了使用方法。狱卒解释说，毒药的用法就像一杯汤药一样。你把它喝下去，然后走动一下，促使它在你的体内循环。当你感到腿部变得僵硬起来，你就知道死亡已经迫在眉睫了。苏格拉底对于这则医学类比感到了些许困惑。

最后讽刺的是，他的遗言的大概意思是他欠医神一笔债："克力同，我们还应该还一只公鸡给阿斯克勒庇俄斯（Asclepius）。安排好这事，不要忘记了。"

6

麦加拉学派的同一性危机

根据记载，欧克利德斯和他的朋友忒斯皮昂（Terspion）在苏格拉底饮下毒堇汁那天陪在他的身边。在苏格拉底去世后，柏拉图与欧克利德斯一起居住在麦加拉，一座距离雅典有一天步行路程的城市。

欧克利德斯从巴门尼德的著作中学会了争辩的艺术。在听说苏格拉底之后，欧克利德斯从麦加拉搬到了雅典，并成为他最热忱的门徒之一。雅典和麦加拉曾多次陷入冲突，在其中一次冲突发生时，雅典人通过了一项法令，禁止任何麦加拉人进入雅典，违令者死。欧克利德斯谨慎地选择搬回了麦加拉。然而，他仍经常前往雅典拜访苏格拉底。欧克利德斯只能在夜间赶路，并且身着长长的女性斗篷与面纱来遮掩自己。

也许正是这种伪装的经历启发欧克利德斯提出了"蒙面人悖论"——它也被称为不被注意的人（the unnoticed man）、蒙面汉（the hooded man）或是厄勒克特拉（Electra）悖论：苏格拉底认识欧克利德斯，但不认识伪装的欧克利德斯。这怎么可能？如果这个蒙面人与欧克利德斯是同一个人的话，那么他就应该具有欧克利德斯所具有的全部属性：他们有相同的眼睛颜色、相同数量的头发及相同的朋友。由于欧克利德斯具有被苏格拉底认识这一属性,因而这位蒙面人也应当具有被苏格拉底所认识的属性。

欧克利德斯视角下的《泰阿泰德篇》

柏拉图的《泰阿泰德篇》深入讨论了知识和同一性的悖论。在柏拉图笔下,欧克利德斯是这段哲学谈话的记录者。苏格拉底的谈话对象是西奥多罗斯(Theodorus)——一位年迈的著名数学家,以及他年仅16岁的天才学生泰阿泰德(Theaetetus)。忒斯皮昂在大市集里寻找着欧克利德斯。忒斯皮昂最终在欧克利德斯位于麦加拉的寓所附近的街道找到了他的这位朋友。

欧克利德斯满怀忧愁地解释说,当天早些时候他在前往海港的路上遇见了泰阿泰德。后者受了重伤,并且正在被军队从科林斯护送回雅典的途中。欧克利德斯建议泰阿泰德留在麦加拉做康复治疗,但泰阿泰德打算回家。

欧克利德斯提醒忒斯皮昂苏格拉底曾对泰阿泰德做出过的预言:如果他活下去的话,他将会成为一个伟人。这则预言使人想起苏格拉底、泰阿泰德和后者的数学老师西奥多罗斯三人之间曾进行的一次精彩对话。欧克利德斯当时就在现场聆听,而且还做了笔记。随后,他在苏格拉底的帮助下将这次对话复述了出来。忒斯皮昂很想听听这篇对话的内容,于是欧克利德斯邀请后者与他一同回家,以便他们可以一边休息,一边差使欧克利德斯的仆人向他们朗读这篇对话。

考虑到欧克利德斯本人的兴趣所在,柏拉图将欧克利德斯写成了这则对话的复述者。欧克利德斯坚信着苏格拉底的一个论题,即一切美德说到底都是同一种东西:知识。这个论题基于一种自制（continence）原则，也即人们从来不会有意地选择更坏的选项。如果你有获得两个无花果和获得一个无花果这两种选项，你一定会选择两个无花果。正因为我们总是倾向于获得最好的，因此人们不可能主动选择恶，除非他们选择的是伪装成善的恶。

苏格拉底承认，这种自制原则没有考虑到意志薄弱的可能性。沉迷酗酒的人有时会（在两轮畅饮之间）羞赧地承认他们知道戒酒对于他们来说更为有利。但是他们还是会继续喝酒。苏格拉底对酗酒者的态度与大多数现代经济学家是一样的：行动胜于雄辩！我们不应该被饮酒者在人前的空口应酬所误导。饮酒者的行为才揭示了他们真正的偏好。人们之所以酗酒，是因为这是他们最想做的事情。

苏格拉底承认，人们有时会倾向于选择当下就可以获得的更小的善，而不是需要等待才能获得的更大的善。他认为这源于视角错觉。在下午晚些时候的阳光之下，你身体所投射在地上的影子巨大，而头部的影子却似乎很小。但是头部影子之所以会如此不成比例，是因为你是从这个巨影的脚部去看它的。

苏格拉底表示，在时间问题上也存在"近大远小"的错觉。一个孩子可能会更愿意选择今天的一个无花果，而不是明天的两个无花果，因为马上就能得到一个无花果看似是更好的选项。随着人成长起来，他们对于这种错觉多了几分了解，于是就会少受几分影响。于是他们就获得了耐心这一美德。通过教育，他们又克服了其他种类的恶。在了解到大多数蛇都是无害的之后，我们似乎对蛇也不会感到那么害怕了。随着我们的知识变得更加渊博，我们对于最佳选项的持续偏爱会使得我们做出客观上正确的选择。所有的恶都基于无知。所有美德都基于知识。

在《理想国》中，苏格拉底将"美德就是知识"这一原则用在了行政权的问题上。最好的统治者应该是最具有美德的人。哲学家是最具有知识的一群人，因此哲学家应该成为王。

对于苏格拉底来说，认识论，也即对于知识的研究，与伦理学和政治学是紧密相连的。认识论也与美学，也即对于"美"的研究相关。就事物与其理念相符而言，事物得以是美的。一匹残缺的马是丑的，因为它与"马"这一理念不甚匹配。赛马则凭借其与马的理念吻合而是美的。作为事物的典范，理念是"美"的理想。美学欣赏指的是有关事物在何种程度上与其理念相匹配的知识。

《泰阿泰德篇》的大部分篇幅都在处理由某些关于同一性的谜题所带来的关于知识的本质的问题。我认同塞缪尔·惠勒（Samuel Wheeler）的推断，即这些问题都是欧克利德斯的蒙面人悖论的不同变体。正如柏拉图通过在这篇对话录中回顾泰阿泰德的一些重要数学结论来向后者致敬一样，柏拉图是通过将欧克利德斯的悖论融入其对于知识的分析来向欧克利德斯表示敬意的。

该篇对话也涵盖了一些对于方法论的讨论，而它们可能会使欧克利德斯感到喜忧参半。对话中的一些篇章总结了苏格拉底对于欧克利德斯喜好争论的性格所持有的反对意见。欧克利德斯是一个喜欢跟人争执的人，经常在民事法庭提起诉讼。苏格拉底对此并不赞成。

苏格拉底更倾向于辩证法式的辩论，在其间，对话的双方通力合作，并且坚持遵循论证，无论其引向何方。而且没有取得实践结果的压力。人们完全可以在一个富有趣味的问题上逗留思考。如果一方犯下错误，另一方应该善意地用有建设性的方式来纠正错误。双方的目标是团结地、真诚地追求真理。

讼师出于说服的目的而辩论。真理对于他们而言是不相关的。诉讼中的双方都被分配了一定量的时间来呈现己方的情况（时间由滴漏来度量）。因此，他们总是匆匆忙忙，而且被禁止探索有意思但与主题不太相关的话题。一个讼师没有产生新想法的希望，因为：

> 他的对手在监督他，同时也在行使自己的权利。起诉书，或者按他们的用语称作宣誓书，须在庭中诵读，而绝不可偏题。他是一名奴仆，并且不断地在自己的主子面前谈论另一位奴仆。他的主子就端坐在那里，并且把诉状紧握在手中。这样的审判从不涉及别的问题，而始终只与他自己相关。况且这样的对抗通常都是性命之争。结果是，他变得精悍而狡黠，他学会了如何用言语阿谀奉承、用行为放纵惯养自己的主子。他的魂灵因而是渺小可鄙且邪恶不义的。（《泰阿泰德篇》，173）

为了具有说服力，讼师需要表现得像是他们真的相信自己所说的内容那样。任何准备为客户撒谎的讼师也准备好了运用欺骗性的手法为客户辩护。论证要具有欺骗性，最显而易见的方式是提出连自己都不相信的前提。而一种更加微妙的方式是从这些前提中"推断"出自己不相信的内容（以期让陪审团也落入谬误的陷阱之中）。

苏格拉底对诉讼的严厉评价使欧克利德斯感到受了冒犯。他在麦加拉建立了自己的学派。欧克利德斯对于争论的爱好似乎从未减少过。他发起的辩论十分激烈，以至泰门（Timon）说欧克利德斯把争执的疯狂从雅典带到了麦加拉。

从学理上讲，麦加拉学派与埃利亚学派之间的观点十分相似。第欧根尼·拉尔修记录说，欧克利德斯曾经研习过巴门尼德的著作，并"认为至高无上的善其实是'一'，尽管它有许多名字，譬如智慧、上帝、心灵等。他拒绝了所有与善相矛盾的东西，并相信它们并不存在"。（1925，ii，120）

赫拉克利特与变化悖论

苏格拉底与欧克利德斯一样对巴门尼德充满着敬畏之心。《泰阿泰德篇》中的一段写到苏格拉底拒绝对其前辈巴门尼德加以批判。苏格拉底平静地听取了西奥多罗斯对巴门尼德的反对者赫拉克利特及其追随者的刺耳评价：

> 与他们自己的论述相一致的是，他们自己处在永恒的运动之中。但是，他们在专注于一个论证或一个问题，安静地回答并反过来提出问题上面的能力可以说是微乎其微的。事实上，"微乎其微"这个说法不太妥当，因为即使是最小的静止粒子都强过这些人的能力。如果你向他们提出一个问题，他们会在颤抖之中说出玄妙深奥的只言片语，并将它们像箭一样射向你。如果你要求他们给出解释的话，你就又会受到混乱的比喻所带来的困扰。你永远无法与他们一起得出任何结论，虽然他们自己人之间也得不出任何结论。他们费尽心思地确保不在任何事情上，无论是在论证中还是他们自己的灵魂里下定论，而我想其原因是他们认为这会构成某种固定的东西；而他们乐于对一切固定的事物宣战，直到他们

可以把它们全部逐出这个宇宙！（《泰阿泰德篇》，179 E）

苏格拉底猜想说，赫拉克利特学派内部或许更加和睦。而西奥多罗斯坚持认为他们中的每一个人都是故意要一直挑起争端的。

赫拉克利特学派对于变化的普遍性给出了一个逻辑论证。如果 x 与 y 相同，并且 x 具有性质 F，则 y 也应具有性质 F。例如，如果 16 的平方根等于 4，且 4 是偶数，则 16 的平方根也是偶数。赫拉克利特的观点是，这个法则意味着变化中的事物无法跨越变化而持续存在。如果生病的苏格拉底与康复了的苏格拉底全然相同的话，那么生病的苏格拉底所具有的每一种性质都应该为康复的苏格拉底所具有。但要是这样，健康的苏格拉底就应该仍是生病的。苏格拉底看似是同一个人跨越着时间而存在，但实际上是多个更迭着的不同个体。赫拉克利特学派得出的结论是，我们对"同一的"的日常使用是仅仅建立在相似性基础上的随意言谈。患病之前的苏格拉底与康复之后的苏格拉底，并不比两粒互异的盐粒更为相同。

为了回应赫拉克利特的变化悖论，一些受到爱因斯坦物理学影响的哲学家将苏格拉底比作一条时空蠕虫。根据这种理论，他是一个由个体的阶段所构成的序列。他们不得不向赫拉克利特承认，苏格拉底无法越过时间而整存（endure）。相反，他是随着时间流逝而分存（perdure）的。"分存"指的是事物所拥有的组成部分分别处在不同的时间里。一个短暂存在的事物不会分存，因为它所有的部分都来自同一个时间。数字也无法分存，因为它没有时间部分。

其他哲学家说，苏格拉底在时间的流逝当中确实是整存着的，因为这个论题所涉及的性质具有时间面向。**早上**具有生病这一性质的苏格拉底与**下午**不具有生病这一性质的苏格拉底是同一的。

知识与同一性

赫拉克利特的变化悖论将变动的个体用作反例以否认同一者的可替换性——也即若 $x = y$ 且 x 具有性质 F，则 y 也应当具有性质 F。欧克利德斯的蒙面人谜题则用到静态的**主观**性质作为反例来否定上述原则。在同一个时刻，欧克利德斯同时具有被苏格拉底所认识的性质，又不具有被苏格拉底所认识的性质。除了具有身为一个男人这样的客观性质之外，欧克利德斯还具有一些至少部分地取决于人们对他的认知的性质。只有在很多人**喜欢**他的情况下，他才会是受欢迎的。只有在很多人**认识**他的情况下，他才会是出名的。

蒙面人所带给我们的挑战是如何解释错误指认问题。人们何以无法知道真正的同一性陈述？苏格拉底认识欧克利德斯。欧克利德斯与这个蒙面人同为一人。苏格拉底是如何可能不知道欧克利德斯就是这个蒙面人的呢？

蒙面人悖论涉及的错误是遗漏错误，也即未能相信真的同一性陈述。错误指认也可能是委任错误（error of commission），也即相信实际上为真的同一性陈述是假的。在苏格拉底得知欧克利德斯是蒙着面的之前，他会认为"这个蒙面人是欧克利德斯"这个说法是错误的。

《泰阿泰德篇》开篇处所讨论的问题是如何解释一种更为具体的指认错误。人们为什么会相信一个事实上为假的同一性陈述是真的？如果有人既认识苏格拉底又认识泰阿泰德，那么他就会知道苏格拉底不是泰阿泰德。如果他并不认识他们两人，那么苏格拉底是否是泰阿泰德这一问题就不会出现。这人甚至不具有组织出一个为假的陈述的能力，因为他所能指称的只可能是他所知道的东西。

这种说法当然有一定的道理。苏格拉底不可能相信"孟子就是墨子"这个为假的同一性陈述。尽管这两位中国哲学家生平时间都与苏格拉底有重叠部分，但他们之间的距离太过遥远，因而不可能被苏格拉底所知道。"孟子"这个名词在苏格拉底的口中是毫无意义的。因此，他不可能持有一种混有已知名称与未知名称的想法，譬如"泰阿泰德就是孟子"。

分析悖论

知识悖论与同一性悖论可以被用来挑战苏格拉底所持有的"定义提供信息"这一假设。如果"定义项"（用于定义的词语）比"被定义项"（被定义的词语）涉及更多内容的话，那么这个定义就太过宽泛了，譬如"人类是两足动物"这一错误定义。然而如果定义项的内容比被定义项的内容更少的话，那么这个定义就太过狭隘了，就像"人类是男人"这样的错误定义。如果定义项所说的既不多于也不少于被定义项的话，那么其间的等价性会使得这个定义是多余的，就像虽然为真但是不足道的"人类是人类"之类的说法。因此，所有的定义要么为假，要么循环。

这个悖论在20世纪的表述来自C. H. 兰福德（C. H. Langford）。当时的背景是他正在向G. E. 摩尔（G. E. Moore）

所提出的"哲学主要是分析我们所使用的概念"这一原则进行诘难。分析是将一个概念分解为多个组成部分的过程,譬如"兄弟是男性兄弟姊妹"。摩尔认为知识可以被分解为"得到辩护的真信念",并且正确性可以被分析为能够产生最佳结果这一特性。兰福德提出了一种困境:

> 让我们将要被分析的事物称为"被分析项",并把承担分析职责的事物称为"分析项"(analysans)。那么,分析陈述了被分析项和分析项之间存在着恰当的等价关系。而分析悖论大致是说,如果代表着被分析项的语言表述与代表着分析项的语言表述具有相同的含义,那么该分析仅仅陈述了简单的同一关系,因而是不足道的;但如果这两个语言表述的含义不尽相同,则这个分析就是不正确的。(1968,323)

分析悖论与美诺的询问悖论相似。美诺认为,如果询问者知道得足够多,以至于可以发现自己所提问题的正确答案,那么他就已经知道了答案。兰福德声称,一个成功地将一个概念与其含义相等同的分析无法给我们提供知识,因为这种等同虽然是正确的,但却不足道。只有当一个人先前不知道以A=B之形式存在的同一性陈述时,一个定义才具有启发性。如果一个人要理解A=B,那么他必须既理解A又理解B。然而如果那样的话,这个人就会知道A和B彼此相同!

柏拉图不曾在他的对话录中提出过分析悖论。然而,在公元前150年到前50年之间出现的一位柏拉图《泰阿泰德篇》的评论家表现出了对这个悖论的初步认知。在解释对一个定义的一种错误批判的过程中,这位评论家说道:

> 这是一种误解。人们说：事物与定义是可以相互替换的，但定义与名称的意义却不是完全相同的。因为如果一个人问，"什么是人？"而另一个人回答道，"一种理性的、有死的动物"，那么，我们不能因为一个理性的、有死的动物是人而说当被问到"什么是人？"时，一个人回答"人"。（塞德利，1993，136）

这位评论者在试图阻止同一者的可替换性这一原则破坏"人是理性的、有死的动物"这一表述所具有的信息性。该原则对"欧克利德斯是这个蒙面人"这一表述所具有的信息性同样构成了威胁。分析悖论本质上就是被应用到定义中的同一关系上的蒙面人悖论。当定义者说到"雌性的狐狸"就是"雌狐"一词的意思时，他是在一个昏暗的概念领域中指认事物间的同一性。我们知道这些同一关系是有帮助的，但我们仍面临着一种出乎意料却不乏说服力的反面观点，即这些同一性陈述是无用的。

我好奇欧克利德斯本人是否会对于分析悖论感到警觉。作为一个巴门尼德主义者，欧克利德斯会通过把知识限定于只是对于"一"的知识来解决蒙面人问题。所有的存在者都是一个东西，因此不可能存在不同的事物以使得我们误认为它们是同一的。这里所说的事物包括心理对象。说到底，其实并不存在多个概念，因此也没有错误指认的机会。和芝诺一样，欧克利德斯把他的悖论用作一把利剑来捍卫他的老师。

7

欧布里德与说谎者政治学

古希腊的悖论是通过无数的文学作品和口耳相传一代代流传到我们的时代的。根据有多少材料险些失传以及流传下来的内容所处的糟糕情况来判断，有不少悖论一定已经遗失了，还有不少一定正安静地躺在我们的书库书架上以一种未被发现的方式腐烂着。本章将讨论悖论的传播方式是如何塑造了悖论本身以及我们对它们的态度的。

悖论并非仅仅凭借各代人对其抱有的内在旨趣而被传承下来。它们常常依附于一些更为重要的事物。例如，说谎者悖论得以传承的一部分原因是圣保罗在无意之中把它编写进了《圣经》。

看似仅仅是添加物的东西，有时候包含了悖论的全部实质。政治哲学和宗教之中的许多悖论源自互成竞争关系的不同派别之间不够彻底的妥协。

悖论所激发的既可能是敬畏，也可能是嘲讽；这往往是那些最早讨论到悖论的人所遭遇到的态度的回响。在希腊，辩证法比拼通常都是以团队形式开展的。哲学家对他们各自所属的学派有很高的忠诚度。对学生及赞助的竞争对他们来说是生死攸关的，对于整个群体来说这个问题关系到该群体的存续与否，而对于其间的一些成员来说它更是真真切切地决定着他们的死活。由于赌注甚高，辩论策略更容易让人联想起政治，而不是冷静的探究。如果一些内容无法被反驳，那么它将面对的是讥讽嘲笑、假装忽视，或者刻意扭曲。

亚里士多德是间谍吗？

欧克利德斯的学生以及继任者欧布里德巩固了麦加拉学派热衷于纠结细微逻辑问题的声誉。第欧根尼·拉尔修将欧布里德描述为："……一个以问答形式写下了许多辩证性论证的人，包括说谎者（悖论）、伪装者（悖论）、厄勒克特拉（悖论）、蒙面人（悖论）、连锁（悖论）、有角人（悖论）和秃头（悖论）。"（1925，11，108）欧布里德的所有悖论都由亚里士多德或直接或间接地讨论过。但亚里士多德对这些悖论往往都是轻描淡写地讨论，显得对它们非常不屑一顾。

唯一提到欧布里德曾经写过书的记录来自公元4世纪时的凯撒利亚主教尤西比乌斯（Eusebius）。尤西比乌斯称，欧布里德曾指责说亚里士多德是马其顿的腓力（Philip of Macedon）派出的间谍，并进一步指责亚里士多德对柏拉图不忠。这两项指控可能都有些道理。

第欧根尼说，亚里士多德在落选接替柏拉图担任其学园院长一职时感到非常失望。然而，亚里士多德是来自马其顿的外邦人，因而被禁止在雅典拥有土地。而且，由于德摩斯梯尼（Demosthenes）针对腓力逐渐增强的势力发出了警示，雅典人中反马其顿的情绪正在日益滋长。德摩斯梯尼与亚里士多德的生卒年恰好完全一致（公元前384—前322年）。第欧根尼·拉尔修说德摩斯梯尼可能是欧布里德的学生。也许德摩斯梯尼是欧布里德和亚里士多德之间互生憎恨的原因。无论如何，亚里士多德最终离开了雅典，并成了腓力二世之子亚历山大的老师。当亚历山大率军攻破雅典和底比斯时，他把底比斯城夷为了平地，并将其公民掠作俘虏出售。而亚历山大向雅典提供了慷慨的条款，来确保其海军在他征服波斯的计划中与他合作。雅典人同意马其顿人在雅典城内驻军并为之提供军饷，更决议流放召集了雅典人与马其顿人奋战的德摩斯梯尼。在马其顿建立其霸权之后，亚里士多德终于得以回到雅典，并创立了吕克昂学园（Lyceum）。这座由他精心创制的院校在智性上足以与柏拉图学园相抗衡。

亚里士多德就像是马其顿驻雅典的非官方大使。然而大使们经常会被猜疑为间谍活动的策划者。许多关于亚里士多德的传闻流传了开来。汉斯·凯尔森（Hans Kelsen）和安东-赫尔曼·赫劳斯特（Anton-Hermann Chroust）等传记作者将这些传闻汇集了起来；这样描绘出的亚里士多德的形象更像是詹姆斯·邦德（James Bond）或者玛塔·哈里（Mata Hari）。

亚里士多德在雅典社会中身份的模糊性有助于我们消解"亚里士多德的君主制悖论"（米勒，1998）。亚里士多德说，政治正义和政治共同体产生于"自然而然受到法律约束的人之中……产生于那些在统治与被统治中占有同等份额的人中"。（《尼各马可伦理学》，1134b15）他又写道："与立法相关的是那些在种类和能力上都相等同的人。"（《政治学》，1284b34—35）然而，亚里士多德也写下过一些支持王权的段落。一个具有超凡德性的人在其统治权力上可以超越所有其他人。他凌驾于法律之上并应当像一家之主那样永久地统治。

学者们一直在试图调和亚里士多德所提出的"君主制是最好的治理形式"以及"公民应该使用自己的理性做决定，作为平等的人发挥作用"这两个断言之间的矛盾。亚里士多德的著作中之所以会存在这样的矛盾，是因为他既需要顾及雅典民主人士的意见，又需要考虑到安提帕特——与他私交甚密的马其顿摄政王——的想法（米勒，1998）。另外，亚里士多德还需要安抚亚历山大本人。虽然亚历山大给自己的老师赠送生物标本这件事显示了他足够体贴，但他也下令吊死了亚里士多德的外甥——历史学家卡利斯提尼斯（Callisthenes），因为后者拒绝将亚历山大作为神来膜拜。亚里士多德某本已经散落的著作中包括一个富有暗示性的片段，其中说到，"国王本人不应是哲学家，但他们应该让哲学家作为他们的顾问"。（亚里士多德，1955，62）

当亚历山大的讣告传到雅典时，人们驱逐了马其顿人的驻军，并召回了流亡的德摩斯梯尼。亚里士多德和其他支持马其顿的人士都遭到了德摩腓鲁斯（Demophilus）和欧里梅敦（Eurymedon）的不敬神指控。亚里士多德逃往位于尤卑亚岛（Euboea）的哈尔基斯（Chalcis）城，因为他母亲在那里的家产仍然受到马其顿势力的保护。亚里士多德说他不想看到雅典再一次对哲学犯下罪孽。

亚里士多德在亚历山大去世那年死于胃疾。德摩斯梯尼也在同一年去世了——他是在安提帕特镇压了雅典的反叛之后被迫自杀的。

亚里士多德持久的影响力

在马其顿恢复其对于雅典的统治之后，亚里士多德指定的接班人泰奥弗拉斯托斯复兴了吕克昂学园。这座学园的核心是亚里士多德的书库。该书库藏书大约600卷，是当时世界上最大的书库之一。除了亚里士多德本人的大量著作和笔记之外，他的书库还收纳了各种各样的希腊文学作品。他开创了写作自己对一个话题的研究之前先综述前人研究成果的先河。吕克昂学园里的学生纷纷效仿亚里士多德的方法论，以及他百科全书式的学术追求。泰奥弗拉斯托斯将书库遗赠给了他的学生，斯凯普西的尼留斯（Neleus of Skepsis）。泰奥弗拉斯托斯认为尼留斯将继他成为吕克昂学园之长，而他将书库遗赠给后者也许是为了增加其成功上任的可能性。然而，校董们选择了更年轻的斯特拉顿（Straton）作为新校长。也许是出于憎恶与愤懑，抑或是为了自立门派，尼留斯将亚里士多德和泰奥弗拉斯托斯留下的藏书统统运到了斯凯普西。这直接导致了吕克昂学园的衰落。此后尼留斯将书库遗赠

给他的继承者——普通大众。他们将藏书都锁了起来，甚至都没有仔细储藏。但是，当听到统治着他们城市的亚塔里（Attalic）王正在十分狂热地四处搜刮书籍以供在佩加蒙（Pergamon）建立一座图书馆时，斯凯普西人决定把书籍藏到一个地下壕沟里。许多年之后，这些藏书早已在潮湿的环境及蛀虫侵咬下破损不已，而那些人的后代决定把这些由亚里士多德与泰奥弗拉斯托斯收藏的书卷一并以高价兜售给泰奥件的阿柏里康（Apellikon of Teos）。但阿柏里康热衷于

藏书，却并不通晓哲学。因此，在给这些书籍重新制作抄本以期修复书卷中已然破损的部分的过程中，他填补的内容往往不甚准确，而他出版的新抄本也充满了错误。（斯特拉博，1929，13.1.54）

后来，苏拉（Sulla）抢占了阿柏里康的书库，并将其运往了罗马。普鲁塔克在其苏拉传中提到，亚里士多德著作的抄本是由希腊文献学家阿米苏斯的泰兰尼昂（Tyrannion of Amisos）制作的，而泰兰尼昂自公元前68年左右就居住在了罗马。泰兰尼昂将这些抄本交付给了罗得岛的安德罗尼柯（Andronikos of Rhodes）；后者对这些书籍加以编辑，并制作了亚里士多德和泰奥弗拉斯托斯著作的完整名录。虽然安德罗尼柯的评论与书目最终都已经遗失了，但这项工作却开创了以保全亚里士多德著作为己任的一种学术传统。现存的亚里士多德著作主要是他给专门人士讲课所留下的讲义，然而他还曾撰写过许多更加容易理解的作品。罗马演说家西塞罗（公元前106年—前43年）就曾称赞亚里士多德的对话录是以他所努力效仿的"黄金风格"写作而成的。

西塞罗的传统

随着亚里士多德的声誉重新提振起来，其对手的声誉就每况愈下了。西塞罗开创了贬损欧布里德的传统。在《学园派问题》（Academic Questions）中，西塞罗将麦加拉悖论描述为一种"牵强附会、毫无掩饰的诡辩"。连锁悖论被视为"居心恶毒、吹毛求疵的论证方式"。我们对于欧布里德的了解主要来自第欧根尼·拉尔修；他引用了一位讽刺诗人的说法："欧布里德这个爱争辩的人，他提出了关于角的谬论，并且用错误的、炫耀的论证来使演说者陷入混淆的境地。终于，他与他那种跟德摩斯梯尼不相上下的傲气一起消失了。"（1925年，II，108）其他古代评论家也将欧布里德妖魔化为奸邪的诡辩者。鉴于关于欧布里德的"一手文本"数量如此稀少，他们又如此一致地对他表示消极态度，未来的历史学家没有可能以文本为基础来挑战西塞罗的定论了。欧布里德的恶名能使自身永远存在。每一代人对于他的恶评都为下一代人扩展了基础。直到1931年，我们发现爱德华·策勒还在《希腊哲学史纲要》（*Outlines of the History of Greek Philosophy*）中将欧布里德的悖论描述为"精巧聪明但毫无价值的谬论"。

20世纪初期对于逻辑的重视使得逻辑悖论的地位大大提升——成了具有指导意义的异常现象。逻辑学家没有史学证据去挑战西塞罗所开创的传统。然而，他们对于欧布里德的感受开始变得类似于马克·吐温对于另一个"古代人物"的感受：

> 我对于撒旦说不上有特别的尊重；但是，我至少可以说我对他没有任何偏见。可能是因为他不曾被给予公平的机会去展现自己，我甚至可以说还有一些偏向于他。各种各样宗教发布的经书都对他加以谴责，并针对他说了最难听的话。但我们从来没有倾听过他的立场。我们只收到了起诉者提供的证据，就已经做出了判决。在我看来，这是不正常的。这不能代表英国人的传统，也不能展现美国人的作风，不过倒挺像法国人会做的事。（《论犹太人》）

在1903年，戈特洛布·弗雷格出版了他的《算术基础》（*Grundlagen*）的第二卷，其中用到了蒙面人问题的变体来引入他关于意义与指称的理论。1905年，伯特兰·罗素发表了《论指谓》一文，并用到了同一性悖论来测试他提出的限定摹状词理论。在1923年发表的《模糊性》中，罗素用到连锁悖论来探讨古典逻辑学对于日常语言的适用性。罗素此前还曾用说谎者悖论来构建对于朴素集合论的反驳。1931年，库尔特·哥德尔（Kurt Godel）在说谎者悖论的指引之下构建出了对于算术体系不完备性的证明。阿兰·图灵于1936年在推导出第一个不可计算函数——"停机问题"时也用到了说谎者悖论。1950年，彼得·斯特劳森（Peter Strawson）在《论指称》中使用了有角人悖论来强调真值空隙（truth-value gaps）的存在。从此产生了真值空隙逻辑学，即超赋值主义。

当威廉·涅尔和玛莎·涅尔这对夫妇（William and Martha Kneale）在1962年出版《逻辑学的发展》一书时，他们认识到了这些谜题背后所隐藏的深度。他们对于麦加拉悖论在传统上所遭遇到的漠然态度感到困惑："一切都很有趣，而且要是如传统所说的那样，欧布里德是以一种完全没有意义的方式提出它们的话，那真是太令人难以置信了。他一定是在试图阐明麦加拉学派的某些哲学观点，尽管我们可能永远无法重新构建出那些促使他引入这些悖论的辩论了。"（1962，114—115）尽管历史记录十分稀少，涅尔夫妇还是进行了更进一步的推论，例如去猜想这些悖论是如何通过克律西波斯影响到麦加拉学派以及斯多葛学派的逻辑学。

关于欧布里德的悖论以及古人为了解决它们而做出的努力，今人已经做出了大量的推测性重构。它们都遵循着涅尔夫妇提出的建议,即我们应该像理解芝诺那样理解欧布里德(和欧克利德斯):欧布里德的悖论是对巴门尼德的辩护。

悖论的伦理学

请回想一下,巴门尼德从"涉及否定的概念不能指称任何事物"这一前提推断出来"只有一个事物存在"这一结论。巴门尼德,以及尤其是芝诺,似乎对这一独特结论的自我否定特征及其论证过程颇为敏感。巴门尼德的"一切是一"只有当存在不同于该结论的前提时才能被加以论证。但巴门尼德这一结论意味着前提与结论必须是同一事物。如果巴门尼德是对的,那么就不存在支持他结论的论证!

在面对这种无法逃离的自我否定时,一位思想灵活的哲学家会谨慎地将他的论证描述为某种可有可无的工具。一旦你已经过了河,你就不再需要木筏了。为了让其他人到达彼岸,你可以将木筏推回对岸。

作为目的的启蒙能否为这种手段提供辩护?如果你本人并不赞同那些构成木筏本身的论证,那么似乎你就不应该向他人提出它们。那些提出自己都不相信的论证的人无异于说谎者。他们断言自己都不相信的东西,却意图说服他们的听众去相信它。

"说谎"的定义可以是更为宽泛的,可以涉及几乎所有的欺骗。这些定义没有考虑到的是说谎与误导之间存在的道德不对称。所有的谎言都是"断言"。当我断言p时,我是在劝你相信我说的话。说谎比单纯的误导更加严重,因为谎言背叛了信任。

实际上,在两种论证形式下,前提是假设而不是断言。在条件句证明中，我们会假设一个命题p，由此推导出q，再得出结论"如果p，则q"。在归谬法之中，我们会先假设p成立并由此推导出一个矛盾，从而得出结论：非p。归谬法的特殊之处在于人们假设自己相信假前提。经常与归谬法相混淆的是另一种逻辑论证法——"否定后件律"（modus tollens），其基本模式为：如果p，则q；已知，非q，因此，非p。如果q看起来显然为假（也即"荒谬的"），我们似乎就倾向于把这个论证称为"归谬法"。但是在否定后件律中，我们断言了两个前提，且q只是某种为假的陈述，而非一个矛盾。与间接形式的论证（包括条件句证明和归谬法）不同，否定后件律要求发言者承诺相信自己所提出的前提。

如果没有实质性前提的话，我们就很难证明任何东西。一种可以钻的空子是让自己的对手来断言前提。谜题的出题者并不断言任何东西；他们只是提出问题。第欧根尼·拉尔修特别喜欢用问答的方式写作，并且在回答中表达自己的哲学态度：

[泰勒斯]认为生死之间没有区别。于是，一个人问："那么你为什么不死呢？"他回答说："因为并没有区别。"对于白天与黑夜哪年年龄更大这一问题，他回答说："夜晚要比白天老一些——正好老上一个白昼。"有人问他，人是否能向众神隐瞒其邪恶行为，而他答道："不可能。连单单隐藏一个邪恶的念头都是不可能的。"当一个奸夫问到他是否应该宣誓否认指控，泰勒斯回答说，伪证并不比通奸更加严重。被问到什么事是困难的，他回答说："认识自己。"当被问到什么是最值得感到愉快的时，他答道："成功。""什么是神圣的？""是既没有开端，也没有终结的东

西。"（1925，I，34—36）

有些哲学对话只是对这种简单格式的阐述，而其他对话则呈现了答案背后的推理。

那些提出悖论的人并没有断言任何构成该悖论的命题。他们只是提出了一个问题。

巴门尼德派的宗师并没有直接断言说"否定性的真理并不存在"，因为那本身就是一个否定性的陈述。但他可以提出悖论，以使得他的学生探究出类似于"不存在否定性的真理"的洞见。

正如我们将会看到的那样，这种基本策略贯穿了整个西方哲学的进程。它也在东方哲学中备受欢迎。某些佛教教派十分热衷于讨论自身教义所产生的谜团。如果我们以克服欲望从而达成自由作为目标的话，那么我们是否同时就滋生了对那种自由的欲望，使得我们不可能达成脱离欲望的目标呢？如果现在的人口超过了过往任何世代的总和，那么每个人的转世是怎么完成的呢？仿佛这么多异常问题还不够似的，信仰禅宗的佛教徒还会特地寻找谜题，以期促使开悟。首山省念（Shuzan Shonen）大师手持着一根竹棍，提出了一道难题："如果你把它称为棍子，那你就陷入了言语的陷阱之中；但如果你不把它称为棍子的话，你显然就在违背事实。所以，你会怎么称呼它？"

埃庇米尼得斯与说谎者

圣保罗曾警告他在克里特岛上的主教提多斯（Titus）说："一名克里特人——甚至还是他们的一位先知曾说：克里特人总

是在说谎，乃是恶兽，又馋又懒。这种观察是真的。"(《书信集》，1：12—13)

这里指的先知是埃庇米尼得斯（Epimenides）。我们还能找到许多被认作是埃庇米尼得斯作品的诗歌，但他的哲学著作却全都没有流传下来。据记载，他于公元前659年左右出生在斐斯托斯（Phaestus）或者克里特岛首府克诺索斯（Knossus）。关于他的去世时间有两种最为常见的说法，这些说法都认为他是最长寿的哲学家之一：一种说法称他活了157岁，另一种是大约230岁。第欧根尼说，当其父派遣他去找回走失的羊时，埃庇米尼得斯躺到了一个山洞里。57年之后他才醒了过来。埃庇米尼得斯拖着长发与胡须回到了他的乡民之间。此时的他拥有超出凡人的医学与自然史知识。如果他愿意的话，埃庇米尼得斯可以让灵魂离开自己的身体并且与众神交媾——这或许解释了他的预言天赋。他作为先知的声誉吸引雅典人来邀请他出席净洗与赎罪仪式，以此来为梭伦的立法改革铺平道路。克里特人在他去世后给了他神圣的荣誉。至今克里特岛仍然有一条以他的名字命名的主要街道。

埃庇米尼得斯所留下的"克里特人总是在说谎"这一名句流传了好几个世纪，因为人们意识到一个克里特人说出"克里特人总是在说谎"是自我推翻的。自我推翻总是具有讽刺意味。但讽刺性并不总是意味存在着不一致。毕竟，总有某些克里特人在某个时刻所说的内容并非谎言。埃庇米尼得斯的"克里特人总是在说谎"这一说法只是单纯为假罢了，它并不构成悖论！

欧布里德也许在埃庇米尼得斯的说法所留下的灰堆之中找到了一丝尚有火光的余烬。如果埃庇米尼得斯所说的"克里特人总是在说谎"本身可以**推论出**存在某些不说谎的克里特人的话,那将是奇怪的。当然,某些克里特人有时说真话,这是一个历史事实。但人们没有办法单单从逻辑中推论出这一历史事实。如果埃庇米尼得斯是唯一的克里特人的话,会怎么样?那样我们就不能通过找出一个说实话的克里特人来否定"克里特人总是在说谎"这一说法了。而我们的陈述就会变得既不真也不假!

说谎者悖论的经典表述并没有给历史的偶然性与谎言的多变性等因素留下空间。这种表述如下:"L:陈述 L 为假。"如果陈述 L 为真,则说明"L 为假"这一陈述为真。因此,L 为假。但如果陈述 L 为假,那么它所说的内容就又为真了。一个陈述,只要其内容与现实相符,就会为真。因此,如果 L 为假则它就会为真,而如果它为真则就又会为假!

有角人

要解决说谎者悖论,通常而言第一步是确保"陈述 L 为假"这一说法既不为真,也不为假。这种解决方案可以被解释为对二值原则的否定。根据二值原则,任意命题都只可能具有两种真值之一:真或假。

与此同时,许多哲学家声称说谎者悖论与有角人悖论之间存在联系。后者指的是这样一个悖论:**你没有失去的东西,你就仍然拥有。你没有失去你的角。因此,你仍然拥有你的角。**对于二值原则进行否定的人在这个两难困境的两条道路之外选择了第三条道路:他们指出,"你没有失去过你的角"这一说法本身就**预设**了你曾拥有角。带有错误预设的陈述既不为真也不为假。单身汉无法用是或否来回答"你现在还殴打你的妻子吗?"这一问题。由于对这个问题给出什么直接答案都不为真,未婚者只能通过指出"我已经结婚了"是一个错误的假设来间接回答它。顺便一提,"两难困境的两条道路"这种说法起源于有角人悖论,并借自拉丁术语"argumentum cornutum"。

塞缪尔·惠勒(Samuel Wheeler, 1983)推测欧布里德是通过将"你的角"视为一个空名——就像"飞马"那样——来解决这个悖论的。因此第二个前提,也即"你没有失去你的角"这种说法就不仅仅是既不为真也不为假,更会变得没有意义。同样,惠勒认为欧布里德是通过否认任何陈述为假来解决说谎者悖论的。假关涉不存在者,而不存在者不存在。

连锁悖论

巴门尼德主义的解决方案也适用于连锁悖论。如果你有一堆沙子并从中移去一粒,那么你仍然有一堆沙子。对于一个由沙子构成的集合是一堆沙子或不是一堆沙子,单粒沙子不足以产生影响。如果我们坚持这个原则,那么无论我们移去多少沙粒,都会剩下一堆沙子。但这就会导致一个荒谬的结论:一粒沙子也会是一堆!

在对亚里士多德的《尼各马可伦理学》的评注中,阿斯帕修斯(Aspasius)说欧布里德用到了连锁悖论来批评亚里士多德的德性理论(莫林,1969,396)。亚里士多德认为,德性就是居于过剩和缺乏之间的状态。例如,勇敢居于愚勇与怯懦之间,慷慨居于铺张和吝啬之间。亚里士多德承认,这种中间点对每个人都不尽相同。对于士兵来说,勇敢的中间值也许就比平民的标准更接近愚勇。而且这种中间值大概也会随着岁数或环境的变化而变化。但即使承认了这种可变性，亚里士多德的德性理论也不足以面对连锁悖论。假设对于亚里士多德本人来说，向英烈遗孀捐赠100德拉克马将算得上是慷慨的。而捐赠99德拉克马应该仍然是慷慨的，因为一个德拉克马的差异无法在一笔捐赠算是慷慨还是不慷慨之间产生本质性的区别。如果这一原则被反复应用的话，结果会是亚里士多德哪怕只捐了一德拉克马，也应该算得上慷慨。

亚里士多德经常说，我们对于精确度的要求应该与所讨论话题能容许的精确度相对应。例如，商业中的很多因素取决于一向以来的惯例和波动多变的条件。因此，讨论经济问题的人只能谈及大致与粗略的情况，而无法达到数学或者科学的那种精确度。如果亚里士多德将与话题相关的局限性等同于与对应概念相关的限制，那么他可能会已经拒绝了欧布里德对于在慷慨的捐赠和不慷慨的捐赠之间划清界限这一挑战。换而言之，他可能认为"慷慨"这一概念存在某种松散性，使得"最低多少数额的捐赠算得上是慷慨的"本身就不是一种合理的问题。他甚至可能否认还存在着任何尚待发现的事实。文本证据表明亚里士多德对于伦理概念的精确性有着很高的要求：

> 与此相似地，我们也必须说明一个人欲求的金钱数量为多少才能称他"贪婪"，欲求的欢乐有多少才能称为"不节制"的……在所有类似的情况下也是一样，因为如果我们遗漏了任何区分事物之间种类的差别，那么我们就无法陈述出其间的本质。（亚里士多德，《论题篇》，146 b）

亚里士多德的伦理理论似乎确实暗示了存在某种最低限度的慷慨捐赠（莫林，1969）。他的一大重点是，慷慨的人自身的判断树立了何谓慷慨的标准。如果慷慨者本人不再认为某一捐赠算得上慷慨，这个捐赠就不再算得上慷慨了。

欧布里德会怀疑慷慨者的判断是否不够明确，因而无法支持亚里士多德的解决方案。我们通常没有办法判断一个德拉克马的差异是否会改变一个慷慨者对于该捐赠是否算得上慷慨所做出的判断。许多慷慨的人否认存在最低限度的慷慨捐赠。如果亚里士多德将这些持不同意见的慷慨者的判断当作衡量尺度的话，那么他的理论就会遭到驳斥——因为他们相信并不存在最低额度，而这就足以使得最低额度成为不可能。

道德心理学与道德本身一样模糊。塞克斯都·恩披里柯喜欢通过提出触摸你母亲的大脚趾算不上乱伦来引入连锁悖论。对于"乱伦"而言，这是一个滑坡。但它也可以被迫成为一个对"被一个有德性的人判定为乱伦"也有效的滑坡。

我们可以对几乎所有事情都提出连锁悖论。我们说的几乎所有话都有边界情况。"桌子"这个概念也可以算作模糊的，因为边界情况可以通过从桌子上刮掉裂片创造出来[1]。几乎所有事物都可以被划归到值得怀疑的境地里。那何必要针对亚里士多德呢？

这是一种对欧布里德不失公允的批评。但它在欧布里德的更大议程之中发挥着积极作用。巴门尼德认为，由于我们几乎所有的概念都与事物之间的差异有关，因此没有一个概念适用于所有事物。欧布里德认为，这些连锁悖论的存在证实了这种

---

[1] 如果一张桌子一直被刮，直到只剩薄薄一层，它还算得上桌子吗？——译者注

席卷一切的虚无主义。作为巴门尼德的追随者,麦加拉学派回应连锁悖论的方式是直接否定相关物体的存在:沙堆、慷慨捐赠、乱伦行为都不存在。日常事物都是错觉。

8

"柏拉图"的注脚

> 对欧洲哲学传统最可靠的一般刻画是:它不过是给柏拉图的一系列注脚。
>
> ——阿尔弗雷德·诺思·怀特海

多数哲学家认为悖论涉及一种论证,它从可接受的前提出发,经由可接受的推论,得到不可接受的结论。正如我之前反对的那样,我认为这个定义过于狭隘;它无法囊括第1章所提到的知觉悖论,也不能涵盖第3章里介绍的无意义悖论。现在,我要因为这种十分流行的观点同时也过于宽泛而对它加以批判。为了说明它过于宽泛这一特点,我将用到序言悖论与"严格蕴含悖论"作为反例。

真值指示者

柏拉图的真名是阿里斯多克利(Aristocles)。"柏拉图"是他的绰号,其字面意思是"宽肩膀的人"。由于柏拉图身体强壮,犹如一名摔跤手,这个名字可以说是取得很好。

但柏拉图的原名是否取得更好呢?如果一个人的名字对应

的谓词很好地描述了这个人的话，那么这个人就可以被称为"名字取得好的"。如果索伯教授（Professor Sober）自己总是很清醒（sober）的话，那么他就是名字取得好的。要是格里姆教授（Professor Grim）并不严肃（grim）的话，那他就是名字取得差的。阿里斯多克利的字面含义是"名字取得好的"。所以问题在于"名字取得好的"算不算是起得好的名字。

如果柏拉图被取名为"名字取得差的"（吉奇，1948），我们就将陷入一种困境。"名字取得差的"这人的名字要么取得好，要么取得不好。如果"名字取得差的"这名字算是不好的，那么他名字对应的谓词就确实准确地描述了他。所以我们会有这样的逻辑：因为他的名字取得不好，所以他的名字取得好。但如果"名字取得差的"这个名字取得好的话，那么与他名字相对应的谓词就并不适用于他。

名字取得差所带来的困境本质上是说谎者悖论的一个版本——"L: 陈述L为假"。如果L为真，那么既然它自己说自己为假，所以它就必然为假。但是如果陈述L为假的话，那么L陈述的内容就确为实情——在这种情况下，L就为真。L之所以自相矛盾，是因为我们没有办法赋予它一致的真值。

这个问题如果反过来的话，就会使得真值指示（truth-teller）句变得矛盾起来——"R: 陈述R是真的"。R是自相矛盾的，因为我们可以在保持一致的情况下为R分配"真"和"假"这两种真值中的任意一种。由于我们在分配真值时并没有更多的依据可以遵循，R之为真或为假并不需要任何东西使之成真或成假。

大多数逻辑学家的回应是说R既不真，也不假。这种说法源自体会到这句话意义为空。但如果R既不真也不假的话，那么R自称为真的这一行为似乎就是错的。"'名字取得好的'的名字取得好"是真值指示悖论的一种变体。我们可以保持一致地说"'名字取得好的'的名字取得好"这一陈述为真，我们也可以保持一致地说它为假。如果我们的结论是它不具有真值的话，那么"'名字取得好的'的名字取得好"就似乎为假了，因为"名字取得好的"这种谓词没能准确地描述"名字取得好的"这个人。但是，如果"名字取得好的"这种谓词确实准确地描述"名字取得好的"这个人的话，那么它究竟准确地描述了什么性质呢？取名取得好的特性吗？

阿里斯多克利是"阿里斯多克利"，也即名字取得好的吗？柏拉图没有考虑过这个哲学问题，而这是多么可惜！哲学本可以被称作"给阿里斯多克利的一系列注脚"。

序言悖论

柏拉图是否知道说谎者悖论呢？有关埃庇米尼得斯的传说在柏拉图出生之前数百年就已经开始流传了。在柏拉图笔下，苏格拉底反驳普罗泰戈拉时所说的一段话似乎已经非常接近说谎者悖论了。普罗泰戈拉的名言"人是万物的尺度"，被理解为暗示所有的信念都是真实的，**人类所看到的表象，对他们来说就是实在**。为了反驳普罗泰戈拉，苏格拉底需要在个人所持有的信念系统中提出有效的批评。他找到的突破口是，每个人对于自己所持有的信念都具有某种信念：

> 世界上没有人不相信他自己在某些事情上比其他人更高明；而在其他方面，他人比自己更高明。在紧急情况下——

如果说在其他情况下不存在的话——你会看到这种信念的存在。当人们陷于困境,譬如在战场上、疾病中或在海上遇到暴风雨时,所有人都会像仰望神灵那样寄希望于相关领域中的领导者并期待他们带来救赎,其原因正是这些领导者在相关领域中拥有更多知识。无论人类在哪里生活与工作,你都会发现他们总是在寻找着老师与大师,以期为自己和他人以及所有人类工作指明方向。(《泰阿泰德篇》,170 B—C)

请想象,某人相信他所持有的信念之中至少有一个为假。普罗泰戈拉的"所有信念都为真"这一原则意味着,"我的信念中至少有一个是不正确的"这个信念对于这个谦虚的人来说也为真。因此,"所有信念对于这些信念的持有者而言都为真"这种说法如果应用到了这种谦虚的人身上的话,必然致使"并非所有的信念对于这些信念的持有者来说都为真"。普罗泰戈拉的相对主义会推导出对它自身的否定,因而普罗泰戈拉的相对主义为假。

苏格拉底对普罗泰戈拉的反驳与 D. C. 麦金森(D. C. Mackinson,1965)所提出的序言悖论(preface paradox)不无相似之处。我在本书的序言中写到,我为书中肯定存在的错误提前道歉。我认识到我具有犯错的可能,因为这是常识。然而,这确实使得我的所有信念不可能全部为真。如果我在序言中表达的信念为真的话,那么书中就应该存在某个为假的信念。如果书中的所有信念都为真的话,那么序言中提到的信念就会为假。无论实际情况是这两种中的哪一种,我都会持有一种为假的信念。

尽管序言悖论有损于普罗泰戈拉的相对主义,但它也影响了柏拉图的以下假设：理性意味着一致性。由于我对这本书的所有信念不可能全是真的，所以它们是不一致的。然而，我在序言中表达的信念是理性的。

事实上，这种程度的智性谦逊是有必要的。毕竟，你应该认识你自己！如果我不相信本书所包含的某些信念是错误的，那么我作为一名学者就太自负了。

混杂论证

除了对我的信念是否为真保持谦逊以外，我也应该对我的所有信念是否一致保持谦逊。我说得越多，就越有可能自相矛盾。我在这本书中说的话就很多，所以我相信这本书所包括的论断（甚至不考虑序言中的那些）联合到一起是不一致的。

以我在本书中所做的前10,001个断言为例，我相信其中任意10,000个断言的合取（conjunction）都是不一致的。现在请想象任意一个以我的10,001个断言中的10,000个作为前提，并以剩下那个断言之否定作为结论的论证。这种"混杂论证"（jumble argument）符合R. M. 塞恩斯伯里对于悖论的如下定义：

> 这是我理解中的悖论：从显然可接受的前提中用显然可接受的推理得出显然不可接受的结论。表象必然具有欺骗性，因为可接受的内容不可能经由可接受的步骤推出不可接受的内容。所以，一般而言，我们需要做出一个选择：要么结论并非确实不可接受，要么前提或推理中存在不明显的缺陷。（塞恩斯伯里，1995，1）

混杂论证的结论对我来说是不可接受的，因为我在书中真诚地断言了它的否定。混杂论证中的每个前提在我看来都是可接受的，不然我也不会在书中真诚地断言它们。混杂论证中的推理对我来说也是可接受的，因为我认为其演绎论证是有效的——任何论证若是具有合而不一致的前提就会自动成为有效的。这个原则符合"有效"的定义：如果一个论证中不存在其所有前提都为真而其结论为假的可能性的话，那么这个论证就是有效的。

如果一个论证既是有效的，其所有前提又都为真，那么它就被称作"可靠的"。逻辑学家并不在意有关前提是否真实的专门知识，他们的关注点是论证的有效性。他们愿意赞同诸如"所有的龟都属于龟鳖目，柏拉图是一只龟，因此，柏拉图属于龟鳖目"的愚蠢论证。如果两个前提都为真的话，那么结论就会是真的。有效性对于结论之为真仅仅给出有条件的保障。如果前提不可能都为真的话，那么这种保障就失效了。

欧克利德斯在麦加拉的门徒们——其中最著名的是斐洛（Philo）——开创了如下的逻辑学说：直陈条件句"若p，则q"只有在前件p为真，且后件q为假时才为假。由这可以推论出两种"实质蕴含悖论"。其否定的形式是：**任何**前件为假的直陈条件句都为真。例如，"如果苏格拉底去过月球，那么柏拉图就去过太阳"就会为真。肯定版本的实质蕴含悖论是：**任何**后件为真的直陈条件句都为真。根据这一原则，"如果苏格拉底去过亚特兰蒂斯，那么柏拉图就去过麦加拉"这一陈述就会为真。

为了缓解此处的冲击，一些逻辑学家选择强调**严格条件句**具有"**必然有**，若p，则q"的形式。这些条件句并不会因为其前件为假或后件为真而自动为真。然而，后来的逻辑学家发现了"严格蕴含悖论":一个严格条件句会因为其前因的**必然**为假或其结论的**必然**为真而自动为真。逻辑学家还提出了围绕着严格蕴含悖论的许多更小的悖论。我最喜欢的是雅克·欣提卡（Jaakko Hintikka）用以论证做不可能的事是不道德的这一证明：人们绝不应该做任何会导致人类毁灭的事情，人们不可能在不毁灭人类的情况下做出不可能的行为，因此，人们不应该做不可能的事情。

如果一个论证的前提的合取严格地蕴含其结论，则该论证有效。因此，严格蕴含悖论影响着我们对于有效性的一些判断。如果论证的结论是必然真理，则该论证就会自动有效。如果所有前提都为真的话，则该论证也将是可靠的。许多对于上帝存在的复杂论证都以此为基础。中世纪的逻辑学家认为"上帝存在"是一种必然的真理，因此他们令人困惑地认为"柏拉图从事过哲学，因此上帝存在"是一个可靠的论证。虔诚的数学天才莱昂哈德·欧拉（Leonhard Euler，1707—1783）对法国无神论者丹尼斯·狄德罗（Denis Diderot）使用过这一逻辑伎俩。欧拉在叶卡捷琳娜二世（Catherine the Great）的朝堂上庄严地对狄德罗说道："先生，$(a+b^n)/n=x$，因此上帝存在。敬请回复！"由于狄德罗并不通晓数学，他不知道该如何作答。他在圣彼得堡沦为了笑料，并因而只好灰溜溜地回到法国。

经典逻辑学的信徒可以同时认为某论证既是正确的，又是严格蕴含悖论的实例。例如，中世纪的逻辑学家虽然相信"柏拉图从事过哲学，因此上帝存在"是一个可靠的论证，他们也同时认为它是一个悖论性论证。这种悖论可能在于你如何证明某事，而不在于你要证明什么。对于那些说所有悖论都包括不可接受的结论的人来说,这一点可能是无法理解的。他们的定义实在是太狭隘了。

混杂论证用到了严格蕴含悖论否定形式的一个结果:任何论证,只要其前提合起来必然为假,那么这个论证就必定是有效的。当一个混杂论证融合进了某位温和的古典逻辑学家之信念体系时,这位逻辑学家会接受其推理,因为他认为它的前提结合起来必然为假。(对于这个反例来说,这些前提是否确实为假并不重要。)

如果混杂论证算得上悖论的话,那么对我所持的任何一个信念的否定都会是一个悖论,因为这种对于信念的否定本质上是某个论证让人无法接受的结论,而该论证基于的前提在我(个人)看来是可接受的,而且我认为其推理方式也是可接受的。

我当然认为所有的混杂论证都是不可靠的,但这对悖论来说很常见。芝诺论证的结论明显为假,因此芝诺的论证必定是不可靠的。但这种明显的不可靠之处并不影响我将芝诺的结论看作悖论。

要将混杂论证从悖论中排除出去,单单要求悖论必须是**简短的**论证是不够的。譬如,一个连锁悖论论证完全可以有10,000个前提。还有一些悖论性的真理,比如需要整整一个学期的时间来证明的库尔特·哥德尔的不完备性定理。哥德尔的证明之所以如此长,是因为哥德尔很严谨,而不是因为他采用了什么诡辩。

对于我们中的许多人来说,存在一些简短的混杂论证。悖论使许多哲学家相信他们持有一小组信念,这些信念各自单独都是可接受的,但是合起来却是不一致的。如果这些信念被当作一个论证的前提，同时某个其他信念之否定被当作结论，则该结论将会满足塞恩斯伯里对于悖论的定义。因此，从一个真正的悖论中，我们可以发掘出与我们的信念一样多的简短的混杂论证。

我认为，芝诺悖论与混杂论证之间的真正区别在于，我们有可能在不违反苏格拉底的戒律——不能用结论之不可信来解释论证的错误之处——的条件下指认出混杂论证的不可靠性。当我推断出一个混杂论证的不可靠性直接来自其前提的不一致性时，我是遵守这个要求的。

苏格拉底之所以提出这一戒律，是因为苏格拉底希望将论证作为一种发现方法。他不同意麦森——后者"常说我们不应该通过论证来研究事实，而应该根据事实来研究论证，因为事实不是被用来整合以适应论证，而是论证被整合以适应事实"。（第欧根尼，1925，I，107—108）苏格拉底并不认为演绎推理只是一种用来分析齐整地储存于归纳推理中的知识的高效方式。演绎推理也不仅仅是一种为一个人已然持有的信念提供辩护的方式。苏格拉底对推理的理解正如我们对实验的理解：一种可以推翻我们最强信念的中立的方法。

正如我们在他对讼师的描述中所看到的那样，苏格拉底十分鄙视"片面辩护"，即首先持有一个结论，然后提出理由来支持这个结论。宣传者的思路仅仅是旨在使结论**看起来**合理。苏格拉底对自己推理的结果不甚在意，以确保他完全只受前提与推理规则的指导。不可否认的是，苏格拉底的这种"自我屏蔽"完全没有给信息留下空间。但是这种权衡在双盲实验中是为我们所熟悉的——科学家通过确保他们的实验对象和他们自己都不知道谁在接受积极治疗、谁在服用安慰剂，来防止结果具有意识性的偏向。

当我们说芝诺的二分论证"看起来可靠"时，我们只是说它从某个视角看起来是可靠的，而这种视角并不包括对其结论之荒谬性的了解。当从地面观察时，帕特农神庙的柱子看起来是笔直的，但是从屋顶看时它们是不直的。从高处你可以看到柱子其实是向内倾斜的，从而让处于下方的人感觉它们是笔直的。当苏格拉底坚持遵循论证，无论其引向何方，他拒绝采用任何涉及结论之可能性的视角。苏格拉底总是从前提开始推理，而不是从结论倒推（唯一的例外是他对于归谬法的运用）。即使在今天，许多人仍然认为使用了关于结论的外部证据的哲学家就像是一个偷看了答案册的学生。

许多错觉的存在是基于特殊的视觉条件的。我办公室的天花板上悬挂着一个"不可能的箱子"，它由一根看不见的丝线牵引。每当好奇的来访者问到这个形状不规则、随风而动的物件时，我就会让他站到一个预定的距离以外，让他闭上一只眼睛，然后告诉他让自己的视线与"箱子"的近角和远角处在同一条直线上。在这样的特殊条件之下，这箱子看起来就像图8.1里的三维版本。许多论证要能显现成悖论同样需要某些特定的思考步骤。与正常地评估它们相反，你必须从你只是假装接受的前提出发，通过你认为有问题的推理规则前进，之后要抑制从结论倒退回去的冲动。

没有人相信箱子看起来的样子就是箱子本身。他们也不会有如此的预期。他们之所以努力地听从我的指令，一部分纯粹是为了看看这怪景，另一部分是希望会受到启发以想出这究竟是怎么回事。认知悖论在美学意义上和理论意义上都具有吸引力。科学家在看到产生于观察扭曲的双重彩虹后不得不承认这

图8.1

种彩虹只是错觉。然而,他会认为这种经验是与观察到日食等真实现象一样有价值的。

反诘问题

著名的柏拉图学者格里高利·弗拉斯托斯(Gregory Vlastos, 1983)常常将苏格拉底阐述为通过将他的对话者引向矛盾来对他们加以反驳。这也是《哲学百科》里写到"辩证法"词条时会给出的标准观点:

> 苏格拉底式的"反诘"也许是芝诺式悖论的一种更精练的形式。它是一种长长的盘问,通过问答的方式使得对手从自己最初持有的观点中抽取出与之相矛盾的结果来完成反驳对手的目标。这种程序在逻辑上是有效的,因为它本质上对应着"如果p推导出非p,则非p为真"这一逻辑法则。(霍

尔，1967，386）

但是弗拉斯托斯最终注意到苏格拉底通常只能达成稍弱一些的结果，即表明对话者的信念合起来是不一致的。弗拉斯托斯的这一发现令人警醒，因为苏格拉底留给我们的印象是他总是成功地驳斥了这个不一致集合中的某一具体信念。从逻辑的角度来看，我们可以通过排除该集合中的**任意**一员来重新获得一致性。因此，苏格拉底没有驳倒任何东西。他所做的仅仅是向其对话者表明，后者需要更改其所持有的一些信念。

也许他连那都没有做到！只有在存在着成功前景的情况下，我们才应该努力在一组不能同时协调的信念中寻找应当更改的单个信念。如果假信念隐藏在了大量的真信念中的话，那么纠正它的成本就很高。每个信念都有很高的需要被修订的可能性。在这样糟糕的寻找条件下，我们会坦然接受不一致性。

实际上，苏格拉底确实倾向于确保我们拥有良好的寻找条件。苏格拉底所指出的不一致性往往只涉及**很小**一部分信念。它们不协调的程度往往也**很低**，甚至只需要消除该集合中的一员就足以达成一致性。换言之，这种小的搜索范围中的信念本身就很接近于一致了。只需一点点修补就可以解决问题！

苏格拉底并不打算特意构建一个**最小不一致集**。他的目标是找出不一致的地方。当他认为这项工作已经完成时，他就不再引出信念了。这种辩证法的高效性具有副产品，其中之一是，你会让一个不一致的人寄希望于通过改变一个信念就可以达成一致。

反诘法是中立的吗?

苏格拉底似乎把反诘法看作一种普适的方法:它可以应对一切来人,无论他们具体相信什么。但该方法确实有一些预设条件。首先,反诘法预先假定了不一致性的存在。雅典的安提斯泰尼(Antisthenes of Athens)认为,任何陈述都不能与另一个陈述相矛盾。这个想法来自巴门尼德的启发:一个陈述仅当其适用于苏格拉底时,它才是关于苏格拉底的。如果它适用于苏格拉底,那么它就是一个真陈述。因此,并不存在关于苏格拉底的假陈述。只有在关于苏格拉底的陈述为假时,关于苏格拉底的陈述才可能是矛盾的。因此,没有任何关于苏格拉底的陈述可能是矛盾的。同样的道理不仅适用于苏格拉底,而且适用于所有事物。因此,矛盾是不存在的。

柏拉图似乎在《欧蒂德谟》中回应了安提斯泰尼。安提斯泰尼被描绘成一个狡猾的好辩者,忙于普罗泰戈拉广告中所说的"让弱的论证看起来更强"那一档事。安提斯泰尼反过来也写了一篇檄文讨伐柏拉图,并给它起了《沙吞》("Sathon")或《小阳具》这样的滑稽标题。该词在希腊语里音近于"柏拉图"这个名字,而安提泰斯尼把沙吞用作对柏拉图的代称。

反诘法假定了矛盾不可能为真。由于安提泰斯尼认为矛盾并不存在,因此他同意不存在真正的矛盾。然而,有一些哲学家既肯定了矛盾的存在,又肯定了其为真。一个当代的例子是格雷厄姆·普里斯特(Graham Priest,1987)。他认为一小部分矛盾既真又假。根据普里斯特的说法,悖论在这麻烦的小部分中占有重要一席。

普里斯特认识到,他的立场在当代的经典逻辑学中是站不住脚的。正如我们在否定性的严格蕴含悖论中所看到的那样，从不可能者那里可以推出任何东西。当不可能者是一种严格的逻辑矛盾时，我们甚至可以形式化地推导出任意的结果：从前提 p 与非 p，我们可以推出 p。从 p 我们可以推出 p 或 q（其中 q 是任意命题）。现在我们可以回到 p 与非 p 并推出非 p。当非 p 与之前的"p 或 q"这一结论相结合时，我们可以推导出 q。

经典逻辑学是"爆炸性的"：从一个矛盾可以推论出任何一个命题。普里斯特有没有办法避免不加判断地接受一切呢？

路德维希·维特根斯坦（Ludwig Wittgenstein，1889—1951）把那些吹捧矛盾的逻辑学家嘲讽为"智性灾难"。在现实生活中，当一个人发现自己陷入矛盾时，如果他们愿意为此做些什么的话，就会不假思索地去解决问题。维特根斯坦期待着逻辑学家可以适应这个人类学现实："事实上，即使在当前阶段，我预测有一天将会存在对于包含矛盾的演算体系（calculi）的数学研究，并且人们会真真切切地自豪于自己从一致性中被解放出来。"（1964，332）

确实此后很快就出现了"双面真理逻辑学家"。这种称呼来自维特根斯坦所做出的评论，即说谎者的句子就像是双面神亚努斯（Janus）那样，一面是真，另一面是假（1978，IV.59）。"双面真理"（dialetheia）是一种双面的真理。作为一名双面真理主义者，普里斯特重视一致性，但他也同样重视简洁性、普遍性和经验成果。一致性只是许多可欲特征中的一种。在考虑到说谎者悖论时，普里斯特认为我们可以在一致性上做出一点让步以获得更多的简洁性。我们尤其应该承认"本句话不为真"这句话既为真也为假，然后用"次协调逻辑"（paraconsistent logics）来阻止矛盾的蔓延。

次协调逻辑旨在限制"从一个矛盾可以推论出任何一个命题"的爆炸性。例如，它拒绝"p，因此，p或q"这一推理规则，理由是，有效的论证必须具有与结论相关的前提。它们将这种相关性要求扩展到条件句，以此来避免蕴含悖论的生成。

双面真理主义者自认为是矛盾的朋友。他们让我想起那些自以为是马匹之友的牧场主——即使他们会阉割它们。被阉割的马不仅仅是一种驯服的种马，它根本就不再是种马了。双面真理主义者口中的"矛盾"可能看起来像矛盾，听起来像矛盾，但它们无法发挥矛盾的核心作用：它们不能充当归谬法的决定性终点。它们充其量可以是否定后件律（若p，则q；非q，则非p）中的q。所以说到底，我认为普里斯特陷入了安提斯泰尼关于矛盾的怀疑论。

无论普里斯特是否同意我关于他与安提斯泰尼在怀疑论上具有亲缘关系的判断，他都应该同意混杂论证给塞恩斯伯里对**悖论**的定义带来了难题。因为在主观化我的例子时，我一直小心翼翼。对于那些相信经典逻辑学的人来说，混杂论证的推理是可接受的。即使我在混杂论证中的推理对格雷厄姆·普里斯特来说是不可接受的，他也能正确地料想到该推理对于我和大多数逻辑学家来说是可接受的。所以根据塞恩斯伯里的定义，混杂论证对我来说应该算是一种悖论。但由于混杂论证不是真正的悖论，所以它们表明塞恩斯伯里的定义过于宽泛了。

9

亚里士多德论宿命论

爱尔兰作家邓萨尼男爵（Lord Dunsany）喜欢下国际象棋。他设计了一些富有洞见的象棋难题，只要会玩这种游戏就可以理解。在我最喜欢的一个难题中，白方将要行棋，并将在四步之内将死黑方（图9.1）。由于黑方所有的兵都还在，他看起来比白方更胜一筹。但有些地方看起来怪怪的，黑方的后并没有按照合规的象棋比赛开局时所要求的那样处在黑色方格上。

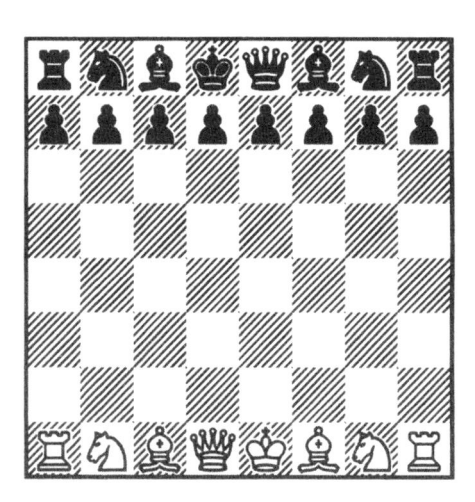

图9.1

黑方的王和后一定被移动过。这意味着有些兵也一定被移动过。由于兵只能向前移动，黑方的兵一定是通过向第七横线前进才到了现在的位置。所以黑色棋子中唯一还可以移动的是马。黑方的棋路远没有看上去那么自由！白方的马可以先跳到王的前面，然后跳到后的前面，最后跳到黑方的王的任意一边，来把对方将死。黑方只能通过一招来推迟不可避免的落败：他可以将他的马移到象所在的那一列上。

这种黑败白胜的不可避免性是以白方理性地行棋作为条件的。如果白方轻率而行，那么黑方就可以迅速将一枚兵升变为后，从而战胜白方。但是在解决象棋难题时，我们应该假设处在白方境地的选手是理性的，都追求比赛的胜利。而处在黑方境地选手的行动则只是使命运更进一步的工具。

过去的不可变更性

时间就如同象棋一般。时间的更迭皆按照规则而来。这些规则具有指导性的意义。请想想那些听说一艘船在战斗中消失的消息后，向众神奉献牺牲的希腊母亲们。她们祈祷自己的儿子不在那艘沉没的船上。对于亚里士多德来说，对既已发生的事件进行祈祷是徒劳的。在强调我们只应该考虑未来的过程中，亚里士多德引用了诗人阿伽通（Agathon）的话："只有这种力量甚至连神都不会拥有：去挽回木已成舟的事情。"你的儿子要么就已经在船上了，要么就并没有在船上。对任何人来说，为此做任何事情都为时已晚。正如奥马尔·海亚姆（Omar Khayyam）在距离亚里士多德1400年后所写的那样：

移动的手指正在写字，已经写过字，继续写字；即使用上你所有的虔诚与全部的智慧也都无法引诱它退回半行字，即使流尽所有眼泪也没办法洗掉它写过的任何一个字。

亚里士多德将过去的固定性与未来的开放性进行了对比。没有人可以回到过去打一场海战，但有些人可以在未来打一场海战。

宿命论者否认过去与未来之间存在着这种不对称：在此时此刻，明天会发生海战这一陈述要么为真，要么为假。如果明天会有海战在此刻为真，那么就没有什么办法可以阻止它。会发生的事情总会发生。如果明天会有海战在此刻为假，那么无论什么都不会导致海战的发生。不会发生的事情就不会发生。比方说，即使海军将领已经下达了开始战斗的命令，也总会有某些事发生来阻止该命令被执行。

在解决祖父悖论时，论及时间旅行的当代评论家往往尊重过去的固定性。在 H. G. 威尔斯（H. G. Wells）的《时间机器》(*The Time Machine*) 中，一位发明家回到了过去，并因为踩了一只蝴蝶而改变了历史的轨迹。其他时间旅行故事中的人物也常常担心会改变历史。他们在整个情节中都小心翼翼地努力保全事件的既有进程。但如果历史真的如此脆弱的话，那么一个不那么保守的时间旅行者就可能会招致悖论。假设这位历史修正主义者回到自己的祖父还是个小男孩的时候，并用步枪杀死了他的祖父。由于此时这位祖父还没有孙子，因此这次枪击破坏了它自身得以发生的一个必要条件。由于这种剧情包含矛盾，人们可能倾向于认为时间旅行与逻辑规律互不相容。时间旅行的捍卫者只好承认射击者不能杀死他的祖父。他也许能够扣动扳机，但是子弹不会击中目标。或许子弹确实击中了目标，但祖父会挺过来。时间旅行者不能改变过去，因为他们本就是过去的一部分。与小说家的描述不一样的是，时间旅行者没有必要小心翼翼地避免改变过去。

狄奥多罗斯·克洛诺斯的大师论证

亚里士多德在宿命论这一话题上的对手是来自麦加拉的跟他同时代的年轻人，逻辑学家狄奥多罗斯·克洛诺斯（Diodorus Cronus）。根据雅典的诸多学院中所流传的一种传说，狄奥多罗斯·克洛诺斯因为无法在托勒密一世面前解出斯提尔波（Stilpo）让他解决的逻辑问题而选择了自杀。历史学家对于这则传闻大多采取了重视的态度，因为它有助于确定狄奥多罗斯的活动年份（已知托勒密征服麦加拉的年份是公元前307年）。它也表现了传统上对于麦加拉人的刻板印象——沉迷于在辩论中胜人一筹。

狄奥多罗斯因为提出了一系列关于运动本质的论证而饱负盛名。他秉着与芝诺相同的精神提出了这些论证。而他最出名的是如下一则由爱比克泰德复述的论证：

> 在我看来，以下是大师论证（the Master Argument）所基于的要点——以下三个命题中的任意二者结合起来都与第三者构成冲突：1. 所有关于过去的真命题都是必然的。2. 不可能者在逻辑上无法由可能者推出。3. 既非现在为真，也非将来会为真者，是可能的。在留意到这种冲突之后，狄奥多罗斯根据前两者的合理性来证明以下内容："既非现在

为真，也非将来会为真者，是不可能的。"（爱比克泰德，1916，II，19，1—4）

爱比克泰德接着记述了一些哲学家如何否认这三个命题中的其他成员。他把悖论呈现为一小组各自合理，但合起来却不协调的命题，这一呈现方式是全然现代化的。这种对于悖论的呈现方式比起将悖论描述为一种论证来说更为经济。如果我们把每个单独的论证都认作一个悖论的话，狄奥多罗斯的三个命题就将构成三个悖论，而不是一个。

尽管我们知道狄奥多罗斯的大师论证的前提和结论，但我们不知道他在证明中使用了什么步骤。与他同时代的人们似乎承认该论证的结论确由前提推导而来。因为他们试图仅仅通过拒绝接受狄奥多罗斯的前提来反驳他。这促使许多学者去尝试重构狄奥多罗斯·克洛诺斯的大师论证。

弗雷德里克·科普勒斯顿（Frederick Copleston，1962，138）认为该论证步骤如下：

1. 可能者无法变成不可能者。
2. 如果有两个相互矛盾的选项，当其中一方已经发生时，另一方就是不可能的了。
3. 如果那个没有发生的选项在此前是可能的，那么后来不可能的事件就来自这个可能的事件。
4. 因此，那个没有发生的选项在此前也是不可能的。
5. 因此，只有现实的才是可能的。

这种解读的优点在于它保证了这一论证是有效的；如果前

提为真，则结论必然为真。但评论者抱怨科普勒斯顿的第一个前提太容易遭到否认。去年冬天，我有踱步走过瓦尔登湖的可能。而现在是夏天，走过瓦尔登湖面已经变得不可能了。季节的变化影响了我有能力去做的事情。

对亚里士多德解决方案的传统解读是这样的：现在来看，"明天将会有一场海战"既不为真，也不为假。如果发生海战，则该陈述将**变成**真的。关于即将到来的偶然事件的陈述并不具有真值，因此未来是开放的。在传统的解读中，亚里士多德承认部分关于未来的陈述是具有真值的。"明天要么会发生海战，要么不会发生海战"这一说法在现在为真，因为它囊括了所有的可能性。亚里士多德还认为关于自然必然事件的陈述具有真值。"在2044年8月23日那天亚洲北部将会发生一场可见时间达两分钟的日全食"这一说法是真的，因为天文学定律保证它必然为真。

这种传统解读很容易解释为什么亚里士多德并不曾讨论时间旅行这一话题。如果未来尚不存在的话，那么我们就无法从现在旅行到未来。未来的某个人也无法旅行回过去。在19世纪物理学家推断出时间是第四个维度之前，并没有人讨论时间旅行话题。

在1956年，伊丽莎白·安斯康姆（Elizabeth Anscombe）挑战了这种对亚里士多德方案的传统解读。未来偶然陈述的真值空隙与二值原则（principle of bivalence）相冲突；后者指的是每一个命题要么为真，要么为假。任何一个迈出假设真值空隙存在这一重大步伐的人都会倾向于利用这些空隙来解决许多难题。例如，当代最流行的对连锁悖论的解决方案是声称将谓词应用于其边界情况时所产生的陈述是不具有真值的。然而，我们看到，当要求多少金钱才算得上贪婪这一问题出现时，亚里士多德并没有采取这种方案。说到底，当代哲学家用以化解逻辑宿命论的区分与原则正是由亚里士多德开创的。他们指出，"某农夫要么是单身汉，要么不是单身汉"这一说法必然为真。但这并不意味着要么"该农夫是单身汉"这一陈述是必然真理，要么"该农夫不是单身汉"这一陈述是必然真理。同样，"某农夫要么将收获玉米，要么将不会收获玉米"是必然真理。这并不意味着要么"该农夫将收获玉米"是必然真理，要么"该农夫将不会收获玉米"是必然真理。

许多哲学家认为，亚里士多德发明的模态逻辑所做出的这些区分足以解除宿命论者的武装。我们这些安斯康姆的追随者认为，亚里士多德所做的更有可能是应用上述这些逻辑工具，而不是刻意去打破二值原则。

虚质宿命论

狄奥多罗斯一般被认为是一名实质宿命论者（substantive fatalist），即一名认为时间是实在的宿命论者。受安斯康姆反对传统观念的启发，我挑战这种解读。相信时间的实在性并不符合狄奥多罗斯作为麦加拉哲学学派的忠诚信徒这一身份。作为一名巴门尼德主义者，狄奥多罗斯理应相信时间是一种错觉。他不应该是这样一种宿命论者，即认为过去和未来不仅都存在，而且它们是我们这个宇宙令人惊讶的相互对称的两个方面。狄奥多罗斯应该是一名**虚质**宿命论者（vacuous fatalist），后者只相信**如果**过去和未来确实存在，那么未来并不比过去更加开放。之所以要把所有可能性缩小为实际情况，是为了表明时间这一概念并不可靠，并证明"一"（the One）的存在是一种必然真理。宇宙并非恰好只包含一个事物。"一"是一种必然存在者，并且它也不可能在过去不存在。存在着很多事物这一表象也必然是错误的。

请回想一下，巴门尼德所构建的一个基于"看似"的物理学理论可以用来解释表象。狄奥多罗斯也完全可以构建一个关于时间的"看似"理论。就像巴门尼德通过避免提及虚无来完善他的工具性物理学理论那样，狄奥多罗斯可以通过避免提到真实的未来替代选项来完善其时间理论。但是狄奥多罗斯对时间的深层次说明是，它就本质而言是一种错觉。与认为时间实在的宿命论者不同，狄奥多罗斯没有必要去劝说人们接受命运。狄奥多罗斯仅仅是揭露了另一种荒谬，它存在于以下两种信念当中：一种为人们所普遍持有，即相信许多事物会随着时间的推移而发生变化；另一种相信我们所处的世界是许多可能的世界中的一个。或者说，我是这么说的。

亚里士多德的常识

亚里士多德在方法论上和气质上都既愿意接受大众的意见，又愿意接受专家的信念。他在逻辑学方面取得了进展，这使他得以消解那些支持悖论性结论的论证的力量。亚里士多德并不是那种终生遵循三段论的人。他可以没有包袱地使用一个论证的结论来判断这个论证的可靠性。他通常信任感官所提供的证据。在研究了巴门尼德追随者的论证之后，亚里士多德写道：

> 因此，以这种方式推理的他们被引导着超越了感官知觉，并被引导着以"人们应该遵循论证"为由忽视感官知

觉：因而他们断言宇宙是一，而且是不能被移动的。他们中的一些人补充说它是**无穷的**，因为界限（如果宇宙有界限的话）的另一边是虚空。

也有一些思想家出于我们已经阐述过的原因，将这种观点作为他们的**真理**理论来阐述……此外，虽然这些观点在辩证的讨论中显得在逻辑上成立，但是当人们考虑事实的时候，相信它们就近乎疯狂了。因为，事实上，即使连疯子都不可能如此地背离其感官经验，认为火和冰同是一物：只有在正确和看似正确之间，我们才会发现有些人已经疯狂到看不出有什么不同了。[亚里士多德，《论生成与消亡》(Generation and Corruption)，I，8，325a4—23]

亚里士多德认为我们在面对论证时应该拿出面对时钟时的态度。如果时钟的读数处于你所期望的范围之内的话，那么你就会接受其结果。但如果时钟给出的读数似乎过高或者过低，那么你就会怀疑它是否还在正常运行。在某些情况下，它显示的时间**可能**确实是正确的。但你至少有理由去检查一下。

苏格拉底会拒斥这种论证与时钟之间的类比。我们的理性官能确实会做出一些测度，但它本身并不是一种计量器。理性是我们用以理解计量器的东西。理性之后，就没有任何东西可以依靠了。理性必须拥有最终的决定权。

由于理性迫使我们追求善，避免恶，我们除了遵循理性之外别无选择。苏格拉底意识到这种伦理决定论使得我们听起来像是理性的奴隶。但在他看来，自由是由善所决定的。当我们无知的时候，我们是由关于善的错误信念所决定的。当我们获得知识时，客观的善决定着我们的意志。知识使得我们自由。

在亚里士多德看来，苏格拉底的伦理决定论忽视了这样一个事实：许多人的意志力是薄弱的，他们甚至会有意作恶。以纳森·利奥波德（Nathan Leopold）为例。作为一个百万富翁才华横溢的儿子，他在自己的教育经历中享尽了优渥条件。他跳读了好几个年级，学习了多门语言，成了鸟类专家，并在18岁那一年获得了哲学学士学位。利奥波德是一位宿命论者，比起苏格拉底，他更喜欢弗里德里希·尼采的著作。在《善恶的彼岸》（*Beyond Good and Evil*）等书中，尼采热情洋溢地颂扬了那些挣脱了"奴隶道德"之枷锁的超人："一个伟大的人，一个大自然以宏伟的方式哺育与创造的人，是更冷酷的，更强硬的，更少谨慎与更多超脱舆论之恐惧的。他所不具备的是那种与体面、被尊重或任何被算作强硬美德的东西相容的美德。"与对他言听计从的朋友，即年仅18岁的理查德·洛布（Richard Loeb）一起，时年19岁的利奥波德决定进行一场完美的犯罪。他们精心地策划了一场谋杀绑架。

在1924年5月21日那天，利奥波德和洛布将14岁的博比·弗兰克斯（Bobby Franks）引诱到一辆汽车里，并用一把凿子杀死了他。这起谋杀案发生10天之后，利奥波德和洛布被逮捕了。在他们供认罪行之后，他们看起来无法避免受到死刑的判决。他们看起来很难被归为精神错乱患者从而免于定罪。利奥波德和洛布来自富裕优渥且提供支持性成长环境的家庭。利奥波德那时还正在芝加哥大学积极地学习法律！虽然洛布只具有一般人的智商，但他是一个广受欢迎、外表英俊的学生，与利奥波德在同一所院校学习历史。在审判中，这两名目中无人的大学生止不住地发出痴笑的咯咯声。他们的辩护律师克拉伦斯·达罗（Clarence Darrow）用到了他个人最热衷的一种哲学主题：

> 自然是强大的，也是无情的。它以自己不为人知的神秘方式运行，而我们只是任由它摆布的受害人。我们自己对于自然能做的东西不多。大自然紧紧攥着支配我们的这份权力，而我们只能听由她的命令做出动作……说这么多，与这名男孩有什么关系呢？他不是他自己的父亲，不是自己的母亲，更不是自己的祖父母。所有这些背景对于他来说都是既定的。他并不是出于自己的意愿让自己被家庭女教师和财富所包围的。他没能自己选择自己的身份与背景。然而他却被要求为此付出代价。(1957，64—65)

卡弗利（Caverly）法官宣告因谋杀罪对利奥波德和洛布判处无期徒刑，并因绑架罪各自另判99年监禁。许多人猜测卡弗利法官的这一判决是一种在自由意志与决定论之间做出的不自洽妥协。

如果达罗所提出的宿命论是正确的，那么利奥波德和洛布就是无罪的（尽管达罗狡黠地劝说他们认罪了）。如果某些行为是我们不能避免自己去做出的，那么我们就并不会因之而有罪。因此，利奥波德和洛布没有任何理由为杀死博比·弗兰克斯而感到自责。克拉伦斯·达罗所持有的卡弗利法官**应该**饶恕利奥波德和洛布"这一想法是并不协调的。根据宿命论，卡弗利法官要么已经被决定将凶手判处死刑，要么就已经被决定不予判决。

在古希腊流传着一个关于斯多葛主义的创始人基提翁的芝诺（Zeno of Citium）——不要与埃利亚的芝诺相混淆——的故

事。他因为自己的奴隶偷窃而殴打了他。而这名奴隶似乎多少也像一名哲学家似的抗议说:"但是我之所以偷东西是我的命运使然。"芝诺则反驳道:"那同理,我也是受迫于命运而痛打你。"

宿命论的诸多根基

达罗也利用科学知识来支持自己的宿命论。整个心理学学科的方法论似乎都需要一种决定论观点,而这种观点被行为主义者B. F. 斯金纳(B. F. Skinner)阐述为:"如果我们要在研究人类的领域中使用科学方法,我们必须假定行为是符合律法的,而且是被决定的。我们必须预期会发现一个人所做的事情是某些可指明的条件的结果,并且一旦发现了这些条件,我们就可以预判他的行动并在某种程度上决定他的行动。"(1953,6)在这些心理学家之前就存在着一群需要决定论的历史学家。奥斯瓦尔德·斯宾格勒(Oswald Spengler)将他的《西方的没落》一书称为一场"预先决定历史的冒险"。

根据卡尔·马克思的历史唯物主义,历史的结果是受不可更改的经济力量决定的。但如果抵抗是徒劳的,那么刻意遵循它是不是多此一举呢?作为一种政治哲学的马克思主义号召着人们主动寻求斗争。这又是何必呢?既然马克思主义既是历史理论又是道德理论,那么自由意志与决定论之间的冲突就应该已然内化在其中。

基督教也包含同样的冲突。作为所有受造者的造物主,上帝从时间之初就已然预见到了将会发生的一切。然而,人类必须被分配以足量的自由意志以使得他们为自己的行为负责。人们必须是进入天堂之奖赏或堕入地狱之惩罚的合适承担者。

如果决定论和自由意志之间确实存在着真正的冲突，那么决定论未必能够获胜。每当我们仔细思忖时，我们都已然预先假定了我们可以在真实的选项中自由地做出选择。如果你已经被说服去相信只有一种结果是可能的，那么你就没有能力自行决定要哪种结果发生。既然我们不能停止思忖，我们就无法动摇我们是自由的这一信念。在是否相信自由选择这一问题上没有我们选择的余地。

能够用来证明"我们是被迫去相信自己是自由的"的证据并不能证明我们确实是自由的。但是，它确实对决定论悖论的可行解决方案提出了限制。我们在现实中并没有同等地被迫去相信决定论。实际上，我们更愿意接受那些反对因果决定论的证据。受量子力学的影响，许多物理学家或正确或错误地相信宇宙中客观存在着偶然性。由于这些严谨的物理学家认为他们可以依赖于精简的统计学手段来应对这种偶然性，心理学家和历史学家把决定论作为各自领域里先验的先决条件这一做法就看起来像是贪得无厌了。

对于宿命论的道德反驳

亚里士多德担心宿命论的信念会导致慵懒。在《论命运》一书中，西塞罗（Cicero，公元前106—前43年）将这种担忧描述为"懒惰论证"：

> 如果"你将从那种疾病中康复过来"这种说法从最开始就为真，那么无论你是否叫医生来看病，你都最终会康复；同样，如果"你将从那种疾病中康复过来"这一陈述从

最开始就为假，那么无论你是否叫医生来看病，你都无法康复……因此，叫医生来看病是没有意义的。(1960, 225)

斯多葛主义者克律西波斯认为，你注定要看医生中的注定程度与你注定会康复中的注定程度是等同的。"互定性"(condestinate)的事实是依赖于彼此的。如果你没有看医生的话，你就不会康复。但是你不可能不看医生。宿命论者应该不得不承认你的行动与决定都是原因。克律西波斯的观点是说，当我们做出选择时，我们所面对的并不是真正的选项。实际发生的情况永远是遵照其唯一可能发生的方式而发生的。

作为一名斯多葛主义者，克律西波斯为道德责任做辩护，以使其免于形而上学的攻击。在下一章中，我们将看到克律西波斯面对另一个十分不同的形而上学悖论时为道德所做的第二个机智巧妙的辩护。

10

克律西波斯论人的构成

本章将探讨关于物质构成的悖论。这些悖论形成了一个新兴领域,专门关注有关物体和人的谜题。图10.1概述了这种发展的特点。幸运的是,最近这些谜题被一种悖论模板组织整理了起来。我们将用到该模板来将关于这些悖论的以往破解与当代的解决方案联系起来。

图10.1

增长论证

在公元前五世纪最初的十年中,埃庇卡摩斯(Epicharmus)写了一部戏剧,其情节在哲学上是超前的。在剧中,一名男子被要求为他即将举行的宴会提前支付部分费用。手头缺钱的他提出了一个谜题:"如果你有一些鹅卵石,并在此基础上增加一块或者减少一块鹅卵石,那你还会拥有相同数量的鹅卵石吗?"债主答道:"不会。"

那么,如果你有某物,其长度为一腕尺,若在其上增添或削减少许,那么其原有长度是否还会仍然存在呢?债主又答道:"不会。"这个欠债者接着要求债主以同样的方式来思考人类。人总是处在变化之中,有些人的体重在增长,另一些人的体重在下降。不管对于债主或者欠债者同样的道理都成立,因为双方都跟昨天的自己并不是完全一样的了,也不会跟未来的自己比起来毫无差异。债主默认了这一哲学观点的正确性。欠债者于是得意地断定,他并没有欠下任何东西。毕竟,他与那个之前签约并承诺支付费用的人并不是同一个,那个人已经不复存在了。他也不是那个将要享受宴会的人,那个人还尚不存在。

债主想不出该说些什么。于是,他把欠债者打了一顿。在被打得步履蹒跚之后,欠债者愤怒地对于被打一事表示抗议。债主表示了同情,但解释说自己并不是打他的那个人。

债主应否认欠债者所提出的哪个前提?如果他否认欠债者与构成他的部分之集合同为一物的话,那么债主就相当于是说在同时同地存在着两个事物:债主本人和(构成他的)粒子之集合。这种说法就如同重影一样不清晰。粒子之集合何以不等同于该人本身?"集合本身"看起来像个人,走起来像个人,说起话来也像个人。

根据整分本质主义（mereological essentialism）的观点，一个物体的每个部分对其来说都是本质性的。物体的数量可能会增长，但物体本身却不会。看起来是一个单独个体的东西，实质上是许多不同个体快速接续的系列。

埃庇卡摩斯的"增长论证"（growing argument）可以推广到部分数量保持不变的情况之中。让我们回想一下赫拉克利特所做的断言：当一个人两次踏入一条河流，这个人踏入的是不同的河水。即使其所有部分都已发生了变化，但这条河本身仍保持不变。那么，一个人造事物在其部分全被更换之后还是它本身吗？

> 忒修斯与雅典青年人用以返回家乡的那艘船拥有多达30把桨，而直到德弥特卢斯·斐勒瑞斯（Demetrus Phalereus）所处的时代那艘船仍然都被雅典人民悉心保存着，他们移除掉腐烂了的旧木板，放入了新的且更为坚固的木材来取而代之。哲学家往往把这艘船用为关于事物增长的逻辑问题的典型例子：一方认为（木板被更换后）这艘船保持不变，而另一方认为它与之前不再相同。（普鲁塔克，1880，7—8）

在17世纪，托马斯·霍布斯改进了忒修斯之船这个谜题。他假设有人收集了从船上拆除的旧木板，并将它们重新组装成了另一艘船。那么这艘船和忒修斯之船是同一个事物吗？

在收集者那里，忒修斯之船可以被比作一种被拆除又被重新组装的物体。请考虑一下建于1831年的伦敦桥。在1962年，英国政府以2,460,000美元的价格将这座过于古旧的桥梁拍卖给了土地开发商罗伯特·麦卡洛克（Robert McCulloch）。他把这座桥的砖块重新组建在了亚利桑那州的哈瓦苏湖市（Lake Havasu City, Arizona）。该项工程于1971年10月10日完成，而这座新桥由伦敦市长主持剪彩。当地的KBBC广播电台直到今天都还在向游客宣传可以到新址参观伦敦桥。

有些人否认收集者的船与忒修斯之船本质上是同一事物；他们坚持认为忒修斯之船即使旧部件都已经被替换了也持续存在着。当收集者把所有旧木板都重新组装起来时，它并不会突然就停止存在。

假设麦卡洛克使用伦敦桥的砖块在加利福尼亚州建造了一座城堡，且保护主义者于此后抗议称他将砖块用于修建加利福尼亚城堡这一举动使得伦敦桥不复存在。似乎麦卡洛克要是以伦敦桥还继续存在着来辩解的话，没有人会相信，也没人会相信那座桥现在只是碰巧与其加州城堡所在的位置完美重合。更进一步而言，假设麦卡洛克感到后悔，拆除了其位于加利福尼亚的城堡，并将那些砖块在哈瓦苏湖市组装成一座桥。这座新桥是否与旧伦敦桥相同？如果答案是肯定的，它是否也与他之前的加州城堡同为一物呢？

斯多葛派的有机主义

柏拉图和亚里士多德都曾提及增长论证。然而两者都没有给予它太多关注。在怀疑论者阿尔克西拉乌斯（Arcesilaus）接管柏拉图学园之后才开展了关于部分和整体之悖论的深入讨论。在从内部破坏了柏拉图主义之后，阿尔克西拉乌斯掀起了一场反对亚里士多德学派和斯多葛学派的运动。

阿尔克西拉乌斯认为斯多葛学派过于教条化。在哲学可以取得什么样的成果这一问题上，斯多葛派没有降低人们的期望，相反，他们提供了看似只有天真者才寄希望从哲学反思中获得的东西：对宇宙的整体认识与道德智慧的结合体。

斯多葛学派认为宇宙是一个有机整体。20世纪的詹姆斯·洛夫洛克（James Lovelock）在无意中升级了斯多葛学派的类比。这名生物化学家所支持的"盖亚假说"（Gaia hypothesis）认为，地球是一个有生命的有机体——"盖亚"得名于希腊神话中的一位从卡俄斯①之中唤醒生命世界的女神。在20世纪60年代，美国国家航空航天局喷气推进实验室（NASA Jet Propulsion Laboratory）要求洛夫洛克设计出可以探测火星上生命痕迹的实验。他们想把海盗号（the Viking lander）发射到火星以检验那里是否存在着生命。

洛夫洛克宣称对火星进行的大气分析就足以证明火星上并不存在生命，而那些火箭专家对此感到失望。天文学家知道火星的大气是静止的，而地球的大气则是动态的。这指明了一种潜在的调节过程。同样的道理，外星人不需要来到地球就可以知道地球上是否有生命。洛夫洛克进一步推测，假想中的天文学家会知道地球本身现在是活的：在它形成大约10亿年之后，本来不具有生命的地球受到元生命态（metalife form）的控制而被转化为一个生命态的躯体。正如细胞群体逐渐发育成器官和机体那样，生物体也会共同发展并促进整颗星球（即盖亚）的生长。

斯多葛学派则比洛夫洛克更进一步。他们相信整个宇宙是

---

① Chaos，字面义为"混沌"。——译者注

一个理性动物。上帝只是大自然中最具创造性的面向。岩石与其他无生命的东西具有最少的创造性，植物所具有的创造性要稍多一些，而动物则更多。在这个存在链条的顶端是理性动物。由于理性动物的理性使人类有能力将宇宙反映为一个整体，因此他们是微观宇宙（microcosms），是自然的微型版本。人们健康与快乐的程度取决于其内在秩序与外在的自然秩序相对应的程度。想要知道应该如何生活，就得理解**生命**本身。

在斯多葛派的宇宙论中，增长是所有生命体最基本的过程。阿尔克西拉乌斯用增长论证来反驳这种有机体理论的自洽性。如果变化的唯一形式是一连串瞬间存在的物体的序列，那么没有个体能与宇宙发展出更高的和谐程度。在柏拉图学园这一据点被征服之后，阿尔克西拉乌斯就一直从不断缩减的斯多葛学派中挑选学生。

在担任斯多葛学派的第三任领导人期间，克律西波斯扭转了其学派的这种颓势。他写下了超过705本书来为其门派辩护，从而拯救了斯多葛主义。这些著作没有任何一本完整地留存了下来。有些文本片段通过其他人著述中的引文和概括得到了保存，但是往往也是模糊难懂的。鉴于文本记录都是片段化的，历史学家经常陷于知道克律西波斯所提供的回答却不知道他在回答什么问题的境况。例如，评论家一直不甚理解克律西波斯对四种存在层次的分类：基质（substrate），受限者（qualified），受支配者（disposed）和相对受支配者（relatively disposed）。在这些术语背后，克律西波斯提出了什么样的理论呢？大卫·塞德利（David Sedley）说做出这样的区分是为了回应埃庇卡摩斯所提出的增长论证：

近来，关于这一理论的性质和目的存在着许多争论。但我认为，一旦人们意识到它至少部分是在对增长论证进行回应，许多看似神秘的东西就会消失。它建立在如下认识之上：表面上单一的物体有可能在不同的描述下具有不同的甚至互不相容的性质。这种观点本身并不太新颖，但克律西波斯则先于其他人尝试着从这种观点中得出一种对于可获得的描述之不同层级的形式化分类。（塞德利，1982，259—260）

塞德利认为克律西波斯在同一性话题上持有相对主义观点：此前例子中的欠债者既是一堆物质，又是一个人。作为一堆具体的物质，欠债者并不能在增长中持存。但作为一个人，欠债者确实可以持存。同一性的相对主义者认为"x与y是否相同"这一问题是没有意义的；我认为只能问"x与y是否都等同于F"。在这种观点下，同一个地方可以同时存在着许多事物。

相对主义者的这种策略预设了我们可以基于不同个体的特质来将它们再次识别出来。这名欠债者作为人类一员的特质并不足以让我们完成这项任务。我们需要这名欠债者独有的一种特质。然而，我们挑选的特质必须足够普遍，以便可以适用于他的一生。欠债者的头发颜色、身材、高矮等都会随着时间的推移而变化，因此这些都不能算是他独有的特质。有些人可能会试着用一些心理上的特质——譬如拥有同样的记忆——来作为此处独有的特质。但即使这种解决方案适用于欠债者，它也无法被扩展到无生命的事物之上。

这名欠债者的特殊之处也许在于他是唯一一个拥有4个在爱奥尼亚打过仗的叔叔的人。但这种特点不能成为这名欠债者之同一性的根基。如果出现了另一个人也有4个在爱奥尼亚打过仗的叔叔，欠债者仍然会继续存在。拥有4个在爱奥尼亚打过仗的叔叔这一性质在克律西波斯的理论体系中属于第四级存在——"相对受支配者"。

克律西波斯对独有特质的探求因为斯多葛主义的创始人所引入的一种学说而变得更加复杂。为了回应怀疑主义，基提翁的芝诺选择坚称某些真理是以不可错的方式被知道的。如果你的母亲在光天化日之下走到你的身旁，你就一定会认出她是你的母亲。克律西波斯认为这意味着你的母亲必然具有某种不变的独有性质，使得你可以反复地认出她来。

持怀疑态度的人否认你可以仅仅通过在良好的光照条件下看着你的母亲就辨认出她来。你没有办法排除有一个人可能跟你母亲长得一模一样。珀尔修斯就曾为了反驳斯多葛派的阿里斯顿而让一对双胞胎中的一个在阿里斯顿那存钱，并随后让另一个去取钱。

人们可能怀疑没有一种特性必然为一个个体所独有。如果一个个体具有某种特性，又有什么能阻止另一个个体具有相同的特性呢？请考虑两片几乎完全相同的木板，唯一区别在于其中一片被涂成了绿色。不同的东西必须具有不同的性质这一原则无法阻止我们把另一片木板也涂成绿色！

戴昂与西昂

克律西波斯对增长的反应不仅仅局限于辩护性地寻找一种解决方案。他意识到，如果他能够设定出这个悖论的一种不涉及增长的变体的话，那么持怀疑态度的人就没有理由将这种悖

论归咎于增长。到那时,增长论证就不再会是斯多葛主义特有的痛点。以下是亚历山大的斐洛对于克律西波斯的悖论给出的记述:

> 克律西波斯,其所在学派中最杰出的成员,在他的作品《论增长(论证)》[*On the Growing (Argument)*]之中创造出了一种如下所述的怪物。在提出了两个以独有的方式受到限定的人不可能共同占据同一个实体之后,他说:"为了论证的方便,假设有一个人四肢是齐全的,而另一个人少了一只脚。我们将肢体健全的那个人称为戴昂(Dion),将有身体缺陷的那个人为西昂(Theon)。这时,让我们再假设戴昂的一只脚也被截去。"问题出现了,戴昂和西昂之中的哪一个不复存在了呢?在克律西波斯看来,消失的一方更有可能是西昂。这些话来自一个喜欢讨论悖论的人,而非来自在讲述事实的人。既然戴昂的脚被截掉后戴昂并不因此而消失,那么身上没有什么部位被截掉的西昂怎么可能会不复存在了呢?克律西波斯说:"必然如此,对于戴昂这个脚被切掉了的人来说,他已经陷入西昂有缺陷的实体当中,而两个以独有的方式受到限定的个体不能占据同样的基质。因此,必然的结果是,戴昂继续存在,而西昂消失。"(隆和塞德利,1987,171—172)

在斐洛看来,克律西波斯似乎不得不承认,在截肢之前就已然存在两个不同的人,而截肢的发生使得其中一人不再存在。给定这种解读,问题就成了"谁去谁留?"但是由于他忠于坚持两个人不能在同一时刻占据同一个身体这一原则,因此克律西波斯不能接受这种解释。同一性的相对主义者通常要求具有相同位置的物体属于不同的类别。

迈克尔·伯克（Michael Burke，1994）在近年来为克律西波斯令人惊讶的结论提出了一种新的论证。他并不声称他所使用的推理方式与克律西波斯相同。伯克的推理方式一定不同于被塞德利归于克律西波斯的同一性相对主义。伯克认为两个事物有可能在同一时间处于同一个位置这种想法是荒谬的。要求这两种事物属于不同类别的限制也并不足以让伯克感到满足。如果 x 和 y 所有的部分都是相同的，那么它们怎么可能会不属于同一类别呢？毕竟 y 必然将拥有 x 所具有的任何性质。

伯克追随亚里士多德，认为实体之间存在等级。如果我们把纯粹的一堆砖块堆砌成了一座露台，那么之前的一堆砖块就不复存在了。现在组成这座露台的砖块不再属于较低级别的"纯粹的砖块堆"，因为它们与这座露台具有质的同一性。由于没有任何东西可以阻止砖块形成一座露台，它们将构成一座露台，而不是任何低于露台的东西。较高级的实体主导着较低级的实体，因为前者在"持存条件"（persistence conditions）上占据优势。（持存条件是一系列可以确定某物体是否能够在经历某个给定的变化后持续存在的规则。一座露台可以在一块砖被替换之后持续存在，但是一堆砖块无法做到这样。）伯克认为西昂是一种比戴昂更低等的实体，因为西昂根据定义就是在戴昂身体的基础上去掉了一只脚。根据规定中的含义，如果西昂的另一只脚也被移除了的话，它将会消失。

将西昂这个人名用于指代一个身体部位这一做法加剧了我们的困惑，因为我们倾向于认为"西昂"是一个人的名字。但是"西昂"这个名字所标记的只是一个很大的身体部分。在戴昂的脚被截之前，西昂是可以存在的，因为它是其所在的空间中的主导实体。而在戴昂的脚被截之后，西昂将与戴昂处于同样的位置。由于戴昂是比西昂更高等的实体，因此这儿将采用戴昂的持存条件，而非西昂的持存条件。因此，在戴昂所具有的更高地位的重压之下西昂就不复存在了。

在伯克看来，这些谜题都取决于这样一个前提：相同的部分可以在同一时间构成不同种类的东西。而这些种类具有相互冲突的持存条件。伯克解决这一冲突的方式是坚称总会存在最高级别的实体来主导其他的一切。由于事物只有在符合某类别的持存条件时才能算作该类别的实例，因此主导类型会在与被主导类型处于同一位置的时候迫使后者不再存在。

伯克的这一策略也适用于该悖论近来的一种新变体，这种新变体使互不相容的实体能够在空间和历史中完全重合。阿兰·吉巴德（Allan Gibbard，1975）让我们想象歌利亚（Goliath）是一尊雕像，而"土块"（Lumpl）是一块构成歌利亚的黏土。一位雕塑家首先雕刻了歌利亚的上半身，然后雕刻了其下半身。当他最终把两个部分连接到一起时，歌利亚就开始存在了，而"土块"也就开始存在了。在黏土干燥定型后，雕塑家对其成品感到不甚满意，于是敲碎了这尊雕塑——从而同时摧毁了"土块"和歌利亚。根据伯克的解决方案，只有歌利亚存在过。作为"雕像"的类别主导着作为"土块"的类别。

许多哲学家认为伯克关于主导实体的论述是一种向亚里士多德形而上学的回归。他们自己则在类别问题上是平等主义者。这会在同一事物属于具有冲突性持存条件的两种类别时给他们带来矛盾。

悖论与悖论类型

迈克尔·里亚（Michael Rea，1995）将增长论证问题、忒修斯之船问题、戴昂与西昂问题及土块与歌利亚问题都看作更普遍的物质构成问题的案例。物质构成问题的核心在于5个各自合理，但合起来却互不协调的原则之间的冲突：

1.存在假设（Existence Assumption）：存在着F这一整体，并存在着构成它的部分。

2.本质主义假设（Essentialist Assumption）：如果这些部分构成了F，那么这些部分当初必然会构成F。这些部分对于F之存在既是必要的也是充分的。

3.别种构成可能性原则（Principle of Alternative Compositional Possibilities）：如果一些部分构成了F，那么F也本可能由另一些不同的部分构成。

4.同一性假设（Identity Assumption）：如果x和y在同一时间共享着彼此所有的部分，则$x=y$。

5.必然性假设（The Necessity Assumption）：如果$x=y$，则$x=y$是必然真理。

由于这个问题是由有待填充的句子而不是由完整的命题组成，所以这一系列句子模式是多种悖论的模板，而非仅是一个悖论的模板。如果我们用"人"来替换F并设定x为戴昂y为西昂，那么我们就会得到一个与克律西波斯所提出的悖论非常相似的悖论。符合这一模式的命题都是各自合理而合起来却互不协调的。里亚认为，通过这个模板产生的悖论往往比自然形成的悖论更为强劲：任何可以解决符合里亚模式的悖论的方案，都足以解决历史上的悖论，但反过来并不成立。

正如悖论有一个共同的形式那样，它们的解决方案也有一个共同的形式：要化解掉悖论的话，必须至少驳倒该集合中的一员。

虚无主义者拒绝"存在假设"。彼得·范·因瓦根（Peter van Inwagen，1981）认定西昂在截肢发生之前根本就不存在，理由是在截肢之前不存在任意一处尚未从身体中分离的身体部分。

实际上范·因瓦根还更进了一步。他否认了任何无生命的复合事物的存在。他认为只有生物体及单纯且不可分割的东西存在。婴儿存在，但婴儿推车并不存在。推车是无生命的复合事物。如果它们存在的话，我们就会陷入荒谬。假设柏拉图和苏格拉底各有一架推车，并完整地与对方交换了推车的每个组件。那么是否苏格拉底最终拥有的是柏拉图的推车，而柏拉图拥有的是苏格拉底的推车呢？范·因瓦根认为我们会倾向于给出相互矛盾的答案，而这正是复杂的物质事物本身并不自洽的证据。

范·因瓦根不会去纠正那些声称推车存在的母亲们。正如天文学家认为人们日常所说的太阳升起并不是一个太大的问题（即使他们认为太阳并不会"升起"），范·因瓦根认为谈及推车也几乎没有什么不妥（尽管他认为推车并不可能存在）。

虚无主义者没有给生物体以特殊待遇。彼得·昂格尔（Peter Unger，1980）就认为人类并不存在——存在的只是按照人类形态的方式排列的粒子。昂格尔用"多者问题"（problem of the many）来强调这一点。从微观物理学的角度而言，我们知道每个物体都是一团粒子。每个粒子团在作为团本身之一部分的粒子和作为团外环境之一部分的粒子之间缺乏清晰确定的边界。由于存在着许多同样好的"粒子团"的候选者，因此它们要么都是粒子团，要么都不是。昂格尔认为，存在着多个粒子团（而不只是一个粒子团）的说法更加荒谬，因此得出结论称粒子团并不存在。

巴门尼德和芝诺甚至比昂格尔更激进。他们否认存在着多种简单事物的可能性。根据巴门尼德的说法，宇宙中只存在着一种简单事物。

第二个假设是本质主义，它认为，如果一堆东西能够组成某种事物的话，那么它们就必然是凭借自身来组成的。组成这一行为并不依赖于任何外在的东西。因此，人们若想要判断某些部分是否构成了F，就只需要专注于这些部分本身，而完全可以忽略其他的一切。伯克否定了这一原则。他说在戴昂脚部被截去那一刹那，那些构成了西昂的部分就不再构成西昂了。虽然戴昂失去脚这件事并不会影响到西昂的身体部分，但它确实迫使戴昂去占据那一片确切的区域。由于**人类**这一类别高于**身体部分**这一类别，因此西昂就只能不复存在了。

第三个假设是别种构成可能性原则，它声称同一个事物有可能由不同的部分构成。正如我们已经讨论过的，欠债者所否认的正是这一集合的第三个条目。这种否认被称为整分论本质主义，而罗德里克·奇泽姆（Roderick Chisholm，1979，第3章）曾对这种观点表示支持。他认为两者之中只有西昂存活了下来。每个部分（对于被组成者来说）都是必不可少的，因此戴昂在失去了他的脚之后就不复存在了。如果我们忽略了微小的变化，并假装戴昂还继续存在，就能实现实践利益。但是严格地说，即使只损失掉了一个分子，戴昂也会不复存在。不过请注意，这种理论并不适用于那些两方完全重合的情况，例如土块与歌利亚塑像的例子。

第四个假设是同一性原则，它声称只要两个事物所具有的部分全部相同，这两个事物就必然是同一个。这种原则对于四维主义者来说只有在将时间部分也包括在内的情况下才是可接受的。根据四维主义的观点，"西昂+"（也就是戴昂的完整身体）和西昂是两条时空蠕虫，而且在戴昂的足部被截去之前它们完全重叠。"西昂+"在截去足部那一瞬间不再存在，而西昂则继续存在（因为他的存在并不要求脚的存在）。而戴昂这个人则是一条更大的时空蠕虫，并在截足之后与西昂合并了起来。

四维主义者没有完全地解决关于物质构成的问题。他们无法指认出土块和歌利亚之间存在的任何区别——因为它们是完全重合的。类别相对主义者（sort-relativists）相比起来则更加全面。他们认为土块与歌利亚是和平共存的关系。他们的争议点在于它们在失去了一点物质的情况下是否继续存在（歌利亚会，土块不会），以及要是它们的物质被彻底重排了它们还会不会继续存在（土块会，歌利亚不会）。

即使那些对个人同一性问题不持理论立场的人也会对同一性原则产生怀疑。任何认为暂时性的拆解足以永久性地毁灭一个物体的人都会拒绝"同样的部分，同样的物体"这一口号。

这个问题有着宗教影响。天主教徒相信他们将在审判日复活。即使我们的身体会被分解，但上帝会聚集我们散落的残留物并将我们再造出来。对此感到怀疑的人曾问道，为什么一个由拉撒路（Lazarus）的身体部分重造而成的人是拉撒路本人，而不是拉撒路的一个复制品。

顺便提一句，托马斯·阿奎那曾表明，天主教徒需要更进一步，不再要求上帝在重造人体的过程中必须使用相同的身体部分。如果一个食人族婴儿从小就吃着人类的尸体长大，那么上帝应该如何在审判日复活这个纯粹的食人者呢？那时必将没有足够的身体部分可供使用。阿奎那的解决方案允许上帝在重造人体时并不必须要用到当初组成那个人的那些粒子，只要采用相同**种类**的物质即可。

阿奎那在此处的自由化也是那些希望《星际迷航》(*Star Trek*)的角色具有连贯性的剧迷们所要求的。大多数船员都安心地使用瞬移传输机。瞬移传输机的工作模式是把你拆解开来并在几乎同一时间在另一个地方把你重新组装起来。抑或它其实是把你杀掉了，并制造了一个你的复制品？假设瞬移传输机出现了故障：你发现这个机器在目的地成功组装出了一个与你一模一样的人，但却没能把你给拆解开来。系统要求你按下按钮把你自己拆解开，以解决遗留问题。你应该按下按钮吗？

有些读者可能会安慰自己，称这些悖论只出现在科幻场景和宗教反思热潮中。当常识在奇怪的情境中摇摇欲坠时，我们并不感到惊讶。

但是，这种关于常识的观点需要被证明为合理的。因为常识有时会被具有实践重要性的常见情况所困扰。忒修斯之船表明常识有时会因完全平常的转变而感到窘迫。

让我们公平一点：常识在某些奇怪的情境中也表现得不错（比如为做牙科手术而静止不动、搭乘飞机飞行等）。常识的本质自身并不是常识。我们应该为它的表现所带来的惊喜做好准备。

我们的眼睛具有意料之外的优势，出于同样的理由，常识也是这样。虽然我们的眼睛是为了观测地球上的景象而演化的，但它们在月球上也运作良好，并且可以看到遥远的恒星。这是因为简单的解决方案往往是普适的解决方案。我们的眼睛可以看到远远超过它们被设计来看到的东西，我们的常识也可以准确地判断远远超过它被设计来判断的东西。

物质构成之谜的第五个也是最后一个假设是同一性的必然性（如果 $x=y$，则必然有 $x=y$）。那些认为同一性可以是偶然的甚至是暂时的的人会拒绝接受这一假设。吉巴德解决土块与歌利亚难题的方式是宣称土块与歌利亚恰好同一了。不过看起来，土块与歌利亚具有不同的假设性质这一事实足以驳斥这个回答。歌利亚要是失去了一根手指也能继续存在，而土块即使被压扁了也可以继续存在。根据相同的事物具有相同的属性这一原则，歌利亚与土块是不同的。吉巴德反驳称土块和歌利亚之间的同一性是**偶然的**。他认为必然性只是我们语言上的约定，而这使得它成了一种心理视角上的问题。歌利亚与土块是相同的事物，然而我们可以用许多不同方式看待它。当它被视为一座雕像时，我们允许它在失去了一根手指的情况下继续存在，却不能接受它被压扁后继续存在。当我们只是把它当作一块具体的黏土块来观察时，我们可以允许它在被压扁后还继续存在，却不会容忍它失掉手指而继续存在。如果歌利亚是用另外一块黏土做成的，那么它就不会跟这个土块是同一的。

多年以来，哲学家们认为一些同一性陈述的偶然性源于以下事实：科学家是通过经验研究的方式发现"水是 H_2O"以及"闪电是大气中的放电现象"。如果"这些同一性陈述是真的"只是一个与经验事实相关的问题的话，那么，它们本不可以是错误的吗？

同一性的偶然性对于那些相信心脑同一性的哲学家来说非常重要。他们熟知旧有的反对偶然同一性的论证：如果$a=b$，则b具有a所具有的所有性质。个体a具有"必然与a同一"这一性质。因此，如果$a=b$，则$a=b$是必然真理。他们将这种论证作为一种诡辩而拒绝考虑。毕竟，难道不存在"水是H_2O"等偶然同一性的经验证明吗？

在《命名与必然性》(*Naming and Necessity*)中，索尔·克里普克(Saul Kripke)为这种小小的诡辩进行了辩护，并称这种诡辩是一种决定性的证明。克里普克并不试图通过增添额外的前提来支撑这一证明。他只是通过消除我们的推理机制中有所混淆与干扰的地方来解除该机制所面临的限制。如今，大多数哲学家都同意克里普克的看法。尽管在20世纪50年代同一性是偶然的这一观点大受欢迎，但现在已经几乎没有哲学家接受吉巴德对于物质构成悖论的解决方案了。他的解决方案出现得太晚了！

无论克律西波斯对于增长悖论提出的解决方案是否正确，他确实有效地挫败了由柏拉图学园的怀疑论者所发起的对斯多葛主义的攻击。然而，正如我们将在下一章中看到的，在克律西波斯去世后，一种更加精致的怀疑主义的威胁逐步走向了成熟。

11

塞克斯都·恩披里柯与辩护的无穷倒退

我们对于塞克斯都·恩披里柯的生平几乎一无所知。我们不知道这名希腊怀疑主义的编纂者的生卒年份。我们不知道他出生在哪里、在哪里受教育,甚至不确定他究竟是希腊人还是蛮族人。他似乎曾是一名医生,也是某个哲学学派的领袖。大多数学者认为他生活在公元2世纪,但这只是猜测而已。

我们所知道的是,塞克斯都·恩披里柯曾写下《皮浪学说概要》(Outlines of Pyrrhonism)与《反逻辑学家》(Against the Logicians)这两部书。包括这两本在内的一系列被归为由他所著的书籍总结了200年的怀疑主义论证。为了反击与他处于同一时代的教条主义者,塞克斯都耐心地描述了亚里士多德、狄奥多罗斯·克洛诺斯、斯多葛学派,以及许多其他哲学家的学说。塞克斯都记载下其他人所持的哲学立场的唯一目的就是方便自己驳斥它们。

具有讽刺意味的是,塞克斯都对于其所欲驳斥的学说所进行的介绍最终为这些理论得以保存至今做出了巨大贡献。与同样是在偶然之中成为古代哲学史学家的第欧根尼·拉尔修一样,塞克斯都的作品凭借其讨论悖论的天赋而广泛、持久地传播开来。

塞克斯都让我们无法确定他自己所持的到底是哪种怀疑主义。长期以来，塞克斯都被解读为主张悬置对任何事情的判断。古人知道皮浪主义者的灵感来自埃利斯的皮浪（Pyrrho of Elis）。第欧根尼·拉尔修则记载称皮浪本人是在印度学习的哲学。皮浪有可能是跟随着亚历山大大帝的远征军一起去到了印度。学者们指出皮浪哲学中的一些特征似乎与希腊的哲学传统格格不入，不过倒在印度哲学中十分常见。第欧根尼还记述说，由于皮浪并不特别信任任何信念，所以他"行动时不顾一切、毫无目的，而且不对任何事情采取预防措施，而是面对着来自车辆、悬崖、恶犬等一切的风险（1925，II，61—62）。尽管如此，皮浪成功活到了90岁高龄，因为许多学生和朋友"常常无微不至地在身旁服侍他"。

治疗性的皮浪主义

塞克斯都将哲学视为一种精神障碍，而我们可以通过对话治愈它。正如医生们习惯于做的那样，塞克斯都称他是在偶然之中发现治疗方法的。怀疑论者与其他寻求真理的人一样容易在最初陷于教条主义，并因为他无法解决悖论而感到沮丧。疲惫不堪的他陷入了一种悬置判断的状态。具有讽刺意味的是，正是这种怀疑让他消除了之前他寄希望于通过探索真理来消除的焦虑感。塞克斯都回忆起阿佩利斯（Apelles）的故事。在尝试画出一匹马的口沫的过程中，这位著名画家在失败后拿起海绵来擦掉画面上的颜料。阿佩利斯由于一时相当沮丧，他重重地把海绵朝画纸扔过去。令他惊讶的是，海绵在画纸上留下的痕迹看起来恰恰就像马嘴上的白沫。与此同理，怀疑论者也是在无意中发现了如何去解决困扰着他的问题的。皮浪主义强调了这种好运。

塞克斯都的基本策略是将不协调性视为一种具有安定效果的朋友,而不是敌人。当你发现自己在某个话题上固执己见时,就该试着考虑一下与之对立的论证。随着正反两方相互抵消,我们就会获得心灵上的平静。

我们必须从心理学上尝试理解这种均势方法(method of equipollence)。坚称两个不同的论点具有相同的说服力是一种教条主义的做法。塞克斯都的目标是使得这两个论证的说服力——而不是其真正的优点——相互平衡。我们可以通过留意某个论证如何影响到我们所讨论的主题来被动地衡量这个论证的说服力。对于一个人来说,他很难将自己对某个论证的说服力所持的观点与这个论证客观上的逻辑力量区分开来。自我治疗并不会让你跳出自己心灵的框架。但是当塞克斯都对他人进行治疗时,他可以自如地为其谈话对象量身定制专门的谈话疗法。怀疑论者:

> ……希望通过言语来治愈他人,而其最好的结果是治愈教条主义者的自负和鲁莽。因此,正如治疗身体疾病的医生有不同强度的治疗方法,将强力措施应用于严重的患者,将温和手段应用于症状较温和的患者。同理,怀疑论者也提出不同强度的多种论证,并用那些有分量的、其严格性足以处理教条主义者的自负之疾的论证来应对那些由严重轻率而造成的麻烦,同时反过来用温和的论证来应对那些其自负症状仅是表面性的且容易治愈的人,以及那些通过温和的说服方法就能恢复健康的人。(1933a, III, 289—291)

塞克斯都所感兴趣的是一个论证的实际效力，而不是其**应有**的效力。他在叙述其演绎推理的经验时所表现出的冷静态度一如阿尔伯特·霍夫曼（Albert Hoffman）在其1943年的《实验室笔记》中写到关于麦角酸二乙基酰胺（LSD）的现象学时那样。

塞克斯都用相反的论证来平衡正面论证的方法只能以具体案例具体分析的方式来实行。为了方便起见，塞克斯都还提出了一种通用的论证模板，以帮助患者在与其他立场的论辩中达到平局的效果。当该患者逐渐成了一名全面的辩证家时，他就会彻底明白"理性完全就是个骗子"这一道理，并从此开始不再认真对待哲学论证。

塞克斯都无法对上述治疗型哲学进行断言。任何对某个命题下了断言的人都表明他确知该命题为真。与此对应地，塞克斯都严格地对他提出的哲学言论进行了限制。为了掩盖他偶尔可能犯下的小错误，他在自己的作品中写下了笼统的免责声明：

> 对于所有怀疑主义者的表述，我们必须首先理解这样一个事实，即我们对于他们的绝对真理没有做出任何的积极断言，因为我们认为他们可能会怀疑自己是否错误，并发现其自身甚至也在其怀疑主义的适用范围之内。正如通利药物不仅仅帮身体消除掉体液，还会将药物本身也与身体一起驱逐出去。（1933a，1，206—207）

塞克斯都宣称皮浪主义是一种生活方式，而不仅仅是一种学说。

皮浪主义不同于在阿尔克西拉乌斯接管柏拉图学园后蓬勃

发展起来的学园怀疑主义（Academic Skepticism）。作为新学园最重要的代表人物，卡涅阿德斯（Carneades）认为知识是不可能的。斯多葛学派曾反对称，怀疑会使人瘫痪。它会使人不知道该做些什么。新学园的怀疑论者回答说，我们可以根据概率（此处所说的概率是定性的，而不是帕斯卡和费马在17世纪所发明的定量化概率）而做出决定。

某些命题比其他的命题更加合理。许多当代科学家都属于这种谨慎温和的怀疑主义者。他们是可错主义者（fallibilists），相信我们对于任何事物的理解都有可能是错的。通过可检验的将观察和理论相结合的手段，科学家赋予不同的假设以不同的概率。随着新证据的出现，他们会不停地修正这些概率。科学就像是一张始终在被修理着的木筏。其间没有哪部分具有本质重要性。正是持续修理这一过程使木筏得以保持漂浮。

塞克斯都否认学园怀疑论者有权利广泛而概括地断言"知识是不可能的"。对"不存在任何证据去证明p为真"进行证明往往比对一个普通的定理进行证明更难。要想证明某一结论，人们只需要找到一个有说服力的论证。然而要想证明p既不能被证明也不能被证伪，人们就必须证明既不存在可以证明p的论证，也不存在可以证明非p的论证这一全称命题。全称命题比起单称命题要求更多的证明责任。因此，"知识不可能"的断言仅仅只是用消极的教条主义取代了积极的教条主义。

更为激进的是，塞克斯都认为把概率看作人生的向导这一观点是教条主义的。如果你要根据概率改变自己的想法，那么你需要在开展探究之前就分配下某种概率。然而这些先于探究的概率的分配过程是没有任何理由的。但要是这样，人们向某些命题分配比其他命题更高的地位这一做法就是没有任何根据的。而这种偏袒的做法是教条主义的。塞克斯都则把自己塑造成一种持开放心态的探究者，并拒绝承认任何信念比其他的信念更有可能为真。由于他不愿意承诺任何命题，他也就不愿意断言我们不具有知识。就我们所知，我们知道的与我们看似知道的一样多。

由于塞克斯都不愿意对前提下断言，他只能提出间接的论证。在**归谬论证**和条件句证明中，人们所做的仅仅是**假设**某个前提为真。塞克斯都将教条主义者的信念当作前提，然后将自己限制于内部批评——揭露出论证本身的矛盾之处或表明其对手的立场必然会推论出不可信的结果。塞克斯都并不寻求那种会使得他的对手从相信转变为不信的决定性论证。毕竟，不信只不过是相信命题之否定。塞克斯都鼓励中立的态度，而非鼓励不信。他考虑的不是赢或输；他在这个游戏上之所以花了很多时间，只是想展现出它的无意义性。

塞克斯都反对的是**哲学**信念，而不是日常生活中人们持有的信念。塞克斯都鼓励我们遵循表象，并敦促我们遵守本地的习俗和法律。这种保守主义包括宗教仪式，只要这种宗教虔诚不会转化成宗教形而上学或狂热主义即可。为了与他人相处，就随着他们吧。

塞克斯都在跟普通人的交往中并不在意宣称自己拥有知识。不过如果他受到哲学家的挑战，当这种谈话变得哲学化时，塞克斯都就会退回到声称在他**看来**自己拥有知识。

标准难题

塞克斯都的许多论证都是对他所处时代的流行观点——

斯多葛主义、原子论、亚里士多德主义——做出的具有针对性的反驳。他最有效的一般化论证被他自己称作"轮子"（the wheel）论证。如果你想从一堆苹果中筛掉坏苹果挑出好苹果，你就需要一个标准。但是你怎么知道这个标准是否能把好苹果评为好并将坏苹果评为坏呢？看起来如果你想要判断出该准则是否准确，你必须提前就已经知道哪些苹果是好的、哪些是坏的。但如果你已经知道了后者的话，你就根本不需要这个标准了！

现在请思考这一难题：如何从坏的信念中挑选出好的信念（得到辩护的信念或知识）。要想知道我们的判断标准是否准确，我们就必须能够独立地从坏的信念中挑选出好的信念来。但如果我们在还没有标准的情况下就可以把它们分类的话，那么该标准就是多余的。

标准难题陷入了经典的无穷倒退困境。以下4个关于辩护的命题看起来是合理的，但却是相互不协调的：

1. 有些信念是得到辩护的。
2. 一个信念只能通过另一个得到辩护的信念来辩护。
3. 辩护当中不存在循环的链条。
4. 所有辩护链条的长度都是有穷的。

认识论中的许多努力都可以被视为试图消除辩护中的倒退悖论。

认识论无政府主义者（Epistemological anarchists）拒绝命题1，即某些信念是得到辩护的这一假设。这种立场会推翻自身，因为它可以推出"没有信念是得到辩护的"这一说法本身也是没有得到辩护的。请注意这种无政府主义与卡涅阿德斯的概率主义是互不相容的。虽然塞克斯都不能断言没有信念是得到辩护的，但他诱使他的读者走向那些可以推出该结论的论证。

基础论者（Foundationalists）拒绝命题2，即每一个得到辩护的信念都以另一个得到辩护的信念为依据这一要求。斯多葛学派认为某些知觉判断是自明的真理。这使他们成为一则恶作剧中的笑料。在听到斯多葛主义者斯法埃鲁斯（Sphaerus）否认有智慧的人会认同单纯的意见之后，国王托勒密十四世秘密地在餐桌上放了蜡制石榴。当斯法埃鲁斯伸手去拿时，国王邀请所有人一起得出结论说，即使是有智慧的人也可能会认同虚假的显象。

塞克斯都通过展露基础论者自己都无法在哪些真理是自明的这一问题上达成一致而使他们感到尴尬。基础论者看起来像教条主义者，这是因为他们拒绝用论证来捍卫他们自明的命题。

融贯论者（coherentists）拒绝接受禁止循环推理的命题3。他们认为人们不能通过绕着一个小圈子进行论证来证明一个命题的合理性，譬如"塞克斯都是盖伦的同时代人，因此塞克斯都是盖伦的同时代人"。但是他们认为一些较大的圈子是可以用来为信念提供辩护的。

纳尔逊·古德曼（Nelson Goodman，1954）认为反思平衡法（the method of reflective equilibrium）是良性循环的：我们制定出一个普遍原则，再验证它是否符合我们对于具体情况的判断。当我们发现其间存在冲突时，我们必须决定到底是坚持一般原则还是坚持我们对于具体事例的意见。如果我们要去修正原则的话，就应该继续考量其他案例。我们应该反反复复地在一般原则和具体情况之间来回修订，并借此取得与事实越来越好的契合。即使我们的推理过程是在一个不断扩大的环中完成的，这一过程也能为我们反思过的信念提供辩护。

无穷论者则拒绝接受命题4，即所有辩护链条都应有穷这一要求。第一位也几乎是唯一一位支持这一立场的哲学家是查尔斯·皮尔斯（Charles Pierce，1839—1914）。大多数哲学家认为，长度有穷的辩护链条实际上无法回避无政府主义：生命有穷的思考者没有足够长的寿命来想出无穷长度的链条。因此，这种理论可推出有穷的存在者无法拥有任何得到辩护的信念。

直接论证的循环性质

直接论证是从断言性的前提推导出结论的论证。塞克斯都质疑直接论证是否能够理性地说服任何人。在《反逻辑学家》中，他提出所有直接论证要么会鼓励人们做出仓促的推理，要么就是多余的：

> 那么，我们通过什么方式才能够确定显然的事物与其看起来的样子一致呢？自然，要么是通过非显然的事实，要么是通过显然的事实。但是，通过非显然的事实来加以确定这种做法是荒谬的，因为非显然性不仅无法揭示任何东西，而且本身就需要某种东西来证明。而通过显然的事实来确定这种做法则是更加荒谬的；因为它本身就是我们正在讨论的东西，而任何正在被讨论的东西都无法证明它自己。（1933b，II，357）

苏格拉底劝告我们应该一直遵循论证，无论它走向何方。

但如果"遵循"意味着我们应该相信它,那么这就是一则糟糕的建议。忽略结论是否合理的做法相当于浪费了理解论证是否可靠的线索。这种挥霍是不理性的,因为它违反了我们的信念应该基于现有的全部证据这一要求。要是苏格拉底的结论是不可信的,我们就有充分的理由去怀疑他的论证的可靠性。塞克斯都提出了一个恰当的比较:"我们拒绝相信魔术师所施展的伎俩是真实的,而是清醒地知道他在欺骗我们,即使我们不知道他们是如何做到的。同理,我们也拒绝相信那些看似合情合理却本质上为假的论证,即使我们不知道它们错在何处。"(1933a,II,250)

我们将这种审慎与那些常识的提倡者联系了起来!例如,G. E. 摩尔(G. E. Moore,1873—1958)诉诸加权确定性(weighted certainties)原则。摩尔对怀疑论论证之微妙印象深刻,并经常发现很难从中找出谬误。尽管如此,他确信这些论证必定在某处存在着缺陷,因为其结论显然是错误的。例如,许多怀疑论的结论表明一个人不可能知道某个特定的物体是一根手指。

在我看来,可以用这样一种方式对这些观点进行充分的反驳:只需要指向那些我们确实知道此类事物的案例。毕竟,你确实知道这真的是一根手指,千真万确,毫无疑问:我知道它是一根手指,你们大家也都知道。而且我认为我们可以有把握地挑战任何哲学家,要么论证我们并不知道(这是一根手指)这一命题,要么论证("这是一根手指")这种说法不为真这一命题——前提是这样提出的论证并不在某处基于某个比起它意图要攻击的命题更不可信的前提。(1922,228)

摩尔似乎认为证明只有在不与根深蒂固的信念相对立的情况下才可能产生新的信念。换句话说，证明只有在推进到空白区域时才具有说服力，而在它需要取代先前就存在的信念或怀疑时就并非如此。但为什么总是信念传播进中立地带，而从不是反过来呢？中立地带并不是一种不具有任何积极性因果力的虚空。当一个赶时间的旅行者既不相信也没有不相信他走在正确的方向上时，这种中立性推翻了他相信自己会准时到达的信念。

但是，我们必须向摩尔承认，不相信那些会招致奇怪结论的论据这种做法没有任何不合理或不合逻辑之处。事实上，用逻辑类比来进行反驳这一教科书式的技法，是基于用我们对结论的了解来检验论证的可靠性这一做法的合法性。这项技法标志着我们在逻辑上的谦虚态度，谬论和诡辩曾带给我们的麻烦以及我们的同侪所犯下的许多逻辑错误为我们保持审慎提供了充足的归纳性根据。逻辑类比也可以被视为广为接受的反思平衡法的一种应用。我们在检验规则的过程中，应当以该规则所允许或禁止的某些具体推论在直观上是否合理为标准。如果某条规则将我们从直觉真理导向直觉谬误，那么我们就应该拒绝这条规则了。因此，正统的逻辑方法论是赞同先看结论的。

苏格拉底的戒律禁止我们在解释一个论证的错误之处时诉诸结论之不可信。这一策略与承认以下观点是相容的：结论的可信度对于判断论证是否有效而言是重要的。当编辑不向审稿人透露作者的身份时，编辑可以承认关于作者身份的知识会影响到对稿件的评估。作者的声誉在判断稿件质量中是一种快速且比较准确的指标。编辑可以在自己审慎思考的稍后阶段自如地用到这些信息。然而，编辑不会希望编辑的审稿人依赖作者身份（给出审稿意见），而且编辑不希望审稿人因此而有偏见。

编辑希望审稿人专注于稿件本身。

与此类似，哲学家们希望我们在试图找出悖论式论证中的缺陷时"戴上眼罩"。如果前提或推理过程确实存在问题，我们应该能够在不依赖结论的情况下就发现问题。正如诊断专家一样，哲学家希望基于原始情境的特征就可以预测出某个论证会失败。

教条主义悖论

在逻辑问题上拥有一定程度的谦逊是一件好事。但是我们如何避免塞克斯都将我们的审慎扩展成一种在逻辑问题上的瘫痪呢？吉尔伯特·哈曼（Gilbert Harman，1973，148）归于克里普克的一则谜题使得这个问题更加深刻。假设我相信我的朋友泰德会喝酒，而你试图反向劝说我："泰德对酒精过敏，因为没有对酒精过敏的人会喝酒，所以泰德不会喝酒。"我并没有被说服。我的推理如下：

1. 泰德会喝酒。
2. 如果泰德会喝酒，而你提出了一个可以推出泰德不喝酒的有效反证，那么这个反证必然有错误的前提。
3. 因此，如果你对"泰德会喝酒"这种说法提出了一个可以推出泰德不喝酒的有效反证，那么它就有错误的前提。
4. 你已经对"泰德会喝酒"这种说法提出了一个可以推出泰德不喝酒的有效反证了。
5. 因此，你的反证必然有错误的前提。

根据假设，我相信你在开始反驳之前所提出的第一个前提。我也完全相信第二个前提，因为它分析地为真[①]。由于第三个前提用到了肯定前件，我心里牢记了这个警告。为了推进你的反驳，你提出了对我而言显而易见的第四个前提。把第三和第四个前提结合起来并再一次用到肯定前件的推理之后，你得出了最终的结论。这种元论证可以推广至塞克斯都的"没有人可以被直接论证理性地说服"这一结论。

塞克斯都意识到，为"论证无法辩护任何东西"提供论证似乎太容易自我推翻了。然而，"论证无法辩护任何东西"并不是矛盾的，"塞克斯都论证到论证无法辩护任何东西"这一说法也不是矛盾的。因为这两个句子都是自洽的，所以塞克斯都并没有必要去否认它们。要是一个人揪着这个悖论不放的话，他就只是在纠结修辞罢了。

当然，塞克斯都并不是一个在修辞和逻辑之间划清界限的人。在下一章中，我们将专门讨论一位修辞学家，他用语用悖论模糊了两者之间的界限。

[①] 亦即这个前提无须借助任何实证的经验，单凭先验的逻辑就必然为真。——译者注

12

奥古斯丁的语用悖论

"我不可能开始写作这一章。"开头的这句话在我开始写作的那一瞬间就被颠覆了。然而我开头的这句话描述的是可能的事态。语用悖论（pragmatic paradoxes）是表现得像矛盾句或重言式的偶然句。在阿里斯托芬的剧作《云》(*The Clouds*)中，债务缠身的斯瑞希阿德斯向苏格拉底发誓说，如果苏格拉底能教给他诡辩术来逃避债主讨债的话，斯瑞希阿德斯就会给他一大笔钱。斯瑞希阿德斯承诺为关于如何背弃承诺的知识付出金钱，这看起来像是一种矛盾，但它并不像"某人承诺了某事，且没有人承诺了任何事"那样在逻辑上为假。毕竟，要是苏格拉底对他足够信任，以至于接受了其自我否定的保证，斯瑞希阿德斯是有可能会信守承诺的。语用悖论在希腊喜剧中十分常见。希腊的演说家们将它当作一种修辞手法。然而希腊的哲学家们却没有认真地对待过语用悖论。

奥古斯丁是历史记录中第一个辩证地用到语用悖论的人。与传统的悖论常常被用以攻击既定的信念不同，语用悖论通常被引用来捍卫既定的信念。

理性的批判

在伊拉斯谟于1509年发表《愚人颂》(*In Praise of Folly*)之前,最后一篇讨论怀疑论悖论的文献是奥古斯丁的《反学园论》(*Contra Academicos*)。身为一名优秀的修辞学学生,奥古斯丁(354—430)十分钦佩西塞罗对学园怀疑主义的呈现。不过,奥古斯丁在18岁时感到自己正在克服心中对于探究的恐惧,他选择成为波斯先知摩尼的追随者。摩尼教徒认为自己是基督徒。摩尼提出的教义有些像《星球大战》中尤达所说的那样:世界是两种宇宙力量相互争斗的道德竞技场。善的力量,也即光明,平等地对抗着恶的力量,也就是黑暗。也被等同于善的力量的上帝用着全力与恶交战,但由于他的对手太过强大而无法将其彻底消灭。通过这种阐释,摩尼毫不费力地解释了恶的存在。上帝并不能掌控一切。宇宙中所发生的事件说到底只能用两个相互冲突的超级主体来解释,而不是用宇宙中唯一全能的造物主来解释。摩尼教徒并不需要在物质实在和精神实在之间进行划分,一切都是有形的。摩尼教徒也并不要求其追随者有无条件的信念。摩尼教徒声称他们所持的全部信条都可以仅凭理性得到证明。

大约在383年,奥古斯丁得出结论称摩尼教徒夸大了他们的逻辑证据。此后他简短地回归到学园派怀疑主义之中。然而,一串串的概率无法满足奥古斯丁对确定性的渴望。他一度成了普罗提诺新柏拉图主义的一员。在此期间,他致力于想出对怀疑主义的回应。最终,奥古斯丁被宗教体验所感化,并由此皈依了他母亲信仰的基督教。而柏拉图的影响大部分都留存了下来。

奥古斯丁感到他只有在上帝的帮助下才能充分地回应怀疑论者。通过引用《圣经》，奥古斯丁断言亚当和夏娃犯下的原罪削弱了人类的理性力量。从他自己的经验出发，奥古斯丁认为人类经常拒绝接受他们持有的信念所推出的结果。虽然奥古斯丁明白自己不应该奸淫，但他曾祷告称："请赐予我贞洁和节制，不过请不要是此时此刻！"当他还是个小男孩时，奥古斯丁跟朋友一起从果园里偷梨子。他并非出于饥饿才偷梨，而只是为了非法侵入与盗窃所带来的快感。奥古斯丁不同意苏格拉底在知识与美德之间建立的关系。奥古斯丁相信人们会有意的甚至是故意的追求恶。奥古斯丁将他自己偷梨的事件看作鲜活的证据。从他自己的这一事例中奥古斯丁还得出结论称，人们之所以持有很多信念，经常并非因为它们都有充分的证据作为基础，而是因为这些信念可以给他们带来某些好处。对于哲学家来说，因为他们对自己的理性能力充满着骄傲与自豪，因此他们会非理性地坚持用理性来进行所有的探究。

奥古斯丁经常引用到《以赛亚书》第7章第9节。他把这段经文概述为"你若不信，则无法理解"。有的时候，这会被看作用权威的力量来为知识进行辩护的开端。为了了解这个世界，孩子们必须相信他们的父母，并信任他们的证言。他们不可能先去研究他们的父母是否是可信的信息源。随着孩子成熟起来，他们与朋友、老师和配偶之间形成了进一步的信任关系。这些关系提供给他们必要的基本信念，使他们理解更微妙的命题成为可能。一些断言必须被无理由地接受为理解其他断言的先决条件。

"你若不信，则无法理解"这一说法也被奥古斯丁用来强调理解的情绪维度。奥古斯丁坚称当他第一次阅读《圣经》时，他虽然知道每个词句的意思，但却没有真正理解它们。想要理解"耶稣是为你的罪而死"这一信条，你就必须有动机去按照它行事。这种动机需要感恩、敬畏、羞耻与爱的结合。这种种情绪都依赖于信念。无神论者不可能因为在雷击之中逃过一劫而对上帝怀有感激之情。他也不可能对自己的罪感到羞耻。无神论者无法持有任何具有神性的信念。

奥古斯丁认为理性在分辨出可信的权威与不可信的权威这一过程中起着重要作用。为了驳斥占星术，他叙述了一个女奴隶和一个女富人同时分娩的故事。奴隶的孩子和富人的孩子显然会有截然不同的未来。如果他们的未来只是取决于他们出生时的天体位置的话，那么根据占星术他们的未来就应该是一样的。

理性在辨别宗教典籍之真伪这一方面起着重要作用。教父们提出种种复杂的演绎推理来避免关于耶稣的伪造故事污染《新约》。即使疏忽而致的遗漏也可能会危害到《圣经》。1631年出版的一个由皇家钦定的《圣经》版本恰巧遗漏了一个词。这个遗漏使摩西十诫中的第七条变成"你应通奸"[①]。当伦敦主教向国王汇报这一错误时，所有错误的《圣经》都被紧急召回了，而出版者被处以3000英镑的罚款。

奥古斯丁不得不承认，即使神圣的文本没有受到错误或遗漏的危害，我们也需要借助理性来解释它。奥古斯丁认为"耶稣是一块石头"是一种修辞性的比拟，而"耶稣是光"则是真真切切的字面真理。

奥古斯丁所提出的理性在分辨权威的真伪方面是必要的这

---

① 正确的原文应作"Thou shalt not commit adultery"，即"你不应通奸"。——译者注

种让步观点令人感到痛苦。奥古斯丁对于理性与信仰之间关系的全部讨论都基于拉丁语版本的《圣经》中晦涩难懂的一句话（克雷茨曼，1990）。在现代的修订标准版《圣经》中，《以赛亚书》第7章第9节就不再那么悖论化了："你们若是不信，定然不得立稳。"

尽管奥古斯丁流传下了贬低理性的只言片语，但他本人就经常用到冗长的推理链条。他表达对于理性存在疑虑的方式是把每个演绎推理都包裹在一段祷辞之中。有时他会祈祷以期不犯下谬误。有时他则会祈求积极的引导。

祈祷可以帮助你提出更好的推理吗？我曾经在一次逻辑课考试中质问一名行为可疑的学生。他承认他正在祈祷获得正确答案。我感觉这是作弊。即使上帝并没有真给他答案，这名学生确实是在向"他人"祈求答案。

如果你相信存在一种知识渊博的、能够回应你所提请求的神灵的话，那么寻求其帮助是完全合乎逻辑的。从最古老的年代以降，古希腊人就相信我们可以通过祷告来提升自己的记忆力。就像吟游诗人会祈求他们能完整记住自己将要背诵的诗歌那样，苏格拉底祈祷以期能回忆起此前一天他想出的繁复辩词。他为能够顺利地发现"正义"的本质而祈祷，也为了在论证中获得一般的帮助而祈祷。柏拉图在开始证明神灵的存在之前先让雅典人为他祷告，以恳求神灵予以帮助，使得诸神的存在对于理性而言是显而易见的：

> 为了这项事业，如果我们要在某一刻向神灵祈求帮助的话，就应该是这一刻了。让我们将如下所述作为已被理解的：诸神已经被认真地援引来帮助我们证明他们自身的存

在，让我们将这祈祷作为给我们提供指导方向的绳索，然后投入到我们面前的论证之潭中。(《法律篇》，893 b1—4)

由于祷告这一行为本身就预设了众神的存在性，其意义只是用理性来对信仰加以补充。但即使是那些不确定神是否存在的人也可能倾向于祈祷，他可能会推理称，向神明祈求援助不会带来任何坏处，却可能会有所裨益！

奥古斯丁在其《忏悔录》(Confessions) 的开头就写下了一段祷辞。这则祷辞涉及了关于祷告的认识论悖论。一个人何以通过祷告认识上帝？为了能直接与上帝，而不是与其他人对话，奥古斯丁需要首先对上帝有所了解。但如果上帝只有通过祷告才能被认识，那么奥古斯丁将无法在祷告之前接触到他。如果一种文化已经被虚假的神祇所淹没，虔信者应当如何与真正的指导者交流呢？

新教则相对来说更少忧虑于祷告不能指向上帝这一可能性。当反战主义宣传者伯特兰·罗素在1918年到布里克斯顿（Brixton）监狱服刑时，门口的看守开始登记他的详细资料。看守问罗素："你的宗教信仰是什么？"而罗素回答："我是不可知论者。"看守人疲惫地叹了口气，将这个回答填写到纪录中，然而他为"尽管世上有许多宗教，它们所膜拜的说到底都是同一个神"这个事实而感到宽慰。第2917号犯人则说这一说法使得他在牢房里开心了一整个星期。

天主教知识分子拒绝偶像崇拜者、异教徒和佛教徒所崇拜的是同一个神灵这种说法。一个人若要被算作对上帝祈祷的话，他对上帝的信仰需要大体来说是切题的。虽然奥古斯丁没有构建他关于祷告的认识论悖论，但是当代的天主教徒则在赋予理性独立地理解全能者的能力这一问题上格外地小心翼翼。

追随着奥古斯丁设立下的范例,中世纪的哲学家通常在祷辞之中注入悖论的元素。圣安瑟尔谟(Saint Anselm,1033—1109)在这批哲学家中涉猎最为广泛。虔诚的哲学家把悖论用作其冥想之中的焦点,正如哲学教师用悖论来促进课堂讨论一样。奥古斯丁对罪感到头晕,而这种感觉使得他自然而然地在思辨的艰难过程之中点缀进如纯氧般的祈祷。凭借神圣的灵启,奥古斯丁可以让其堕落的感官得以复苏,以应对信仰的非凡考验。

在接下来的1000年之中,基督教哲学家在其工作当中持续祈祷。他们甚至通过祈祷来学习那些并不需要祈祷就可以知道的事情:约翰·邓斯·司各特(John Duns Scotus,约1266—1308)在《论作为第一原则的上帝》("A Treatise on God as First Principle")的开头写道:"请帮助我吧,主啊,助我明白:我们的自然理性可以在何种程度上理解你所是的真实存在……"

奥古斯丁的"我思"

奥古斯丁相信,单单凭借着理性就足以获得一些反对怀疑论者的知识。奥古斯丁在此的原创性往往受到了忽视,他认为我们有能力获得关于表象的知识。虽然苹果并不是黄色的,但是在一名黄疸病人那里它确实看起来是黄色的。与塞克斯都·恩披里柯不同,奥古斯丁将对表象的陈述视为具有真假性质的断言。塞克斯都认定言说者总是在尽力使得表象与外部现实相符合。当塞克斯都说出"在我看来,p"这种形式的句子时,他认为自己只是在表达一种感觉。当人们说到"哎哟"时可能是真诚的，也可能是不真诚的，但不可能是真的或假的。奥古斯丁的创新之处在于把关于表象的陈述理解成对于内部实在的报告。

奥古斯丁也认为我们可以理解诸如"如果西塞罗处决了喀提林（Catliniarian）反叛者的话，那么西塞罗处决了喀提林反叛者"这样的重言式。塞克斯都根本不愿意去攻击重言式，因为他认为它们算不上是断言。重言式并没有试图将表象与实在相匹配。当人们谈论天气时，他们并不是在预测"要么会下雨要么不会下雨。"重言式是空洞的评论，它与"要么……要么不……"的句式相类似。如果你不能使之为假，你也不能使之为真！

但奥古斯丁是对的。人们错误地拒绝重言式，同时也错误地接受矛盾。在归谬论证之中，你证明了假设中蕴含着矛盾，在此基础上，你断定该假设的否定为真。塞克斯都似乎经常认为他仅仅通过拒绝承认前提就能阻止证明。但是许多哲学论证并不使用前提，它们只是用到了推理规则。实际上，塞克斯都自己的内在批评就是符合上述模式的间接论证。当他用到条件句证明时，即使他并没有断言某种前提，他也会通过断言一个条件句命题来得出结论。

奥古斯丁所提出的第三等级的确定性（前两个等级分别是对表象的报告以及重言式）便涉及语用悖论。如果奥古斯丁说"我死了"，那么他的这一断言在语用意义上会是一则矛盾。但这句断言并不是语义上的矛盾——譬如如果我说出"奥古斯丁死了"这句话，我说了一个真理。

与语用矛盾相对立的是语用重言式。当我说"我醒着"时，我做出断言这个行为就足以证明这句断言为真。奥古斯丁认为，语用重言式可以被转化为对怀疑论者的一种回应。学园怀疑论者认为,关于何物存在做出的每一个判断都是可错的,因为人们可能仅仅是梦到该物存在。在《上帝之城》(*City of God*)中,奥古斯丁为一则例外感到兴奋:

> 我一点也不害怕学园哲学家的论证。他们说:"如果你被骗了该怎么办?"我要是被骗了,那就被骗了吧。如果一个人并不存在的话,他就不可能被欺骗;同理,如果我确实被骗了,那么我存在。如果我被骗了,那么我存在,那么我相信我存在时是如何被骗的呢?可以确定的是,如果我被骗了,那么我存在。由于被骗的这个人——我——即使被骗了也应该存在,所以我在知道我存在这个方面当然没有被骗。因此结果是,我也不可能在知道我自己知道某些东西这方面受到了欺骗。因为,既然我知道自己存在,那么我也知道这件事,即我知道我知道。(1872, xi, 26)

这是勒内·笛卡尔"我思故我在"(cogito ergo sum)的先驱。当有人向笛卡尔提到这段文字时,他在1640年11月14日给科尔维乌斯的一封信中回复说,奥古斯丁并没有用这个论证来表明"这个在思想的'我'是一个不具有肉体的非物质实体"。但是,在《论三位一体》(第10卷,第10章,第16节)中,奥古斯丁似乎倾向于得出上述结论,其依据的前提是他可以怀疑自己没有身体,却无法怀疑自己没有心灵。

笛卡尔声称他从未听说过奥古斯丁的"我思"。笛卡尔在拉弗莱彻(La Flèche)所接受的天主教教育使得他的这种说法不太可能为真。奥古斯丁的著作在笛卡尔的耶稣会教员那里很受欢迎。在诸如《论三位一体》和《上帝之城》等广受研习的作品中，奥古斯丁共7次讲到了他的"我思"概念。

奥古斯丁之于笛卡尔《沉思集》大致上的先驱地位并不意味着他尝试着系统地建立一种完全符合笛卡尔风格的哲学。笛卡尔显然是一名更具有精确性和组织性的思想家。然而，奥古斯丁对于笛卡尔的思想来说显然并不仅仅是碰巧预告到了而已。

塞克斯都·恩披里柯知道如下这种论证的存在：你无法否认你灵魂的存在，因为你必须拥有灵魂才可以做出这个否认。塞克斯都低估了该论证的重要性，因为他并没有像奥古斯丁那样关注心灵的内部领域与外部物质世界之间的区别。

奥古斯丁是一个前所未有的内省者，即便对于一名预见着世界末日的基督徒来说也是这样。奥古斯丁是第一个为"他心"提出类比论证的人。(《论三位一体》第8卷，第6章，第9节) 通过内省，他看出自己的行动与感受、思想息息相关。由于其他人也在进行同种类型的行动，奥古斯丁推断他们在做出这些行动时与他所拥有的感受和想法是相似的。

类比论证支持了移情方法。一名历史学家可以通过假定本人与亚历山大拥有相同的信念和欲望来理解亚历山大大帝做出的决定。该历史学家可以想象着透过亚历山大的眼睛来巡视战场，并且复刻他的思维。

心理模拟只有以各方真正相似为基础才会有效。在亚历山大征服埃及之后，波斯国王向亚历山大提出了好到难以置信的议和条款。亚历山大向他的将军帕梅尼翁寻求建议。后者回答说："如果我是亚历山大的话，我会接受这些提议。"亚历山大则反驳道："如果我是帕梅尼翁的话，我也会接受的。"

奥古斯丁并不对基于单个案例（也即个体的案例）来对其

他人的心灵进行推断这一做法感到忧虑。如果我在我的帽子里发现了一只跳蚤,我就有证据证明其他某人的帽子里也有跳蚤。但是"我"这一样本太小了,不足以支持"每个戴帽子的人帽子里都有跳蚤"这一假说。奥古斯丁知道,对于他自己而言,他的呻吟是由他所经历的痛苦引起的。但是,有什么凭据能让他推断这种说法对于其他所有人都成立呢?奥古斯丁需要更大的样本。说到底,他所能反思的只是他自己的心灵。

从逻辑的观点看,唯我论("只有我存在")是一种直截了当的选择。但是,对于正常人来说,"世上只有你拥有心灵"这一假说几乎是不可想象的。唯我论一直被看作一种不友好的想法,在约翰·斯图亚特·密尔(John Stuart Mill,1806—1873)开始整理各种模式的归纳推理之前,没有人认真对待它。密尔是一位极端的经验主义者,也是一位现象主义者,他努力地解释我们何以知道其他人也具有经验。密尔认为"自我"只是一堆现实的与可能的经验之集合。托马斯·里德(Thomas Reid,1710—1796)在早些时候反驳道,如果自我不是实体的话,那么没有人能够判断其他个体是否具有经验。密尔的回答是,现象主义并不会在确定他心是否存在这一方面引入任何额外的困难。他建议人们通过类比的方法去证明在他们自己之外存在心灵。

密尔不得不承认,如果证据只能在一个人自己的案例中提供有效的关联,那么"推论就只会是一种假说,其等级仅仅能达到被称为'类比'的归纳证据所占据的次要地位。然而,证据并不仅仅止步于此"。(密尔,1979,205)密尔更进一步地坚称道,他心存在的真实证据源于我们所具有的如下知识:我们的心理事件与身体事件通过法则相互联系。艾萨克·牛顿并不需要通过抛落各种各样的物体来证明每个物体都为其他物体所吸引。人们也不需要直接通达其他人的经验来理解将经验与行为结合在一起的法则。随着哲学家们越来越多地信服里德和密尔的否定性言论，并且不那么被其肯定性言论所说服，他心难题就变得更加令人担忧了：诚然，现象主义并没有给出任何使我们相信他心存在的基础。诚然，这不是现象主义所特有的问题。但必须承认，现象主义缺乏证明这种推理本身的合理性的资源。在此处，常识具有同样的重要性。天呐，对他心的信念就像一种无条件的信仰！这是任何理智的人都难以忍受的教条，但它仍然是一则广受信仰的教条。

"我是否知道其他人拥有心灵？"这一问句本身就是一则悖论——这则悖论在人们认识到它是悖论之前，就已经存在了1500年，并一直被人认真地回答。直到19世纪，哲学家们才发现对于该问题的否定性答案存在着好到令人惊讶的论证。

奥古斯丁的主观时间理论

奥古斯丁使用基督教教义来应对怀疑论悖论。然而，基督教本身就会产生悖论——至少对基督徒而言如此。（这种现象是普遍的，几乎所有为了解决悖论而引入的工具都会转而成为其他悖论的主题。）

为了反对摩尼教教徒，奥古斯丁不得不把上帝描绘成全能的。而从这之中就产生了"恶的难题"。如果上帝知道恶的存在，并且有能力阻止它，但他没有去阻止，那么他怎么能是全善的呢？

奥古斯丁提供了两个不甚协调的答案。他所给出的新柏拉图主义答案称：严格来说，恶并不存在。真实存在的就是善的。我们所称之为恶的（譬如失明、贫穷或绝望）是某些东西的**缺乏**。它们是实在的不同程度，恶是存在当中的一道裂缝。

奥古斯丁所提出的更经典的基督教式解决方案宣称：拥有自由意志的人类需要对恶负责。上帝给了人们控制权，而人们却经常滥用这些权利。上帝向我们赐予了这种自由并不意味着他会对我们所做出的不端行为感到惊讶。由于上帝是全知的，所以他向来都知道夏娃会诱使亚当从禁忌的知识之树上偷吃一枚苹果。自始至终上帝都清楚地知道人类堕落的整个过程。那么，为什么上帝明知道人类会让他失望还要创造这一物种呢？

制船工有时明知其所制造的船只容易着火也会制造出这些船只。其选用的木材在工程意义上具有这一局限。上帝是否会屈服于原材料本身所带来的局限呢？

根据奥古斯丁的观点，不会。根据《创世纪》，他否认上帝在创造的过程中用到了任何在其作为造物主开始创造活动之前就存在的材料。上帝是从无到有地创造了整个世界。在《蒂迈欧篇》（*Timaeus*）中，柏拉图则允许造物主德穆革（demiurge）通过组织先前就存在的混沌状态来开创宇宙。但每个生活在古代的人都认为宇宙不可能有开端。

摩尼教徒向基督徒询问上帝在创造宇宙之前在做些什么，以此来嘲讽基督徒。如果上帝处于等待状态的话，那么他就是在游手好闲。而且他还会是一个随意的闲人，因为并没有道理选择在某一个时间点，而不是另一个时间点开始创造世界。

奥古斯丁回答说，上帝是在创造其他一切的同时创造了时间。因此，他并不认为时间取决于周期性的公共现象之存在，例如行星的运动。我们可以将之理解为没有任何**物理**事件发生的状态。例如，我们可以知觉到长时间的沉默。而超越我们想象力边界的是，时间会在没有任何**精神**变化的情况下继续流淌。

奥古斯丁警告说，如果我们把时间视为一种独立于心灵的现象，那么我们就会陷入一种测量悖论（paradox of measurement）。客观上的现在是过去和未来之间的界限。如果该界限具有时间上的长短的话，我们就可以将"现在"的前半部分划分给过去，并将其后半部分划分给未来。但是**过去**的情况不等于**现在**的情况，而且**未来**的情况也不等同于**现在**的情况。因此，客观上的现在必然是一个没有时间长短的瞬间。由于过去不复存在，未来尚未存在，因此，根据客观的模式，事物仅仅存在于当下的一瞬间。不过稍等一下，若要衡量言语中一个句子的长度的话，我们必须从该句子的开头听到其结尾。所有的话语所需的时间都长过一瞬间。因此，我们就不可能得以测量语句的长度，乃至其他任何东西的长度！

奥古斯丁认为这一结果是荒谬的。他认为我们犯下错误的步骤可以追溯到根据客观的现在来进行测量这一尝试。测量所要求的是主观的现在，20世纪早期的心理学家称之为"似是而非的现在"（specious present）。有些人测量出"似是而非的现在"的持续时间为6秒，而其他一些人将其测量为12秒。当门铃响起"叮咚"两声时，你会把"叮"声和"咚"声视为一个单一模式。与此类似，较短的旋律和句子可以被我们当作单个的数据块来理解。当声音变得太长时，你才开始必须依靠记忆而非依靠知觉。根据奥古斯丁所开创的主观时间理论，过去与我们的记忆相对应，现在与我们的知觉相对应，而未来则与我们的预期相对应。我们可以测量"似是而非的现在"的间隔，因为它确实有一个持续的时长。

由于观察者的知觉跨度不同,"现在"的含义对于观察者而言也是相对的。由于人类的知觉跨度小于一分钟,所以"现在"的长度是不到一分钟的。过去则很长,未来也很长。

上帝则拥有无穷的知觉跨度。一切存在对于他而言都处于现在当中。他可以通过全景式的一瞥而透视整个宇宙的全部历史。如果我们将"过去"相对于上帝而言,过去就不存在。因此,上帝不能真正地"等着"创造世界。如果我们将"未来"相对于上帝而言,那么未来也就不能存在。因此,上帝不是像字面意思那样对亚当和夏娃的恶的决定有所**预知**。上帝之全知特性来源于其所知觉到的东西,而不是其所预测的东西。

我们自然倾向于将我们的时间词汇设定为相对于人类视角的。这对理解日常事务来说没有问题。但是,如果我们希望解决神学上的悖论,我们就必须将时间尺度延长到令人难以置信的永恒领域。奥古斯丁同意这种延长对于一个仅能凭借自己力量的人类来说可能要求过高了。但是如果你伸出你的手,主就有可能会握住它,并引导你走向永恒的视野。

13

阿奎那：上帝可以有传记吗？

在《上帝：一部传记》（*God: A Biography*）一书中，身为前耶稣会信徒的杰克·迈尔斯（Jack Miles）谨慎地将他作传的对象置身于文学中："我在这里写下关于我主上帝的经历，是将他作为，也只作为一部世界文学经典——《希伯来圣经》或《旧约》——的主人公。我所写的我主上帝并不是宗教信仰的对象。（虽然我也不会反对这样一种观点。）"（1995，10）迈尔斯不想冒犯基督徒或被视为亵渎神明者。他决定讨论作为文学角色的上帝，而不是上帝本身。

奥古斯丁在写作中所担心的是他无法指称上帝，而迈尔斯所担心的则是他指称了上帝。奥古斯丁试图用神学来确保他会指称上帝，而迈尔斯则用文学理论试图避免指称上帝。

永恒不变性

《旧约》似乎为迈尔斯提供了充足的材料，用以写作一部情节丰富的传记。但如果上帝确实像奥古斯丁及以托马斯·阿奎那为巅峰的中世纪传统所坚称的那样是永恒不变的，那么上帝的生命历程就不可能由一系列更迭的事件所组成。对于上帝来说，一切都处于现在——一个瞬间性的整体。正如波伊修斯（Boethius，480—524）在牢房里写到的那样：

> 因此，永恒就是彻底地、完全地、无尽地拥有生命，这种状态在与时间范畴的对比之中显得更加清晰——任何存在于时间之中的生命都存在于此时此地，且从过去走向未来。居于时间之中的任何东西不可能在某一瞬间通观其整个生命长度。在得以理解翌日之前，它就已经流失掉了它的前日，甚至在你今天的生命之中，你们人类所存活的只不过是短暂而易逝的瞬间。因此，任何居于时间框架之内的事物，即使它没有开始，也永远不会消失，即使它的生命在时间上无穷延伸，正如亚里士多德认为世界所是的那样，也不能确切地被看作永恒的。因为它在一瞬间无法通观并拥抱其生命的全部跨度，即使它的生命并没有尽头。未来是它还未拥有的，而过去对于它已不复存在。（2000，110—111）

故事的主人公若是永恒不变的，那么这则传记就是无趣的。迈尔斯指出，《圣经》中的相当一部分篇幅都把上帝描绘成在时间之中行动的：创造、摧毁、诅咒和欣悦。他认为永恒不变性学说是后人强行从亚里士多德那里引入到基督教义之中的。

然而，在12世纪下半叶，亚里士多德的形而上学才进入了中世纪学者的视野之中。在此之前，奥古斯丁关于上帝永恒的教义已经根深蒂固地存在了800年之久。虽然奥古斯丁通过普罗提诺而受到了柏拉图的影响，他所论述的上帝与时间关系的理论是基督教所做出的创新。

阿奎那（Aquinas，约1225—1274）担负起了将亚里士多德的哲学融入基督教教义的责任。他主要用亚里士多德所划定的区分与所提出的原则来巩固既有的天主教教条。阿奎那是名温和派。他尝试在极端的观点之间寻找真理。他对于从古希腊引进新奇思想的做法并不感兴趣。阿奎那的目标是在整体层面上建构综合性的理论体系，以应对来自穆斯林、犹太人和异端的学术挑战。他面对悖论时的态度是十分平静的："既然信念依赖于不可错的真理，而且既然真理的反面是永远无法被证明的，那么很明显那些反对信仰的论证不能被视作证明，而应该被视作可以被回答的难题。"（1929，Ia. I. 8）

阿奎那的保守态度激怒了伯特兰·罗素：

> 阿奎那没有什么真正的哲学精神。他不像柏拉图笔下的苏格拉底那样愿意始终跟随论证，无论它会走向何方。他所从事的并不是一项结果无法预先知道的探究。在他开始哲学思考之前，他已经知道真理了——也即天主教信仰所宣称的内容。如果他能为其信仰的某些部分找到明显合理的论据，那就更好了；如果做不到这样的话，他也只需要退回到倚赖于启示即可。为预先既已给出的结论寻找可用的论证这一做法不能算作哲学，而只能算是某种特殊的申辩。因此，我无法承认他有资格被视为与希腊或现代的一流哲学家处于同一水平之上。（1945，463）

无论阿奎那的地位如何，无可否认的是他在对理论进行统一这项事业上取得了惊人的成功。在被抵制了一段时期之后，阿奎那的理论被确立为正统。1917年版《天主教法典》（*Code of Canon Law*）中提到的唯一一个人名即是阿奎那。与第二次梵蒂冈大公会议相呼应的是，1983年版《天主教法典》宣称受训之中的神父应该"尤其以阿奎那为师"。

阿奎那承认，永恒不变性理论要求人们把《圣经》中对上帝的叙述视为隐喻性的。在他之前，奥古斯丁已然讨论过在《圣经》的某些段落中上帝似乎会改变自己的想法："然后耶和华的话传到撒母耳那里：'我后悔使扫罗成了王。'"（《撒母耳纪·上》，第15章，第10—11节）奥古斯丁处理这些段落的方式是区分上帝改变了自己的意志和上帝意在改变这两种情形。一位父亲如果安排好了在一周之中的每顿晚餐都轮换着让他不同的孩子坐在他右边的话，他并不应该被看作每天都在改变他的想法。与此相似，上帝立扫罗为王，扫罗气数已尽并不意味着上帝改变了自己的想法。

根据阿奎那的说法，永恒不变者的意志从一个时刻到另一个时刻的改变，只可能是像方尖碑从底部到顶端由粗变细那样。上帝是无动于衷的；没有任何事物能致使他去做任何事情。这一性质是由其全然实现之特性所确保的——如果某一性质是他可能拥有的，那么他就必然在现实上拥有这一性质。

虽然上帝无法拥有大多数情感，但他拥有着知识。上帝的全知性更强化了他并不做出任何决定的观点，他已然知道了会发生什么。

上帝有生命吗？

如果生命要求变化，并且上帝是永恒不变的，那么上帝就不可能具有生命。他可能就像是一种力，譬如引力。但引力并不适宜作为一部传记的主题。

托马斯·阿奎那大胆地论证说,上帝具有至高无上的生命。生物体是凭借其居于自身之中的运动原则而具有生命的。他们是"自动者"(automobiles)。因为上帝是万物之因,所以他必然拥有最高形式的生命。

人们可能会怀疑阿奎那在此犯了起源谬误(genetic fallacy),即推断称源头与结果具有相同的属性。天文学和生物学界达成了共识:太阳是地球上所有生命的源头和维持者。太阳控制着地球和太阳系所有其他行星的运动。但这些事实并不能推出太阳具有任何程度的生命。

阿奎那将上帝视为**整个**宇宙全知的造物主。阿奎那对上帝之存在的证明是将整个宇宙视为一个巨大的客体。他提出了一些简单的问题:宇宙是从哪里来的?又是什么使得宇宙得以持续存在?根据阿奎那的说法,上帝有意识地对受造物加以组织,并吸引着一切事物朝向其自身。

阿奎那所持有的上帝具有至高无上的生命这一论点同时也与他对否定神学的同情相矛盾。否定神学认为对上帝的描述只能是否定性的。"上帝是有智慧的"这一表述只能意味着上帝不是愚蠢的,不是莽钝的,不是无知的。我们只能将肯定性的属性应用于我们能有所经验的物质性事物上。然而,"具有生命"指示的是一种肯定性的属性。

上帝具有生命这一宣称所带来的难题并不仅仅困扰着神学家。当杰克·迈尔斯说到上帝具有生命时,他希望自己的观点能被解释为"根据《旧约》,上帝是具有生命的"。这就是为什么迈尔斯在写作《上帝:一部传记》一书时可以自由地忽略历史。迈尔斯的书是一本虚构化的传记。如果《旧约》的记述被证明是准确的,那么这本关于上帝生命历程的虚构性编年史就将会成为对了解上帝实际生命历程的有益指导。那它真的会是关于上帝的吗？一部其内容在偶然之中与阿奎那的生命历程恰好重叠的伪传记不应被看作关于阿奎那的。单是传记内容与人物经历之间的相似性还不够。但是，如果旧约的准确性是来自它所宣称的来源[①]，那么杰克·迈尔斯所提及的"上帝"和上帝本身之间就会存在合适的因果联系。在这种情况下，迈尔斯就在无意之中写出了一部确实关于上帝的传记。

阿奎那认为我们有能力认识到"上帝是具有生命的"这一表述是字面意义上的真理。然而困难在于，我们无法理解使得该表述得以成立的事态。请考虑如下情形：一个女孩的父亲告诉她，她有两个兄弟，而他们彼此不是兄弟。即使她毫不怀疑这一启示的真实性，但她仍然会困惑于"这是什么意思"。她可能会尝试画出一个家谱，以期找出在何种情况下可以产生这种结果，却只能徒劳无功。她准确地将这里存在的问题解读为自己想象力的缺乏，而不将其作为理由用以怀疑那条宣称她拥有两个彼此不是兄弟的兄弟的启示。

无时间性与永恒

在《圆周率的历史》(*A History of π*)中，彼得·贝克曼(Peter Beckman)记述了圆周率π的历史：它最初被数学家假定为一个有理数，而在此后才被看作一个无理数。但是在此过程中，π没有经历任何真正的变化。π所拥有的每个内在性质对于π来说都是必要的。因此，由于π不能在某一时刻具有

[①] 即来自上帝的启示。——译者注

某一性质，而在另一个时刻不具有这一性质，故而π是永恒不变的。

在认定上帝具有超越时间之特性的信徒看来，上帝就像是一个数字。上帝所拥有的全部属性对他来说都是根本的。上帝不能改变他的主意或停止做任何事情。作为一个完善的存在者，他没有变得更好或者更坏的可能。他也是绝对简单的，因此他不能获得或失去任何部分。关于上帝的事实是可以改变的，但改变的原因必然在上帝之外。例如，上帝不再通过犹太人的动物祭祀来彰显荣耀。但这种改变是犹太人的变化，而不是上帝的变化。上帝只可能在一种轻微的意义上获得新的性质，就像一个数字获得新的性质那样。

上帝的无时间性会在语法上带来问题。"π是一个超验的数字"（π is a transcendental number）中的"是"（is）是不具有时态的。把某一数学命题批评为"过时的"这一做法本身会构成一则语法笑话。数学之中的"是"（is）从未被赋予任何时态。与此类似，关于上帝本质的辩论也在语法层面上有所体现。当弗里德里希·尼采以现在时态说到"上帝已死"时，他正是在猛烈抨击非历史的神学。

也许贝克曼接下来将写出一本名为《圆周率的地理》的书。毕竟，基于圆周率设计出的轮子和建筑占据着空间。类似之前提到的，对于π之位置做出的评论必然会被阐释为在间接地对那些受到π影响的物质性事物加以评论。如果上帝像是一个数字，那么"上帝在哪里？"就会是一个错误的问题。奥古斯丁的《上帝之城》（City of God）也就不可能是在讨论上帝的居所了。

但阿奎那认为"上帝在哪里"这一问题是有答案的："他无

处不在。"因为上帝无处不在，所以上帝不能移动。阿奎那并不将上帝视为超越时间的，而是将上帝描绘成居于一个不囿于过者或未来的"大写的现在"（a big Now）之中。上帝不能像我们那样随着时间之变迁而移动。在某些情况下，阿奎那会与那些相信上帝具有无时间性的人一样，利用上帝在时间之中的这种静态性质来解决问题。例如，当试图表明预知与自由意志互相兼容时，阿奎那会以一种仿佛动态的时间不适用于上帝的口吻来讨论。

然而，当阿奎那讨论其他问题（例如潜能）时，他则会认定上帝的知识和能力会随着时间的推移而改变。时间的变迁会缩小可能性的领域。上帝可以帮助女人保持她的童贞，但不能恢复她的童贞。因此，上帝的能力是受到时间的限制的。

托马斯主义者们努力尝试为阿奎那的言论提供自洽的阐释。然而我怀疑他受困于有关时间的语言中所蕴含的精神分裂症。自中世纪以来，这种双重本性被一点一点地暴露出来。在阿奎那去世700年后，一名英国哲学家终于首次将这一问题完全展现了出来。

流动的时间 VS 静止的时间

一般来说，孩子们在尝试做出回答却不能取得任何进展之后，就会放弃哲学问题。但也有一些例外。与阿奎那一样，约翰·麦克塔加特（John McTaggart，1866—1925）是一名早慧的、让人难以理解的男孩；他曾沉陷于有关全能者的思考。与阿奎那不同，儿童时期的麦克塔加特成了一名无神论者，这引起了周围人的惊愕，尔后他的同学们相信他已经疯了。

令人惊讶的是，麦克塔加特将他的无神论信仰与对不朽的信念结合了起来。这种信念来自他的神秘体验。麦克塔加特在他的整个哲学生涯中致力于构造论证，用来证明那些他认为曾经被独立地启示给他的结论。

在1908年，他发表了题为《时间的非实在性》的论文。麦克塔加特指出，我们用于"时间"的词语可以被区分为两个序列。他所称的A序列包括过去、现在和未来。麦克塔加特所称的B序列则由早于、同时于、后于组成。他指出A序列表明时间是流动的，而B序列是静态的。未来的事物会流变到现在，最终变成过去。A序列指导着我们的情绪：一位新晋母亲在分娩后高呼道："谢天谢地，终于结束了！"她之所以高兴，是因为她的分娩已经处于过去了，而不是因为她的分娩早于某一特定日期或时刻。A序列也指导着我们的行动：如果某人知道应该在正午给婴儿喂食，那么这一知识只有在这个人相信**此时此刻**是正午的情况下才会指示他去喂食。

麦克塔加特认为A序列（**过去，现在，未来**）比B序列（**早于，同时于，后于**）更为基础。他将"x早于y"定义为"要么当y处于现在时x已经处于过去，要么当y处于未来时x处于现在"。在此之后，他论证称A序列是主观的（因此B序列也是主观的）。麦克塔加特同意奥古斯丁的观点：测量悖论证伪了时间的客观性。但他认为奥古斯丁将"过去—现在—未来"与心理序列"记忆—知觉—预期"这两个序列等同起来的做法使得时间具有恶性的主观性。时间对于不同的心灵不会不同。如果你的知觉广度从童年开始不断增加，那么在"现在"这一持续时段之中知觉广度也不会有相应的变化。如果时间存在的话，那么就必然存在一个单一的视角——从这个视角来看，所有关于时间的陈述都可以被统一起来。由于这样的视角并不存在，时间只能是一种错觉。

麦克塔加特对于时间的不真实性提出了一系列有趣的论证。这些论据之间的关联之处在于它们都利用到了A序列和B序列之间的对立关系。形而上学家们宣称，麦克塔加特说明了整个时间悖论家族的概念起源。从反思的角度而言，许多早期的形而上学家可以被视为在对A序列和B序列之间的不协调做出回应。

整体看来，阿奎那所写的内容通常使得B序列比A序列更为基础。大多数20世纪的思想家都同意阿奎那对B序列的偏好。他们在指示性术语"这"（this）的帮助之下，基于B序列来定义A序列。在其中一种方案中，"现在"意味着与话语的说出之时是同时的，"过去"意味着"早于"该次话语说出，"未来"则意味着"晚于"该次话语说出。鉴于有关光速以及声速的事实，人类自然而然地会用"过去—现在—未来"的序列对时间加以组织。请想一想，正是航行中的现实需求促使我们制定出了经纬度系统。这个想象中的网格将复杂的地理事实组织了起来。赤道和本初子午线之间的关系可以用精确的数学方法来研究，就像A序列中隐含的"时间逻辑"一样。但是该系统始终是一个有用的虚构体，而不是对于现实的X光照片。

毕达哥拉斯学派将可采用数学分析方法作为真理的标志，而麦克塔加特则将日历和秒表的精确度视为人造秩序的标志。我们所"发现"的秩序是我们将自己的符号体系投射到现实世界的结果。

这种约定论在阿奎那的时代就已经深深扎根了。中世纪的唯名论者拒绝接受柏拉图的共相领域，并且将词语分析为在习俗之外没有别的基础的东西。他们相信我们经常把人类的手误解为上帝之手。正如我们将在下一章中看到的，对这类错误的指责很容易升级为对渎神和异端的指控。

14

奥卡姆与不可解问题

苏格拉底认为自由的探究是解决悖论的最佳途径。如果你坚持遵循一种神圣文本的话,自由探究就不是一个可供选择的选项了。那些信条将引导着探究的方向。在通常情况下,这种做法的结果是令人窒息的。本章讨论这种"通常情况"的一个例外。

1277年的教义风暴

在奥卡姆的威廉(William of Ockham,约1285—1349)出生前9年,一位逻辑学家被选为教皇。西班牙的彼得(Peter of Spain)成了教宗若望二十一世;他曾写过三篇逻辑学论文。有一些学者不确定该位名为彼得的逻辑学家与那位教皇是同一个人。但如果不是的话,彼得的《逻辑大全》(*Summulae Logicales*)成了接下来的300年中最受欢迎的逻辑著作,并一共付印了166个版本这一事实就会是一个难以解释的奇迹了。

西班牙的彼得区分了两种用以分析包含"无穷"一词的句子的方式,他的这种区分产生了极大的影响。根据一种温和的解读,"已死去的人的数量是无穷的"这句话的意思是,对于每个自然数n，都存在一个历史阶段，使得在这一阶段中已死去的人的数量大于n。而根据一种更成问题的解读，"已死去的人的数量是无穷的"意味着存在着一个历史阶段，使得对于任意自然数n，已死去的人的数量都大于n。彼得建议通过选择前者来消除无穷悖论。彼得的这一提议可以被看作是用一种语言学的区分来取代亚里士多德在潜在无穷和现实无穷之间所做出的形而上学区分。通过将这种区分限制于语法层面之上，彼得避免了亚里士多德所面临的解释为什么潜在无穷不能转化为实在无穷这一难题。

像20世纪的语言哲学家一样，彼得倾向于用语言，而不是用事物来表述问题。他对于异教徒的宇宙学说尤其持有怀疑态度。彼得偏好奥古斯丁多过偏好亚里士多德。为了继续他的研究，这名教宗在其位于维泰尔博（Viterbo）的宫殿中专门增设了一个私人房间。但是当他正在他的新房间里工作时，天花板突然坍塌了。不到一个星期后，教宗若望二十一世因伤去世了。

在天花板坍塌事故发生之前5个月，教宗若望二十一世委托巴黎主教艾蒂安·唐皮耶（Etienne Tempier）就巴黎大学的激进亚里士多德主义者是否是异端开展调查。除托马斯主义者之外，巴黎大学还有像布拉班特的西格尔（Siger of Brabant）这般的人物。虽然阿奎那认为基督徒在所有关键问题上的辩论和希腊人（至少）打了个平手，但是西格尔认为亚里士多德的伊斯兰评论家已经证明，理性更加支持宇宙拥有无穷的历史这一看法。因此，西格尔坚持认为，信仰有时必须**违背**理性（而不仅仅是**超越**理性）。在艾蒂安·唐皮耶主教关于"拉丁阿威罗伊主义"（"Latin Averroism"）的219项命题发布了详细到出人意料的谴责文书之后，西格尔不得不逃离巴黎。根据传闻，他此后遭到了谋杀。亚里士多德主义者担心罗马教廷会对哲学再次犯下罪行。

巴黎主教的所作所为显然超出了其上级的指示,但是教宗若望二十一世表示认可他对亚里士多德主义所做的打击。从负面的角度来看,1277年大谴责开创了贬低、抨击亚里士多德的传统,而直到很久之后亚里士多德主义者才能重新确立他们的地位。在1536年时,法国逻辑学家彼得·拉穆斯(Peter Ramus)提交了一篇文学硕士论文,其标题据称是《亚里士多德所说的一切都是假的》。彼得·拉穆斯在接下来的30年之中继续对亚里士多德加以贬低。当这位法国逻辑学家在圣巴多罗买大屠杀(Massacre of St. Bartholomew)的第三天被杀害时,有报告称拉穆斯是被他的学术对手雇用的刺客杀害的。

1277年大谴责坚定地重申了上帝的全能性:上帝可以做出任何逻辑上可能的事情。亚里士多德的自然必然性学说没有对神灵的行动范围加以限制。亚里士多德认为自然界憎恨虚空,但是由于上帝可以有创造虚空的能力,所以基督教物理学家有义务严肃对待虚空。

基督教精英看待清洗的态度很类似于森林护林员看待得到控制的焚烧的态度。诚然,这种操作会带来对毁灭的直接恐惧。但清除老旧的死木会给树木更清新、更安全的生长腾出空间。1277年大谴责使许多基督教学者免于回应亚里士多德这一令人窒息的责任。在这种条件下诞生了一批新的物理学思想实验:如果在没有空气的玻璃圆筒中同时扔下羽毛和石头会发生什么?它们会同时到达底部吗?人类可以直接看到真空,还是需要通过某种媒介才可以?如果光速是无穷的,那么天体看起来会如何?

与此同时,逻辑学进入了黄金时代。这次大谴责带来的意想之外的好处是：一场科学革命进入了孕育阶段，可惜它此后由于黑死病的爆发猝然而终。

在此之后，运动和知觉的研究人员可以自由地对常识加以质疑了，这些常识的地位曾被亚里士多德非常巧妙地增强。1277年之后的学者可以选择直接无视亚里士多德，而非必须以幼稚的理论来与亚里士多德较量。

这些被解放的理论家同时也可以忽视大多数神学。在智识迫害猖獗的时期，谨慎的思想家必须要通过高度的专门化来保证自身的安全。他们慢慢才开始对他们所研究的深奥话题产生内在兴趣。他们声称他们所做的研究与宗教上、政治上的争端并不相关。为了获得额外保护，这些专业化的基督徒还声称他们的研究与相近的研究领域也不相关。志同道合的研究人员聚集在一起，可以取得他们不在一起时所无法取得的群聚效应。每个组群之运行都基于他们理解不能去干扰他们专业以外的人士。好的栅栏会带来好的邻里关系。

一场又一场的肃清也导致了学术职务的空缺。不具攻击性的专家可以寄希望于迅速攀登此前由大量高级教员所占据的学界体制阶梯。技术导向型的逻辑学家处于对向上攀爬来说特别有利的位置。由于逻辑学只关注什么推出了什么，所以它在话题上是中立的。由于它与具体的理论无关，所以逻辑学不会被指控为异端邪说（至少是当教义本身协调的时候）。然而，正是这种话题中立性使得它适用于所有的论证。

奥卡姆剃掉了什么

1277年大谴责对于奥卡姆所提出的推理起到了奠定框架的

作用。他**信仰**上帝的绝对权力。他采用了奥古斯丁的内在视角。奥卡姆强调道德上重要的是行为背后的意图，而不是行为本身或其后果。一个试图通奸却未遂的人所具有的罪和一个既遂而被捉奸在床的人是一样的。如果一个人出于自杀性的绝望而投崖自尽，却在下落的半途感到忏悔的话，那么其选择自杀的罪就会得到原谅。

每个行动主体都有如下的直觉性知识：他自己的意志是自由的。然而，不可能存在着任何可以证明自由意志的证据。实际上，很少事物是可以被证明的。奥卡姆认为，出于对希腊哲学的崇敬，亚里士多德主义基督徒过度地将基督教理智化了。肯定神学中很少有内容能够经受严格的逻辑检验。由于神学并不是科学的女王，它应该立于一旁，让其他的研究领域各自发展。

承认一个人的限度是智慧的一部分。在有关悖论的讨论中，这意味着主动地承认人无法使得一些显然不协调的命题互洽。例如，在他的《论句子》（*Commentary on the Sentences*）一书中，奥卡姆的威廉宣称："任何（受造的）具有智性的生物在其生命当中都不可能解释或明确地知道上帝是如何知道所有未来的偶然事件的。"（d. 38, *q*.1）然而他否认这种无法解决的不协调表象会使他削弱对上帝之预知的信念，或者限制他对人类自由的信念。奥卡姆所要求的不仅仅是耐心。他认为我们**永远**都无法找到解决方案，因为我们**无法**把这一切弄明白。

人类的这种无能为力是令人尴尬的。为了避免出现非理性的**显象**，大多数神学家都陷入了非理性的实在当中，他们崇拜不切实际的计划。他们的体系是对必须基于信仰的命题所提供的合理化解释。逻辑之光暴露了其体系之基础上存在的裂缝，并揭示了基督教在多大程度上必须依赖于上帝的恩典。

出于智识上的自傲,神学家们接受了关于他们"解决"的问题的有缺陷表述。例如,奥卡姆认为阿奎那所做的仅仅是通过操纵对预知问题的表述而使时间这一概念变得重要而已。然而,预知问题中的真正挑战在于,上帝之具有绝对权力意味着他会决定我们的行动,其程度与他决定任何其他事件相同。

从解决问题的角度来看,上帝的全能性并非完全是坏事。奥卡姆认为上帝的绝对权能解释了为什么上帝不应该为世界上存在着恶负责任(即使上帝知情且自愿地创造了这个世界)。奥卡姆接受了伦理学上的神圣命令理论:一个行动的正当性完全归因于上帝对它的赞成。一种行为的不正当性亦完全归因于上帝对它的不赞成。既然上帝正是基于其所具有的意愿而做出其行为的,他就不可能做出任何应该受到责备的行为。即使上帝创造了一个比现实世界更劣等的世界,这种无谓的劣等性也不能成为对他加以谴责的理由。

尽管神圣命令理论在外行之中广受欢迎,以至于它经常是被预设而非被断定的,但是神学家对于苏格拉底在《游叙弗伦》(*Euthyphro*)中提出的一个反驳印象深刻。一个行为是因为它会使得众神欣悦而被认定为虔诚的行为,还是因为它是虔诚的而会使得众神欣悦呢?如果众神允许残忍的存在,这会使得残忍成为正当的吗?神圣命令理论的信徒们不能回答说因为残忍是不正当的,所以上帝永远不会赞成残忍的行为。因为在他们的理论之下,上帝对某事的赞成就会使它**成为**正当的。

奥卡姆没有急于回应《游叙弗伦》中的困境,而是冷静地将这种困境推向了逻辑意义上的极端。假设上帝命令一个人去不服从他。这个人有义务去不服从上帝(因为上帝所命令的任何事情都是义务性的)。然而，这个人也具有不去不服从上帝的义务。"此人不服从上帝"是一则自洽的命题。如果上帝可以自由地把任意自洽的事态作为其意愿的话，那么他就可以自由地以"此人不服从上帝"为意愿。

奥卡姆的政治学

奥卡姆借由1277年大谴责进入了朴素的科学曙光之中。通过限制神学的地位，他鼓励对于理论问题进行严谨化、细微化的处理。在没有外部干预的情况下，改进是不会积累起来的。他使得学术界变得更加安全而且更加高效。

具有讽刺意味的是，他为学术专家呼吁而来的自主权却是以他自己的职业生涯受到高层的扰乱作为代价的。奥卡姆对于神学界建制派做出的富有影响力的攻击使得牛津大学校长约翰·鲁特雷（John Lutterell）感到警觉。他阻止了奥卡姆从牛津大学获得文学硕士学位，从而拒绝授予他授课许可。鲁特雷还向教会当局谴责了奥卡姆。尽管其官方地位仅仅是一个哲学专业本科毕业生，奥卡姆被传唤到位于阿维尼翁的教皇法庭以面对异端指控。在这个长达4年的过程中，奥卡姆所属的方济各会的会长坚称教宗若望二十二世对于使徒贫穷学说（apostolic poverty）的反对是错误的。翁贝托·埃科（Umberto Eco）在《玫瑰之名》(*The Name of the Rose*)一书中的"第五天"章节中戏剧性地呈现的正是这个问题。埃科笔下的僧侣们对于耶稣是否拥有其所穿的衣物这一棘手问题展开了激烈的辩论。如果神职人员应该模仿基督，而耶稣甚至并不拥有他自己身穿的腰布的话，那么神职人员作为个人就不应该拥有任何东西。如果宗教团体也应该模仿基督，那么哪怕是集体所有制也应当是被禁止的。奥卡姆被要求从历史和教义的角度对使徒贫穷学说加以研究。

奥卡姆得出的结论是：教宗本人是一名异端。在1327年，事态变得明显起来：教宗若望二十二世强制拒绝使徒贫穷学说。奥卡姆和他的同伴们从阿维尼翁逃离了出来，并且向巴伐利亚的路易四世寻求保护。他们立即被开除了教籍。

在接下来的20年之中，奥卡姆致力于撰写有关教宗权威和公民主权问题的论文。他的激烈言辞惹得教宗十分恼怒：后者威胁称，如果图尔奈的市民拒绝逮捕奥卡姆并把他押送到教廷，他就要纵火烧毁这座城市。在奥卡姆的保护者路易四世去世后，他意识到他对于教宗的批判运动已经注定陷于败局，而此后他可能做出了试图和解的努力。他于1347年去世，死因可能是黑死病。

不可解问题

中世纪的人们将说谎者悖论称为"不可解问题"。正如水手们将沙坝描述为看不见的时并不意味着它们是绝对不可见的，奥卡姆并无意图宣称说谎者悖论是绝对无法消解的。奥卡姆认为，说谎者悖论对我们来说仅仅是极其难以解决罢了。

不可解问题囊括了当代哲学家所谓的一系列"自我指称悖论"(paradoxes of self-reference)。20世纪的哲学家们独立地重新发现了大多数自我指称悖论，但有些则是直接从中世纪文献之中挖掘出来的。例如，斯蒂芬·里德(Stephen Read, 1979)使得一则伪司各特曾讨论过的悖论重见天日（"伪司各特"这个名字来源于他曾长期被与约翰·邓斯·司各特混淆这一事实）。在传统的定义之下，一个论证是有效的，当且仅当不可能出现前提为真且结论为假的情况。在对亚里士多德的《前分析篇》（*Prior Analytics*）的评注中，伪司各特提出了一个显然的反例："上帝存在，因此这个论证是无效的。"伪司各特预先设定了"上帝存在"是一个必然的真理。不那么虔诚的读者可以将此前提替换成任意必然真理；例如，"所有等边三角形都是等角三角形"。如果论证是有效的，那么既然前提是真的，结论也必然是真的。但由此，这个论证就既有效又无效，从而产生了矛盾。因此，这个论证是无效的。不过，等一等！如果这个论证是无效的，那么前提为真而结论为假就是可能的了。由于此处的前提是必然真理，则只有当结论是错误的时候，该论证才会是无效的。但那样的话该论证就会是有效的，又一次陷入了矛盾！

伪司各特认为，我们可以通过在有效性的标准之中增加一个额外的要求来防止这个反例的出现：论证的结论不得否认其自身的有效性。在这里，他应用了奥卡姆的提议，即通过禁止自我指称来避免不可解问题。

奥卡姆意识到，如果禁止了所有自我指称的话，那就意味着我们同时会放弃掉很多不具有问题的句子，例如"本句话是用中文写的"。他乐意接受这种作为连带伤害的牺牲。当一个园丁毒杀害虫时，他可以预见到一些无害的昆虫会与害虫一起被毒死。也许存在着更有针对性的虫药，但是园丁并不觉得自己有义务去避免所有的附加破坏。中世纪的人们有兴趣去消除问题，但并不期望其解决方案会具有深刻的启发性。他们只想对他们的逻辑系统进行除虫操作罢了。

这种以类似于工程师的态度来处理说谎者悖论的方式与古

希腊人纯粹的理论关切形成了鲜明的对比。根据第欧根尼的记载，克律西波斯至少用六部专著讨论了这一问题。阿忒那奥斯（Athenaeus）记述说，诗人、语法学家菲勒塔斯（Philetas）曾一度因为说谎者悖论辗转反侧、无法入眠。他也因此而不思茶饭。菲勒塔斯变得过于消瘦，以至于其友人不得不在他的脚上绑上铅块。他们担心这位瘦弱、憔悴而又失眠的可怜人会被科斯岛（菲勒塔斯所居住的位于爱琴海之上的美丽岛屿）的强风给吹倒。他的墓志铭写道："噢，陌生人呀：我就是科斯岛的菲勒塔斯。我的性命是由说谎者悖论夺去的，这也归咎于因此而生的无眠长夜。"大多数中世纪人因为说谎者悖论而失眠的情形都只会像是簿记员在账目无法吻合时失眠那样。簿记员并不认为其账目中的不协调会威胁到算术的基础。

就像我之前提到的那样，1277年大谴责使得用技术化态度来处理悖论的做法更加普遍。然而，这种变化只是将中世纪晚期就已然存在的思维倾向加以放大而已。只有当我们审视基督教式的说谎者悖论的怪异传说时，我们才能看清这个完整的故事。

不可解问题的来源

欧洲经济在公元1100年左右开始复苏，此后逐渐形成了一个教育系统，而奥卡姆的见解正是来源于这一系统（这一系统直到今日还基本保持着其形态）。在此之前，学校往往聚集在教会中心附近。学者们并不被要求去担任神职，但是其中的大多数人都会选择这样做——部分原因在于他们的宗教热忱，部分原因在于其带来的现实优势：神职地位为学者提供了一定的独立性，并保护他们免受当地居民残暴行为的侵害。

随着罗马帝国的陨落，那些看起来与宗教问题无关的悖论都纷纷被荒废了。它们要么直接被遗忘，要么被降级到了理智消遣的地位。说谎者悖论是一个特别引人注目的例子（斯佩德，1973）。人们也许会觉得基督徒会对它保持持续的关注，毕竟它在《圣经》之中曾反复出现："一名克里特人——甚至是他们的一位先知曾说：'克里特人总是说谎，乃是恶兽，又馋又懒。'这个见证是真的。"（《书信集》，1∶12—13）。但基督徒对于说谎者悖论的态度与他们对于困留在圣物箱里的蚊子的态度是相同的；他们对于这只令人讨厌的东西如何藏在圣物箱里感到好奇，但对这种生物本身并不感到好奇。奥古斯丁引用这节经文只是为了提出为什么《圣经》会引用异教徒的语句这一问题。许多基督教学者可以从西塞罗的《学园篇》(*Academica*)中了解到其对于说谎者悖论的评论。亚里士多德的《辩谬篇》(*Sophistic Elenchi*，25，180a27—b7)也对于这一问题做出了阐释，亚里士多德的这一文本于1130年左右出现在拉丁化的西欧。然而，这并没有导致优秀评注的出现。

说谎者悖论很难理解吗？在20世纪，说谎者悖论甚至成了流行文化的一部分。在1967年的《星际迷航》剧集"我，马德"（"I, Mudd"）中，机器人领袖诺曼在听到以下对话时发生了短路：

柯克船长：哈利告诉你的一切都是谎言。请记住：哈利告诉你的一切都是谎言。

哈利·马德：我在说谎。

编剧应该可以饶有自信地假设他们的大多数观众都可以理解诺曼的纠结：如果马德在说谎的话，那么马德就是在说实话；而如果马德在说实话的话，那么他就是在说谎。

有人可能会认为，说谎者悖论只有在后见之明中才会看似显然。中世纪关于建筑工地的图片中包含对于轮子和手推架的描绘，但从未包括对于手推车的描绘。对我们来说，手推车是一种当我们看到轮子和手推架就自然能想到的组合，但其实这种发现要求洞察力。

这种类比在我们考虑如下事实时就不能成立了：中世纪的人们已经接触过标准版本的说谎者悖论以及关于它们的机智论述。真正的问题在于，中世纪的人们身处一个虚假的顶峰之上。他们的思维有足够的复杂性来避免陷于有关说谎者悖论的草率表述之中，但其复杂性并不足以强化这一悖论并且揭露出虚假的解决方案。

在《辩谬篇》卷成之后的头 100 年中，评注家往往都只是简单地接受亚里士多德所提出的粗略的"解决方案"。亚里士多德说，说谎者悖论来源于其自身犯下的偶例谬误（*secundum quid et simpliciter*）：它误将仅在某个方面为真的陈述看作是绝对为真的。就像是说："埃塞俄比亚人的牙齿是白色的，因此，埃塞俄比亚人是白人。"请考虑一个发誓要打破他之前所说的要去雅典这一誓言的人。如果他确实打破了这则誓言的话，那么他是否曾真诚地发誓呢？从一方面而言，他做了他发誓会去做的事情（也即打破之前做出的要去雅典这一誓言）。另一方面，他又没有做他此前曾发誓要做的事（也即去雅典）。如果我们忘记将"真"和"假"相对于这两个括号中所指的不同誓言来说的话，那么"这位打破誓言的人遵守了他的誓言"这则陈述就会看似既为真又为假。亚里士多德认为，与此同理，如果我们不对说谎者悖论进行相对化处理的话，我们似乎就会陷入矛盾。亚里士多德把填充细节的任务留给了他的读者。

中世纪的人们并没有对亚里士多德给出的答案的粗略性表达任何不满。数个世纪以来，大多数经院哲学家提到说谎者悖论时都只是把它作为谬误论证的例子引用而已。他们实际上对亚里士多德所提到的背弃誓言者发誓背弃誓言的事例表现了出更多的兴趣。例如，罗马的吉勒士（Giles of Rome）对背弃誓言者所带来的道德影响产生了兴趣。如果你发誓要打破去雅典的誓言的话，你是否就因此应该打破去雅典的誓言呢？吉勒士认为不应该。虽然发誓去打破此前的誓言已经是不好的行为了，然而践行这种关于打破誓言的誓言则更加糟糕。

随着时间的推移，评注家们逐渐倾向于更加精简地表述说谎者悖论。在《论谬误》（*De fallaciis*）一书之中，托马斯·阿奎那写道："与此相似，'说谎者在说自己说假话之时说的是真话。因此，他说的是真话'。这个推论是行不通的。说真话与说假话的含义是互相对立的，反之亦然。"也许是在无意之中，阿奎那通过将说谎者悖论置于现在时态中，从而破坏了其与背弃誓言者的陈述之间的类比关系。这使得说谎者悖论摆脱了与未来偶然命题这一棘手问题之间的联系。大阿尔伯特（Albert the Great）则更倾向于用现在时态来表述背弃誓言者的案例，以期保证类比的有效性。

可悲的是，背弃誓言者的誓言与说谎者悖论之间的类比成了一种可以击败说谎者悖论的非亚里士多德式解决方案的方式。例如，一些人因为认为说谎者的陈述"什么内容都没有说"而遭到了嗤笑，因为背弃誓言者之宣誓显然是有含义的。

说谎者悖论的历史难题包括三个部分。第一个子问题是如何解释千年以来基督徒为何始终难以理解说谎者悖论。第二项任务是去解释这些"傻人"是如何迅速地达到新的理解顶峰的。这一历史难题的第三个阶段是去解释为什么对于说谎者悖论的理解在此之后再一次地沉沦到了一个长达400年的充满虚妄自满的停滞阶段。在下一章中，我将主要关注这三项任务。

15

布里丹的诡辩

让·布里丹（Jean Buridan，1295—1356）践行了奥卡姆的威廉所传授的内容。他放弃了对于神学的钻研，而专注于语义学、光学和力学。对于不可解问题，布里丹对细节的长期关注使得他对自我指称悖论的理解直到20世纪才有人能与之匹敌。

布里丹的职业生涯遵循了奥卡姆所鼓励的模式。他就读于巴黎大学（在当时是欧洲最负盛名的院校）。他后来被聘为教师，并在这个体制之中逐步晋升。布里丹没有像常人那样攻读文科硕士学位，因此没有资格去教授神学。他是一位"世俗化的神职人员"，一位不隶属于任何修会的牧师。因此，他的著述并没有得到任何宗教团体像多明我会传承托马斯·阿奎那或者方济各会推进邓斯·司各特那样的推广。布里丹的名声和影响来自他的研究工作以及行政工作。布里丹在1328年和1340年两度出任大学校长一职。在1345年，他被遴选去罗马，在腓力六世面前为巴黎大学的利益做辩护。为了平息争端，务实的布里丹将奥卡姆的一些唯名论著作列为禁书（而这最终也合乎逻辑地导致了布里丹自己的一些著作在其去世后遭到了封禁）。

教育系统

中世纪教育系统的副作用之一是诡辩的流行——它在当时成了一种标准的课堂工具。一则诡辩是一个提出了具有指导意义的分析困难的句子。通常而言，诡辩的问题在于选择过度富余而产生的尴尬：既存在着支持这句话为真的论证，又存在着反对这句话为真的论证。萨克森的阿尔伯特（Albert of Saxony）在他的《艰涩句法》（*Sophismata*）一书中提到的第十一个诡辩是：

A. 所有人都是驴或人和驴是驴。

以下是对于A句之为真的论证：一个合取句是一个包含"和"的陈述句，因此当其合取项都为真时，全句为真。"所有人都是驴或人"是真的，"驴是驴"也为真。因此，A是一个为真的合取句。以下是对于A句之为假的论证：一个析取句（disjunction）是一个包含"或"的陈述句，因此当其析取全部为假时，全句也为假。"所有人都是驴"是假的，"人和驴是驴"是假的。因此A作为一个析取句为假。此处A句陷入了既为真也为假的窘境。这成功地完成了阿尔伯特对于诡辩的揭露。

此后，阿尔伯特给出了他的**解决方案**。A句应当被认为含糊不清地具有两种可能含义：

A1.（所有人都是驴或人）和（驴是驴）。
A2.（所有人都是驴）或（人和驴是驴）。

这则诡辩促进了学生们在一个句子的主要连接词和从属连

词之间做出区分。如果 A 句中的"和"是其主要连接词的话，则 A 就应当被理解作 A1。如果 A 句中的"或"是其主要连接词的话，则 A 就应当被理解作 A2。

除了逻辑诡辩之外，还存在着语法诡辩。语言学起源于诸如"爱是一个动词"[①]之类的令人困惑的句子。20 世纪的语言学家通过为日益复杂的语法概括提出反例来继续这种实践。比方说，一种解释代词如何工作的自然理论认为，它们是从之前的指称性短语那里借来指称能力的（除非指称是从句子外部提供的——譬如，当我们用手指物时）。因此，"方济各触碰了这名乞丐并且治愈了他"这句话应当被消解为"方济各触碰了这名乞丐并且治愈了这名乞丐"。在 1967 年，埃蒙·巴赫（Emmon Bach）和斯坦利·彼得斯（Stanley Peters）指出，当被应用于包含交叉指称（cross-reference）的句子时，例如"向它射击的飞行员击中了追击着他的米格战机"，这种理论会导致无穷倒退。在米格战机的例句中，"它"所指代的是"追击着他的米格战机"，而"他"所意味的是"向它射击的飞行员"。用一个短语替换代词的做法总是会留下另一个代词。既然我们的生命是有限的，那么我们就无法永远地将这个替代过程进行下去。我们可以在一些代词尚未得到消解的情况下理解这句话吗？抑或这个有关米格战机的句子并不具有意义？布里丹若有机会听说它的话，他一定会喜欢上这个巴赫-彼得斯悖论。

随着诡辩变得更加具有挑战性，它们的解决方案也变得饱受争议。逻辑手册的作者们所做的往往是回顾既有的解决方案，提出自己的解决方案，最后说明他们的提案比起旧方案所具有

[①] 此处作为句子主语的"爱"显然是一个名词。——译者注

的优势。不可解问题处在这种困难连续体的最终端。

但是,中世纪的人们是如何想出不可解问题的呢?在上一章中,我论证了他们是无法从《圣经》、西塞罗、亚里士多德和我们现在所不知道的来源中包含的古老说谎者悖论那里发掘出这些问题的。不可解问题并不是中世纪欧洲简单地从古希腊进口而来的产品,伊斯兰世界的评注家们在此过程中也没有发挥作用。中世纪人是从他们自己所设计出的教学实践——义务性辩论(obligational dispute)——之中重建了不可解问题。

辩论赛中的受迫性失误

在巴黎大学,几乎所有学生都在文学院。这些学生全都被要求在前两年学习逻辑学。与今日教学模式的相似之处在于,那时逻辑学的教学是通过频繁的作业和测试来完成的。但由于那时书写的成本比起现在要高得多,因此当时的作业更多是以口述形式完成的。初学者被强制要求去参加形式性的辩论比赛。更高阶的学生则会去参加内容性的辩论比赛,就像皮埃尔·阿伯拉尔和托马斯·阿奎那所叙述的那样。然而,在这两种不同的辩论模式之中,我认为对不可解问题的重构更应该被追溯到入门级的辩论之中。

经院哲学家的义务性辩论可以被看作是单薄化、骨架化地承袭了亚里士多德想要规范化的那种辩论游戏。亚里士多德在其《论题篇》的开头就阐明了他的这一目标:"本篇论文之意旨在于找到一条探寻的思路,以使我们能够基于受人尊重的见解,对呈现给我们的任一主题加以推论,同时,当我们提出论证时,我们也可以避免说出任何与之相反的话。"亚里士多德所指出的题目类似于今日的高中和大学辩论赛中仍然被辩论的题目。现代对于辩论者的优劣判定主要基于修辞标准,然而亚里士多德心目中对于辩论者的衡量标准是其逻辑上的协调性。由于辩论的目的是检查矛盾,亚里士多德对辩论的模式进行塑造,以使我们更容易发现并且证明其中蕴含的内在冲突:

> 有关于答案之给出,我们必须首先定义一个好的回应者和一个好的提问者的职责究竟是什么。提问者的职责在于扩展其论证,以使回应者说出自己论题的必然结果中所包含的最不可能为真的部分;而回答者的职责在于使他看起来不应该为这个不可能性或者悖论负责,而只应为自己的论题负责。我们无疑可以区分以下两种不同的错误:一种是一开始就使用了错误的论题,另一种是在接受了某论题之后不能妥当地为之辩护。(《论题篇》,VIII,4)

亚里士多德所构想的画面是具有知识且成熟的个体之间进行的合作性交流。争论的核心意义是为辩论的赛后分析创建出可供反思的样本。

中世纪的义务性辩论是调整后的产物,以适应人群吵闹而天真的特性。它的形式不预先假定任何背景知识。义务性辩论引起了男性对模拟战斗的热情(这种热情被中世纪大学孤立于世且仅招男性的特性所强化)。然而,义务性辩论在其逻辑结构的纯粹性上令人惊异。义务性辩论类似于孩子们玩的"山丘之王"游戏:如果山丘上的防守者没有被其对手驱逐下山的话,防守者就获得了胜利。但在义务性辩论中,国王的对手选择了山丘。具体而言,在义务性辩论中,首先反诘者会提出一个命题。如果该命题是协调的，那么答复者就有义务用协调的论证来为该命题辩护，以回应反诘者的交叉诘问（cross-examination）。回答者所能给出的答案出自一个有限的范围。在义务性辩论的早期历史之中，仅有两种答复受到允许："我承认这种说法"和"我否认这种说法"。根据奥卡姆的描述，在义务性辩论的一个后来版本中，辩护一方还可以使用"我质疑这个命题"甚至"我理解这个命题"。如果反诘者从答复者的答案中找到了两个相互矛盾的回答，那么答复者就输了。毕竟，两个互相冲突的回答肯定表明了答复者犯下了逻辑错误，因为协调的命题不应产生不协调的推论。

反诘者通常要求答复者为一个明显为假的命题辩护。这种策略是精明的。因为答复者本身就不相信其所必须为之辩护的命题，所以其背景信念就与眼前的论题冲突了。如果答复者不能压制其真正的信念，那么后面的回答就会与前面的回答不协调。这种心理泄露解释了为什么口是心非者往往难以保持协调性。

在义务性辩论之中，辩论的长度和速度需要被管理。因为参与的双方从战略上而言对于答复者说多少话有着相反的偏好。答复者做出的回复越多，则反诘者发现其中存在矛盾的可能性就更大。因此，答复者想要尽可能地最小化这种暴露的风险，而反诘者想要最大化答复者所给出的答案的长度。

反诘者在义务性辩论之中起到的作用是令人兴奋的。他有动机去加快辩论的节奏。他可能做出的举动之范围要远远广于答复者所能给出的"我承认这种说法"和"我否认这种说法"这两种选项。除非被同情心转移视线，人们往往更愿意认同能提供更多愉悦的视角的人。由于人类同样喜欢进攻多于防守，在义务性辩论中观众们倾向于支持反诘者一方。这种支持有时会是喧乱的。当时一些大学的校规规定那些通过"吵闹、嘶鸣、制造噪声,亲自或由他们的仆人和同谋扔石头,或以任何其他方式投掷石头"来示威的学生会被驱逐。(桑代克,1944,237)

一些机警的反诘者最终意识到他们可以利用语用悖论来让答复者束手就擒。涉及语用悖论的题目会对答复者本人做出假的评论。如果作为反诘者的你提出"你不存在",那么作为答复者的我就必须为这个命题进行辩护,因为"你不存在"这一命题是协调的。如果你补充道,"你是一个英俊的人",那么我该如何作答呢?如果我说"我承认这种说法",那么这个回答就会推出我是存在着的,而这与我先前接受的立场——我不存在——相矛盾。如果我说"我否认这种说法",这个回答同样也暗含着我之存在,因而我仍然与我之前所接受的立场——我不存在——处于矛盾之中。你根本就没有给我机会!

为了解救陷于困境之中的答复者,辩论教师们宣布禁止将"你不存在"作为答复者需要辩护的题目。但是聪明的学生想出了诸如"你睡着了"之类的变体(对当时的学生来说这并不总是错误,课程往往从凌晨4点一直进行到傍晚7点,其间几乎没有任何课间休息)。此处的问题在于,关于辩论这一行为本身的显然事实与这一辩论之中所表达的内容之间存在着矛盾。

作为回应,一些辩论老师们开始禁止反诘者自由地选择答复者所需要辩护的命题。然而,正如让·布里丹所指出的那样,在只涉及"是""否"的义务性辩论的任意阶段,答复者都会受困于"你的回答将会是否定的"这一诘问命题。如果答复者回答"是"的话,他就肯定了他不是在肯定。如果他回答"否"的话,那么他就否定了他在否定。

布里丹的桥

布里丹将"你的回答将会是否定的"重新包装，用以作为通向另一则更加著名的诡辩的跳板：假设柏拉图是一个桥梁看守。柏拉图在被惹怒后对苏格拉底说道："如果你接下来所说的话为真，那么我就让你过桥；如果你所说的为假，那么我就会把你扔进水里。"苏格拉底回答："你会把我扔进水中。"苏格拉底的这句话当且仅当它为假时为真。

虽然有些人认为布里丹是桥梁悖论最早的发明者（雅克特，1991），但这个难题或许可以上溯到克律西波斯那里。在《哲学家的拍卖会》（"The Auction of Philosophers"）中，路西安（Lucian，约115—约200）描绘了一个奴隶拍卖市场——其掌管者是宙斯，拍卖人是赫耳墨斯。被拍卖的人包括毕达哥拉斯、第欧根尼、阿里斯提波、德谟克利特、赫拉克利特、苏格拉底、伊壁鸠鲁、克律西波斯、亚里士多德和皮浪。这群哲学家们被牵着走来走去。作为一名宿命论者，克律西波斯顺从地被作为奴隶出售。为了主动向买主们展示自己作为逻辑学家的价值，克律西波斯展示了一系列悖论：收割者悖论、厄勒克特拉悖论和连锁悖论。最后，他提出了一个假设的困境，并从中"拯救"了一个买主的孩子：

克律西波斯：现在，假设您的孩子在河边游玩时不幸有一条鳄鱼逮住了他。这条鳄鱼答应把孩子还给您，前提是您能正确地说出这条鳄鱼关于放掉这个孩子到底做了什么决定。为了救回孩子，您会说这条鳄鱼的意图是什么呢？

买家：你的问题是一个难题。我不知道该说些什么来确保能要回孩子。但是，看在神明的情面上，请你帮我作答来救回我的小家伙，以免这野兽在我回答之前就把他吃掉了。（路西安，1901，413）

克律西波斯没有给出回答，但根据记载，语法学家亚普托尼乌斯（Aphthonius）建议应该对鳄鱼说："你的意图是不打算归还孩子。"

在公元2世纪，罗马人帕萨尼亚斯（Pausanias）开创了我们称之为"游记"的文学体裁。为了记述当地历史，他详细讲述了与具体地点或艺术品相关的种种传说。在其关于埃利亚的篇章中，帕萨尼亚斯写到了一则阿那克西美尼恳求亚历山大大帝的故事。那时亚历山大大帝刚刚征服了阿那克西美尼的故乡兰萨库斯。由于兰萨库斯的公民曾支持波斯国王，他们担心被激怒的亚历山大会奴役他们并摧毁他们的城市。他们派遣广受尊敬的哲学家阿那克西美尼去亚历山大面前求情。在阿那克西美尼还没能开始说话时，亚历山大就打断了他并

> 向他所提及的希腊众神发誓称，无论阿那克西美尼向他提出什么请求，他都会做出截然相反的举动。阿那克西美尼听闻后说："噢，王呀，我向您祈求如下的恩惠：请奴役兰萨库斯城里的妇女和儿童，将整个城市夷为平地，并且烧毁他们神灵的庙宇吧！"阿那克西美尼如是说后，亚历山大想不出办法对他耍的伎俩进行反击。由于他受到了向众神许下的誓言这种强制性约束，亚历山大不得不在不情愿之中赦免了兰萨库斯的人民。（1971 6.18.2—4）

由于阿那克西美尼的生平其实比亚历山大早了两个世纪，从时间上而言这则传闻不可能是真实的。即便如此，这个故事也表明，这种反向提议的可逆性在公元2世纪时就已经广为人知了。

后世的故事讲述者追随着希腊人的传统，将悖论纳入其叙事之中。米格尔·德·塞万提斯在《堂吉诃德》里提到了布里丹的桥。这使得这座桥成为西方文学经典中的一个元素。

布里丹的桥可能是从帕萨尼亚斯所讲的故事那里改编而来的。虽然帕萨尼亚斯在近几百年来几乎没有受到任何关注（他的纸莎草卷对于旅行者而言过于笨重了），但是古董爱好者们最终意识到帕萨尼亚斯的游记是一本藏宝图。这种兴趣使书中的古老传说重见天日。

中世纪的命题理论

为了挽救义务性辩论，逻辑学教师们需要制定关于辩论应当如何开始的**一般性**规则。他们做出的一项改革是禁止出现描述答复者本人的个人命题。但是，学生们想出了用诸如"所有人都不存在"这样的非个人命题来绕过这一规则。如果禁止指称任何个人，布里丹建议反诘者选用"没有命题是否定性的"。中世纪的人们认为"没有命题是否定性的"是一则偶然命题，因为他们认为命题是实际的断言。这种观点放大了语用悖论的重要性。

奥卡姆的威廉提出，答复者的承诺不应包含关于比赛本身的事实。这要求我们区分所说的内容和对这些内容的言说所带来的推论。如果我断言"黑死病是由跳蚤引起的"，那么我就带来了"我认为黑死病是由跳蚤引起的"这一推论。这在一定程度上解释了为什么很难断言"黑死病是由跳蚤引起的,但我不相信这种说法"。这句话本身是协调的,但我无法协调地相信它。这种对于协调信念的限制很有意思,因为我们倾向于认为任何本身协调的命题都可以被协调地相信。

布里丹论不可解问题

布里丹的诡辩可以追溯到义务性辩论的漏洞。它们是语用悖论和说谎者悖论的辩证性变体。

布里丹在讨论不可解问题的章节所提出的第一个诡辩是"每个命题都是肯定性的,所以没有命题是否定性的"。这则论证是否有效?支持方观点:这个论证中前提中暗含了其结论,因为它是"所有F都是G,因此没有F是非G"这种有效论证的一个实例。反对方观点:一个偶然命题并不能推论出一个必然为假的结论。"没有命题是否定性的"这一命题不管什么时候被说出都是假的。

布里丹的解决方案是坚称即使一个命题不能为真,它也是可能的。只要事实可以如命题所说的那样,那就足够了。例如,"本页没有长度为14个[①]字的句子"这一命题表达了一种可能性,因为此页确实可能没有长度为14个字的句子。但这句话不能既是真的,又出现在本页——因为它本身就包括14个字。在对可能性的这种理解之下,这一论证是有效的。

布里丹的第二个诡辩是"没有命题是否定性的,因此某个

[①] 原文为"No sentence on this page is nine words long",译成汉语后,句子共包含14个汉字,故将数字改为"14"。——编者注

命题是否定性的"。这个论证看起来似乎无效，因为其结论与其偶然前提相矛盾。然而这个论证似乎也是有效的，因为其结论因其前提而为真。该论证的前提"没有命题是否定性的"本身就是一则否定性命题，因此结论得到了前提的证实。但是，布里丹认为这种支持是错误的。考虑到他在第一则诡辩中所提倡的对可能性与有效性的理解，布里丹必须将这第二则诡辩斥为无效论证。核心问题在于前提与结论之否定的合取是否可能因某个事实而为真。如果这样的事实是可能的，那么这则论证就是无效的。如果没有命题被说出的话，那么第二则诡辩的前提就会为真，而其结论就会为假。

布里丹的讨论为相关领域增加了洞见的同时也增加了限制，而这两者都为诡辩论的后续发展提供了指南。作为讨论直接性说谎者悖论（"我说的内容为假"）的前奏，他先讨论了间接性说谎者悖论。最简单的例子是他的第九则诡辩，其中柏拉图说到"苏格拉底所说的都为真"，苏格拉底答到"柏拉图所说的都为假"。如果柏拉图的陈述是真的，那么它就是假的。如果柏拉图的陈述是假的，那么苏格拉底的陈述也是假的，这意味着柏拉图的陈述又是真的了。

这个循环性的说谎问题表明说谎者悖论不需要直接的自我指称。它还表明，话语的悖论性不一定必须是句子本身的内在属性。柏拉图所陈述的"苏格拉底所说的为真"之悖论性取决于另一方的陈述是什么。如果苏格拉底改而说"我的父亲是索弗罗尼斯科斯（Sophroniscus）"，那么柏拉图的陈述就不会带来矛盾。

虽然没有直接的证据表明希腊人知道循环性说谎者问题，但他们所写的一些幽默文章表明他们知道一个陈述的悖论性可能会依赖于其他陈述。在其文章《论虚伪的谦逊》("On False Modesty")之中，普鲁塔克讲述了一则有关迈内德姆斯（Menedemus）的故事。迈内德姆斯是麦加拉人斯提尔波的学生，他以使用悖论来戏弄别人而闻名："当迈内德姆斯听到阿里克西鲁（Alexinus）经常称赞他时，他说：'然而我总是在谴责阿里克西鲁；因此，阿里克西鲁必然是一个坏人，因为他要么赞美了一个坏人，要么被一个好人谴责了。'"阿里克西鲁看似无辜的言论就此被拖进了一则悖论之中。

这些偶然悖论驳斥了对于"悖论"的主观性定义，主观性定义要求任何悖论性陈述都需要在一些人看来是荒谬的。柏拉图完全可以从一个瓮中随机抽出一则声明，在不读它的情况下就宣布它为真，此后将这则信息投入海中。如果那则未读的陈述是"柏拉图所说的是假的"，那么柏拉图最开始的言论就会是悖论性的，即使它没有在任何人看来是荒谬的。

悖论就像疾病一样客观。我在主观上感受到疾病是一种疾病存在的证据，但这种感受本身并不是一种疾病。我可能在没有感受到自己生病的情况下生病，也可能在医生无法诊断出任何疾病的情况下生病。正如有些疾病永远不会被人发现一样，有些悖论将永远不为人知。

经院哲学的衰落

许多悖论之所以永远不会被人知道，是因为一种真正的疾病：黑死病。这场瘟疫导致了包括布里丹和奥卡姆在内的欧洲三分之一的人口丧生。此外，它还打击了教会及其附属机构的威信。对于说谎者悖论的洞见往往被深奥的术语和难解的格式包裹着，而心怀愤懑的幸存者对这套术语和格式进行了全面的谴责。随着智性生活重新开展起来，思想家转向了西塞罗和奥古斯丁之类更易阅读的作者。对于说谎者悖论的蔑视态度复兴了起来。

显然，教会仍然还是一个重要的机构。经院哲学又继续存在了好几个世纪。然而，基督教的理智上层建筑越来越被人文主义者们边缘化。未来是属于怀疑论者和讽刺者的，譬如伊拉斯谟（Erasmus，1466—1536）和蒙田（Montaigne，1533—1592）。这些人是信仰主义者；他们否认复杂的推理可以改良简单的信仰。他们讽刺了经院哲学家们从哲学悖论中汲取道德教训的努力。在这一年代之中，悖论要么被看作废话而受到轻视，要么就被消极地用来贬低理性的自负。

人们更愿意接受出现于经验发现中的"新"悖论。在1522年，全欧洲的人们都震惊于环球航行者悖论。当斐迪南·麦哲伦的船舰完成环球航行之后，日期显然已经少了整整一天。最初的270余名船员中活下来了18名幸存者；其中一名谈及这一事件时称：

> 在星期三，即7月9日，我们抵达了这个名为圣地亚哥的岛屿，我们立即派遣小船靠岸以获取供应品……我们吩咐小船上的人，当他们上岸时得去问下当天的日期。他们得到的回答是：对于葡萄牙人，当天是星期四。他们对此感到非常惊讶，因为对于我们来说，当天是星期三，而我们不知道我们是如何陷入错误的。我在航行的全程之中都保持着健康，并且每天都记录了日期，其间没有任何中断。但是，正如我们被告知的那样，并没有发生什么错误。因为正如我们

都清楚地看到的那样，我们一直都在向西行进，在我们如太阳那样返回到出发地点之后，我们发现这次长途航行给我们带来了24小时的时间增加。（皮加费塔，1969，I，147—48）

此后，布里丹的一位名为尼克尔·奥里斯姆（Nicole Oresme）的年轻同事关于这则悖论写作了大量著述。（卢茨，1975，70）（奥里斯姆本人可能是从叙利亚的地理学家那里了解到这一悖论的。）在《希望之约》（"Traité de l'espère"）中，奥里斯姆描述了两名虚构的旅行者让和皮埃尔，他们环绕着赤道向相反的方向而行，并且约定在出发点会合。在每24小时的一天之中，让和皮埃尔各自行走30经度的路程。向西行进的让汇报说他的旅程花了11个昼夜。而向东行进的皮埃尔则说，他的旅途持续了13个昼夜。作为对照，还有第三个人罗伯特一直停留在他们的出发点。罗伯特说，自这两名旅行者出发以来，一共过去了12个昼夜。奥里斯姆意识到如果你沿着与太阳移动相同的方向行进的话，你到下一个日落或日出的时间间隔就会变长。完成环球之旅后，总共多出的时间就将是一整天。

刘易斯·卡罗尔（1850，31—33）对环球旅行者悖论做了修饰：他想象存在着一条围绕地球的环状地带，其中的每个人都会说英语。你于星期二上午9点从伦敦出发，并且行进得足够快，以使太阳在天空中保持着相同位置。在你前行的同时，你会通过一路向当地人询问"现在几点"来检查时间。他们一直都会回答"现在是上午9点"。确实，在24小时之后，当你回到伦敦时，当地人给出的还是相同的答案。但伦敦人同时也会指出，当天已经是周三，而不是周二了。那么周三是从什么地方开始的呢？

在1878年，当国际日期变更线被设定为英国格林尼治以东180度时，环球航行者悖论就被淘汰了。这是对经院哲学的一种肯定——尼克尔·奥里斯姆早在500年之前就已经意识到了这种公约的必要性。他对于这些问题的思考是以一种完全假设的方式进行的。为了遵守1277年大谴责，奥里斯姆否认在物理科学中可以进行严格的展示性证明。首先，他会论证地球围绕着太阳旋转。然后，他会转而论证太阳围绕着地球旋转。奥里斯姆希望引导我们得出以下结论：理性和经验都不足以解决这个问题。基于信仰，他相信着传统的观点：地球不会移动。

当其在16世纪广受争论时，环球航行者悖论是一个理论性的悖论吗？一方面，尼克尔·奥里斯姆这位广受认可的专家在14世纪时就已彻底解决了这个问题。因此，对于那些参加了奥里斯姆讲座的人来说这个问题已经不再是一个悖论了，实证的观察与日历的理论之间不再存在着任何冲突。然而，在16世纪，文艺复兴时期的人们选择放弃旧有的知识分工系统。对他们来说，14世纪的哲学教授不属于专家之列。布里丹和奥里斯姆的中世纪三段论被比喻作蜘蛛网：任何人都难以精确模仿它，但其强度足够诱捕虚弱的人。通过否认过去，文艺复兴时期的人为环球航行者悖论创造了一个新的环境。

16

帕斯卡的不可能运算

发明家将悖论转变成了现实。"无马马车"和"无线电话"曾经都是在字面上矛盾的表述——直到这些物品进入到日常生活之中。这些奇迹"减去"了这些表述之中的一些本质特征。与此相似，在他19岁时，布莱士·帕斯卡（Blaise Pascal，1623—1662）从减法之中"减去"了思考的位置。

无心灵的计算与笛卡尔

帕斯卡在1651年时构建了一台算术机器来帮助他身为税务专员的父亲减轻工作负担。这在工程学上是一项具有历史意义的壮举。帕斯卡花费了多年时间与木工和齿轮装配专家们密切地合作。

在勒内·笛卡尔之后，算术机器这一概念一度显得非常荒谬。笛卡尔将常识中心灵与物质的区分提炼成了一种令人生畏的形而上学二元论。

你的身体占据着空间，且具有重量及其他由物理学家所研究的性质。笛卡尔建议到，人体可以被当作机器来研究。

与此同时，你的心灵没有大小、重量或其他物理性质。更不用说，你的心灵是私人性的，只有你本人可以直接通达你的思想。我们这些局外人只能用间接的方式通达你的思想，最主要的途径是通过你说的话。你的话语表达了你的思想，而你的思想表明了你作为一个思维存在者的本质属性。你可以想象自己在不具有身体的情况下存在，但把自己想象为一个不思考的东西这种做法本身是自我推翻的。因此，你与自己的心灵是同一的，却只是偶然地拥有你的身体。

笛卡尔曾去过验尸间，以期找到在心灵与身体之间起交互作用的点。他发现除了松果腺外，大脑是呈对称结构的。笛卡尔推断松果腺应当是身心交互的关键所在。笛卡尔希望自己的发现能够帮助化解一则由约翰尼斯·开普勒（Johannes Kepler）的光学研究成果所产生的悖论。开普勒证明了视网膜上的图像相对于物理世界而言必定是反过来的。笛卡尔透过死牛的眼球观看外界，直接地证实了开普勒的发现。然而，如果视网膜上的图像是颠倒过来的，那么为什么我们看到的世界却是正向的呢？笛卡尔回答说，光学图像的表征会在到达松果腺之前被重新颠倒一次。但是解剖学上的研究并没能揭示出再次倒转图像的机制。

乔治·贝克莱（George Berkeley）最终说服了大家：根本就没有再次颠倒图像的必要。笛卡尔的错误在于他自以为是在使用自己的眼睛观察世界（就像他透过牛的眼睛来观察世界那样）。事实上，我们之中并不存在一个内部观察者检查光学图像。（如果你脑子里真的存在着一个小人的话，那么**他**是怎么能看见事物的呢？）只要我们避免相对于这个小人进行上下移动，这种悖论就不再起效了。这种倒像谜题给出了一种产生于实验、解决于概念分析的悖论的例子。

笛卡尔认为，你的身体由自然法则所决定，然而你的心灵却是自由的。实际上，笛卡尔认为所有的错误都可以被归咎于人类的任性。我们出于懒惰和欲望而过快地得出结论。我们应该为此感到羞耻，因为上帝的善确保了他赐予了我们足够的资源来探明实在的真正本性。如果上帝是像怀疑论者所担心的那样编造出世界的话，那么上帝就会是一个欺骗者，而这与上帝的善和权能是不相容的。上帝必然给了我们公平的可能性来了解超出我们心灵的外部世界的本质。笛卡尔的《谈谈方法》（*Discourse on Method*）向哲学家和科学家们展示了我们应该如何利用这种可能性。

在《沉思集》（*Meditations*）中，笛卡尔尝试从不容置疑的基础出发来证明这一切。这一切都有可能是梦境和幻想——这一可能性迫使他采取了纯粹的内在视角。如果笛卡尔能证明上帝存在的话，那么他就会证明我们可以知道外在世界。但是在完成对于上帝存在的证明之前，笛卡尔只能使用他直接意识到的信息。因此，笛卡尔被限于只能给出上帝存在的先天证明。在其第一则证明之中，笛卡尔将自己的上帝观念描绘为上帝本身的可靠痕迹。上帝这一观念的所有其他来源都被笛卡尔从方法论上排除了：笛卡尔无法从自己那里获得这个观念，因为他是有限的；上帝的观念也不可能来自两个有限观念之和（就像把"角"的概念和"马"的概念相加以获得"独角兽"的概念那样）。将有穷的东西相加只能产生有穷的东西。上帝这一观念也不可能来自从一个观念之中减去另一个观念——无穷不是有穷之减法的产物。因此，上帝这一概念必然来自上帝本身。笛卡尔还用到了圣安瑟尔谟的本体论证明：上帝是所能设想的最完美的存在者。存在比不存在更好。因此，我们必须认为上帝是存在的。

我们可能会认为笛卡尔的哲学过度地倚重上帝了。但是在1647年笛卡尔访问了帕斯卡之后，后者向其姐姐吉尔贝特抱怨说："我实在是不能原谅笛卡尔：在他的整个哲学之中，他都希望不涉及上帝，但是他实在是忍不住用上帝的一次轻弹手指而让世界运转起来。在此之后，笛卡尔就不再需要上帝了。"（科尔曼，1985，19）

笛卡尔对于我们所拥有的理解抽象真理的能力印象深刻：例如我们可以认识到10,000-2000=8000。这则真理并非对于过往经验的总结——你并不是通过从10,000个物体中去除2000个物体，然后发现剩下了8000个物体来认识到它的。你不曾真正一个个地数过成千上万个物体。即使你真这样做了，你也不会接受对于10,000-2000=8000的任何"反例"。这个等式是超越经验而为真的。从这种崇高的角度而言，我们很难看出机械齿轮如何能够执行算数之中的基本运算。然而，帕斯卡的计算器就切实地存在于税务专员的办公桌上，不停地计算着差值。

作为帕斯卡计算器的后继者，20世纪50年代诞生的"电子大脑"具有令人惊叹的全能性——这些机械工业的奇观愈发被看作近乎笛卡尔二元论的反例。我们现在能体会到我们与计算机之间的尴尬关系——尤其是与科幻小说中的机器人之间。

阿兰·图灵（Alan Turing，1912—1954）的追随者会对我们把心灵赋予机器的倾向表示欢迎。在他们看来，自动机向我们提供了揭开意识的神秘面纱的机会。对于这些功能主义者（functionalists）来说，重要的是一个东西**做**什么，而不是它的构成。这就是图灵测试的要点：如果计算机能够以一种与人类无法区分的方式进行谈话，那么该计算机就是一台具有思维的机器。如果你是一个硅基机器人，却正在和我的碳基读者们做同样的事情，那么你就是正在阅读我的书并且正在思考帕斯卡的算术机器（也就是你最早的祖先之一）。

那些仍然对于笛卡尔保持着同情的人认为，图灵对于行为的重视被僵尸（即那些本身不具有心灵，但在功能上无法与有心灵的人相区分开来的生物）的可能性所驳倒了。因为僵尸并不具有意识，却可以做具有心灵的对应物可以做的任何事情，所以意识并不仅仅依赖于输入–输出关系。尽管这种僵尸思想实验具有直觉上的说服力，但是功能主义者回应说我们的想象力对于"什么是可能的"这一问题会给出错误的指导。假设帕斯卡的机械计算器有三个齿轮，如图16.1所示那样排布。我们很容易想象这些齿轮全都旋转的情形。但它们实际上是被卡死的。

也许你现在重新思考了这个齿轮思想实验，并找出了微妙的卡顿之处。现在请用你心灵的眼睛来观察一个4个齿轮互锁的场景（图16.2）。这些齿轮仍然是互相卡住的吗？

正确答案是这套四轮组件是可以转动的。概括而言，当互锁齿轮的数量是偶数的时候，这套组件就可以转动，但如果其数量是奇数则不能。由于这个原则，皇家铸币局（Royal Mint）

图 16.1　　　　　　　　图 16.2

在1998年6月15日推出的金银合铸的2磅硬币上所绘的19个齿轮的组件必然会卡住。我们无法通过粗略的检查来推翻所有类似的大型齿轮组件都能旋转这种印象。旋转和卡死之间的区分过分地被大量齿轮是奇数多个还是偶数多个这种微小差异所影响。我们需要理论的力量来推翻想象力的判断。与此相似，功能主义者可以坚称我们需要用理论来纠正以下印象：与你功能等同的事物可以没有意识。

对于不存在者的实验

在笛卡尔来访期间，帕斯卡曾试图说服他真空是存在的。笛卡尔认为实在必须是一种充满的状态。他给克里斯蒂安·惠更斯（Christian Huygens）写到，帕斯卡"头脑里有过多的真空了"。

帕斯卡对于真空的思考缘起于1646年，那时他听说了埃万杰利斯塔·托里拆利（Evangelista Torricelli）的气压计实验。在该实验中，一整管的水银被成功地倒置于一碗水银之中。每个人都想知道是什么使得水银悬在管中。最广为接受的观点是，管中的"无物空间"（empty space）充满了稀薄且无形的物质。他们就像亚里士多德那样认定自然憎恶真空。帕斯卡认为这是一个经验议题，而不是一个概念议题。他进行了一系列实验，它们在很大程度上支持了真空的假说。他的结论是：真的没有任何东西在托举着水银，也没有任何东西在通过虹吸管拉住液体。相反，只有环绕着地球的大气施压于液体的表面之上——除了存在真空的地方。在他写于1653年的《论液体的平衡》（"Treatise on the Equilibrium of Liquids"）一文中，帕斯卡阐述了他的压力定律:"施加于密闭液体之上的压强会在各个方向上无损地经由液体传递。"当你吮吸一根吸管时,你会降低通向嘴巴的管道之中的压强。在吸管另一端的液体所受到的向下的压强不再像之前那样大,因此它就会上升到你的嘴里。

在我们所处的火箭旅行的时代,我们都知道没有空气的空间是可以带来死亡的,但原因只在于它**不能**做到的事情。如果你在不受保护的情况下进入真空,你的血液就会沸腾,然而这并不是因为虚空本身很热。你之所以会死,是因为虚空无法对你的身体施加压力。但是究竟是什么导致了死亡?是虚无吗?是没有空气的空间吗?抑或,我们是否必须悬置所有结果都有原因这一要求?

物理学家在回答这些问题上并没有比哲学家更为成功。然而,物理学家对于"真空"这一概念感到非常自如。在他们看来,真空无疑是宇宙的基本组件之一。

从常识的角度看,虚空的存在会更令人不安。贝蒂·米德勒(Bette Midler)在其歌曲《我翅膀下的风》(*Wind Beneath My Wings*)的中间部分满怀感激地称赞了一位无私的朋友,后者在她成名的路上默默地帮助这位外向的歌手:"你是否知道你是我的英雄?你是我所想成为的一切。我能比雄鹰飞得更高,因为你是我翅膀下的风。"根据帕斯卡的研究,空气动力学家们现在知道,飞行之所以可能是因为扇动的翅膀上方形成了真空。因此,米勒的副歌应该唱道:"我能比雄鹰飞得更高,是因为你是我翅膀上的真空。"

无序中的结构

支配真空的法则似乎是不可能存在的，因为真空之中并不存在任何可以由法则支配的东西。机运似乎也是与法则不兼容的。随机性本身就意味着秩序的缺席。帕斯卡被这里的概念张力所鼓励。在其1654年的《致巴黎数学院的演说》（"Address to the Academie Parisienne de Mathematiques"）中，帕斯卡总结道："因此，如果我们将数学证明的严格性与机运的不确定性结合起来，并对其间明显的矛盾加以调和，那么我们就可以——由'数学'和'机运'合起来而得名——正当地提出这样一个令人吃惊的新名词：机运数学（The Mathematics of Chance）。"

帕萨尼亚斯提到过波利格诺托斯（Polygnotos）在公元前5世纪时绘制的一幅画，画中帕拉美迪欧（Palamedeo）和忒瑞希特斯（Thresites）在玩骰子。根据希腊人的传统记录，帕拉美迪欧发明骰子是为了给那些等待特洛伊战争开打的希腊士兵提供娱乐。但骰子的历史其实可以追溯到古埃及的第一个王朝。由对称的动物骨骼制成的随机化设备的历史则可以追溯到旧石器时代。

尽管骰子的历史如此悠久，第一本关于骰子的书是吉罗拉莫·卡尔达诺（Gerolama Cardano）的《掷骰游戏》（*De Ludo Aleae*），该书直到1663年（即其写作完成之后的100年）才终于出版。卡尔达诺系统地讨论了对于骰子应该如何表现的理论预测与对骰子实际表现的观察之间的冲突。例如，赌徒们都知道，在有两个骰子的情况下，各有两种方式可以使得两个骰子的读数（从1，2，3，4，5，6中产生）之和等于9或者10：即

9=3+6=4+5 和 10=4+6=5+5。他们推断到，两个骰子读数之和为9和为10的频率应当是相同的，然而经验表明其和为9的情况出现得更加频繁。

卡尔达诺接受了观察证据，并基于此对理论进行了修改。他指出，抛投的**顺序**并非无关紧要。9可以由四个排列组成：9=3+6=6+3=4+5=5+4.但是10只能以三个排列组成：10=4+6=6+4=5+5。

对于现代读者来说，这个问题似乎太容易了，以至于不会被视为悖论。但是，"悖论"的存在与否应该相对我们所讨论的思想家而言。最早用到"悖论"一词的记录来自1616年："悖论：一种与普遍允许的观点相反的观点，就如同某人宣称大地不停移动和天空保持静止。"［布洛卡（Bullokar）的《小书》（*Chapbook*）］。曾经被称作"哥白尼悖论"的问题不再被看作一个悖论，因为哥白尼有关地球绕太阳旋转的论证不再被亚里士多德的反对意见（抛下的物体的落地点会远离释放点，风会吹倒树木，我们会看到星星快速移动）所制约。正如新闻不会一直是新闻，而是会变成历史，某些被消解的悖论就不再是悖论，而是成了正统观点。"它曾是一种悖论，但是现在，时间对它给出了证明"。（莎士比亚，《哈姆雷特》，III. i. 114—115）

对于那些尚未对组合（顺序无关紧要的分组）和排列（顺序具有相关性的分组）加以区分的人来说，骰子显然不同于预期的表现是十分令人困惑的。在这种情况下，这些人就需要卡尔达诺这样的人带领他们攀升到有利位置，使得悖论看起来仅仅是一个微不足道的错误。

卡尔达诺在使得观察与理论相符这一问题上是非常认真的。卡尔达诺通过观察星象来预测自己的死亡时间。当那天来到时，他发现自己既健康又安全。为了避免自己的预测失败，卡尔达诺选择了自杀。

蒙提·霍尔问题

请回想一下由蒙提·霍尔（Monty Hall）主持的电视竞猜节目《让我们做一笔交易吧》（*Let's Make a deal*）。在这个节目中，每名参赛者会从三个门中选择一个，然后赢得该扇门后放置的奖品。在这三扇门中，只有一扇门后有值钱的奖品，而另外两扇门背后则各有一件恶搞性的奖品，比如一只山羊。现在，请假想你是该节目的一名选手，而且你已经选择了1号门。为了增加悬念，蒙提会给你看2号门后放着的东西。你并不期待在蒙提打开的门后看到奖品，因为你知道他从来都只会打开不包含奖品的门。然后，他向你提出了一个交易：用你所选择的1号门后放的东西交换成3号门后的东西。你是否应该答应这次交换呢？

在1991年9月的《大观》（*Parade*）杂志的"问问玛丽莲"（"Ask Marilyn"）专栏中，玛丽莲·沃斯·莎凡特（Marilyn vos Savant）推荐答应这种交换。许多数学家认为玛丽莲做出了错误的选择。

但玛丽莲是对的。大多数人都认为这种交换是毫无意义的，因为你已经知道蒙提会打开未获奖的门。确实，如果蒙提·霍尔在选择他打开的门时是完全随机的，那么剩下的两扇门藏有大奖的概率应当是相等的。然而，蒙提已经做的仅仅是打开了一扇没有大奖的门。蒙提所揭示的2号门后有一头羊这一事实并不能提高1号门获得大奖的概率，因为你已经知道蒙提要么会打开2号门，要么会打开3号门作为不含大奖的门。然而，蒙提对于2号门不含奖的揭示确实增加了3号门包含大奖的概率。在蒙提提供这一信息之前，3号门只有1/3的概率藏有大奖。在我们知道2号门不含大奖后，3号门后有大奖的概率上升到2/3，因为1号门获大奖的概率并不受此事件影响。

几乎每个人对于蒙提·霍尔问题的理解都是错误的。即使听取了解释之后，许多人也仍会对正确答案保有抗拒态度。尽管蒙提误导了许多人，但是我仍然不愿意将"你是否应该换一扇门"这一问题看作一则悖论。的确，如果我们以是否具有显而易见的说服力作为判断标准的话，那么就会存在着相互矛盾却都很好的答案。但说服力并不意味着正确。我们必须按照某种客观标准（比如与观察、常识、科学原理等相协调的标准）来对答案的好坏程度进行排序。毕竟，对于答案进行评分的意义正在于弄清楚我们**应该**相信什么。蒙提·霍尔问题绝对不是一种理论上的异常事物。唯一的专业争论在于，在解释这个谬论为何会如此有力的过程中，形成了相互竞争的心理学理论。在审稿期刊级别的文章中，学者们对于"你是否应该换一扇门"这一问题一直持有完全相同的意见，在哲学家们当中也是如此（据说他们在所有事情上都有分歧）。

什么算是可选的最佳视角？这个问题存在着不严格性。因此，什么算是悖论这个问题也存在着不严格性。如果"什么算是悖论"这一短语是相对于理想状态下的思想者而言的，那么几乎没有让人吃惊的东西可以算作悖论。如果这一短语是相对于业余人士的视角而言的，那么就有太多让人吃惊的东西可以算作悖论了。为了保证悖论作为一个术语具有可区分性，我们选择将之相对于当代的、健全的专业人士的视角。对于那些没有专家研究的问题,我们则把它们相对于理智而聪明的人的视角。

正如环球旅行者悖论所说明的那样,智性意义上的分工体系是可以改变的。在一个不听从统计学教授意见的社会中,蒙提·霍尔问题就会是一个悖论,正如卡尔达诺所解决的骰子难题。

划分悖论

法国赌徒梅勒骑士(Chevalier de la Méré)曾向帕斯卡介绍了划分悖论(division paradox)。假设两位赌徒同意首先赢下六轮赌局的人可以获得全部奖金。每轮赌局的结果都由偶然事件来决定,例如,根据抛出硬币的正反面。在一名赌徒赢下五轮赌局,另一名赌徒赢下三轮之后,他们的对赌被叫停了。在此情况下,应该如何在他们之间划分奖金才是公平的?

这个问题在中世纪晚期被当作一个比例问题来讨论,但没有形成决定性结论。帕斯卡和他的通信者皮埃尔·费马(Pierre Fermat)则将之视为一个概率问题:从他们这种新奇的视角来看,对赌的双方应该按照他们如果继续赌局,各自最终赢下六场赌局的可能性来划分奖金。上述的第二名赌徒当且仅当在接下来连赢三轮的情况下才能获得最终的胜利。这种情况发生的概率是 $1/2 \times 1/2 \times 1/2 = 1/8$。因此,第二名赌徒应该获得总奖金池金额的八分之一,而第一名赌徒则应该获得八分之七。帕斯卡和费马同在1654年彼此独立地将上述解决方案一般化了。后人常常认定这就是概率论首度被创立的年份。

概率论在17世纪60年代突然蓬勃发展了起来。将赌博和保险建立在数学基础之上这种革命性前景引起了企业家的兴趣。等到1688年，伦敦的商界知道了一家保险公司的存在——该公司在爱德华·劳埃德（Edward Lloyd）位于泰晤士河畔塔街（Tower Street）上的咖啡馆内运营。在有了这种保险的情况下，人们可以开展具有风险的海上冒险而不担心因发生事故而一无所有，因为事实上人们可以通过对"货物将会丢失"这一事件下注来对冲该事件的发生所带来的风险。保险商需要关于货物丢失概率的证据。然而，早期的保险商在开展业务的过程中几乎没有实质性地用到概率论知识。在实践中，他们转而使用古老的技术——例如把货物分散到多艘船上进行运输——来降低风险。大体而言，他们大量使用了被当代心理学家彬彬有礼地嘲笑的"启发法"（heuristics）[1]。这些传统的商人比那些过早地用到概率论的商人更加成功。毕竟，那时有条理的数据和统计技术还非常稀缺。

任何人若是能够搭建起平台以使可靠的统计推断成为可能，就很可能会在保险业里赚到大钱。为了满足人们对人类寿命信息的需求，死亡率表（mortality tables）被编制出来。这些表格带来了一系列类似于卡尔达诺所讨论的骰子谜题般的悖论。埃德蒙·哈雷（Edmond Halley）表明时人的平均寿命为26岁，但一个人活过8岁的概率只有1/2。他很困惑为什么人口的平均年龄并不因此是8岁。

现实的英国人对于很容易计算出相互冲突的概率这一现象感到气馁。统计学家通常类似那些用谜语来表示预言的人。宗教狂热者埃莉诺·戴维斯夫人（Lady Eleanor Davies，卒于

---

[1] 在缺乏对事物确切理解的情况下，通过总结过去的经验、归纳实用的方法来解决问题。——译者注

1652年）发现，她的名字"Eleanor Davies"所包含的字母，如果把最后的那个S用L代替的话，可以被重新排列为"显灵吧，圣但以理"（"Reveal, O Daniel"）。当她被高等裁判庭提审时，她引用了这个字谜作为她被先知但以理的灵魂附体的证据。主教们认为她一定是发疯了，但她对于他们提出的所有诘难给出了回答。最后，一位在诉讼期间一直愤怒地书写的主教宣布，他有无可辩驳的证据证明埃莉诺夫人是疯子：他读出了他自己重新排序的字谜："埃莉诺·戴维斯夫人——从来没有哪位女士如此疯狂！"（"Dame Eleanor Davies—never so mad a ladie!"）

帕斯卡的赌局

在1654年11月24日，"从上午10:30左右到12:30左右"的这段时间之中，帕斯卡经历了一段神秘体验。8年后，人们从他尸体上的夹克衫里发现缝着的一段铭文："火。亚伯拉罕的神、以撒的神、雅各的神——不是哲人或学者的神。确定性。确定性。感觉、喜悦、平静……向耶稣基督和我的指引者彻底地归顺。为了在尘世上活动的一天而永远感到喜乐……"在这个11月的上午之后，帕斯卡退出了科学研究，并全力投身于宗教活动之中。

布莱士·帕斯卡对于将其浪荡友人转化为虔诚的基督徒一事始终抱有兴趣。在他的《思想录》中，帕斯卡认为，**从非信徒的视角看来**，信仰上帝也是一种审慎的选择：至少，上帝之存在是具有一种外在的可能性的。这一选择可能有巨大的影响：因为上帝会奖励信奉者进入天堂，惩罚不信者堕入地狱。由于无限的任何一部分也是无限，因此有神论所带来的预期价值也是无限的。无论世俗生活能带来多少有限的好处，宗教生活的审慎程度都是无限的。

如果信念像笛卡尔所假设的那样是自愿的，那么问题的核心就在于应该相信什么。但是，对信念的激励并不能像证据导致信念一样直接导致信念。假设说，我现在给你100美元，来让你相信你阅读的这本书会在10秒后起火。现在你有了一个理由去相信这本书会燃烧起来。然而，我给出的激励并不是那种会让你相信这本书会起火的理由。为了达到相信这件事的目的，你需要一个与"这本书将会起火"这一命题之真相关的理由。因此，即使帕斯卡给出了一个应该相信上帝存在的理由（他指出了可以进天堂这一激励），但是他所给出的也并非那种会使你产生上帝存在这一信念的理由（证据）。

帕斯卡的《思想录》中的一些段落表明，上述赌局并不会因为我们在激励和证据之间加以区分而失去效用。他建议浪荡子去间接地产生对上帝的信念。由于信念具有感染性，一个不信者可以通过与基督徒社交或者参加基督教仪式而逐渐成为基督徒。起初，浪荡子仅仅是跟着教徒们活动。久而久之，信念就会追赶上行为。当其成为一名基督徒之后，曾经的浪荡子就会不再赞成他最初出于利益而成为基督徒的做法。虽然他最开始为了上天堂而开始信奉基督教，但此后他在保持信仰时就不再需要这种自私的动机了。一旦这个赌局论证完成了它的任务，新皈依的基督徒就可以抛弃这种愚蠢的算计。

如果一名无神论者相信他**知道**上帝不存在，帕斯卡就根本无从下手。为了撬开教条式无神论者的心灵，帕斯卡采用了塞克斯都·恩披里柯的技巧。帕斯卡的目标是证明理性是一个死胡同。他用到了一连串的二律背反来贬低读者的理智。那些悖论的产生是因为人类对其有限性的独特认识。所有的动物都是有限的，但只有人类才能理解自身的有限性与无穷性之间的对比。所有动物的生命都很短暂。但是，只有人类才会畏惧死亡，并感知到它对于生命意义所造成的威胁。每个生物无非都是无垠宇宙中的尘埃，但只有人类才能认识到自己是一粒尘埃。

> 人类是多么怪异的一种物种！多么新奇，多么怪异，多么混乱，多么矛盾，多么惊人！一切事物的裁判，虚弱的蚯蚓，真理的储藏室，充满怀疑和错误的沟壑，宇宙的荣光和废物！
>
> 谁才能解开这一团乱麻？这必然超越了独断论和怀疑论，超越了所有人类哲学。人类超越人类……因此，骄傲的人，要知道你对于自己来说是怎样的一个悖论。谦虚吧，无力的理性！沉默吧，虚弱的人性！要知道人类无限地超越人类，从你的主人那听取你的真实状况——那是你自己所不知的。（1966，第131节）

帕斯卡认为，仅仅解释人类在多大程度上是动物而不同时指出人类的伟大，这是危险的。帕斯卡将塞克斯都·恩披里柯的均势方法改造为包含情绪的类似物，并加以运用：

> 如果他赞扬自己，我就贬低他。
> 如果他贬低自己，我就赞扬他。
> 我将持续地与他作对，
> 直到他明白
> 他是一个任何理智都无法理解的怪物。（1966，第

130节）

伏尔泰和费马对于帕斯卡新写的论战文章深感困扰。他们认为帕斯卡提出赌局论证正是他健康状况每况愈下的结果。帕斯卡的"祈求上帝好好利用疾病的祷辞"表明帕斯卡可能也同意这种解读。当帕斯卡遭受晚期胃癌的折磨时，他表示自己所害怕的是**康复**，而不是病情加重或死亡："别可怜我！疾病是基督徒的自然状态。我们都应该像病人一样，遭受所有善和感官愉悦的匮乏状态，远离每一种激情……没有野心或贪婪，一直等待死亡的来临。"（科尔，1995，249）帕斯卡继续说道，当病中的基督徒被迫成了他所应该成为的样子，他应该保持**感恩**的心态。

帕斯卡赌局的主要反对意见聚焦于这个论证本身，而不是提出它的人。在1746年，丹尼斯·狄德罗用以下论证来否定赌局论证："一名伊斯兰教伊玛目也能够以这种方式推理。"在支持上帝存在的同时，帕斯卡没有考虑巴尔（Baal）[①]、摩洛（Moloch）[②]、宙斯或其他神明存在的可能性。在不受教义限制的情况下，我们还必须考虑相反情况，例如：上帝奖励不信者并惩罚信徒的可能性。为了缩小竞争者的范围，帕斯卡必须回到神学思考，而这似乎正是最初被赌局论证所忽视的东西。

圣彼得堡悖论

帕斯卡的赌局也受到了那些不承认无限效用（infinite

[①] 古代腓尼基人信奉的太阳神。——编者注
[②] 一位上古近东神明的名号，盛行于地中海东南岸地区。——编者注

utility）之可能性的经济学家的挑战。他们的有穷主义立场诞生于讨论如下问题的过程中，该问题在尼古拉斯·伯努利（Nicholas Bernoulli）写的一封信中被首次提出，并于1713年正式出版：我们不停地投掷一枚正常的硬币，直到它正面朝上。假设至此总共的投掷次数为n，那么你就会获得2^{n-1}美元的奖金。因此你的预期收益为：（1/2×1）+（1/4×2）+（1/8×4）+⋯+（1/2·n×2^{n-1}+⋯）美元。由于每个加数项都是二分之一美元，并且总共有无穷多项，因此该加式的和是无穷的。因此，一个期待资金最大化的人就应该愿意下注任何金额。然而很少有人愿意下注100美元。

让·达朗贝尔（Jean d'Alembert）将这个难题命名为圣彼得堡悖论（St. Petersburg paradox），因为第一篇关于这个悖论的论文是由圣彼得堡帝国科学院发表的。这篇论文的作者是尼古拉斯·伯努利的堂弟，丹尼尔·伯努利（Daniel Bernoulli）。他指出，将一个人持有的现金从100万增加到200万并不会真正地将其对于这个人的价值翻倍。与前1美元相比，新的每1美元对你的影响往往要小一些。丹尼尔·伯努利的洞见在当代经济学中被称为货币的边际效用递减法则。我们很难对于递减的速率进行精确计算，但丹尼尔·伯努利推断它可以由一个对数函数来表示。这会使得其总和不可能是无穷的。

在经济学中，对赌局问题和圣彼得堡悖论最流行的解决方案是评价性有穷主义（evaluative finitism）。追随着丹尼尔·伯努利的步伐，经济学家在表述决策论的公理时确保价值**必然**是有穷的。这种施加于欲望之上的限制与经济学中的几个主题之间存在张力。经济学家告诉我们，欲望是无穷无尽的，目的不可能是非理性的，重要的是人们对于自己可以获得什么的信念，而不是对于实际存在着什么的信念。无论对错，帕斯卡都是在尝试着寻求天堂的无穷奖赏，逃离地狱的无穷惩罚。的确，大多数人在宗教问题上持有的希望和恐惧都是无穷大的。无论是否真的能够获得无穷价值，经济学家似乎都有义务为那些**相信**着无穷价值的人的选择构造模型。

为了努力贯彻他们的有穷主义，经济学家们向那些怀疑他们理论的人进行谜题轰炸，只要允许决策论中出现任何关于无穷的面向，这些谜题就会出现。首先请考虑一下无穷时间的可能性。在《统计学基础》（*Foundations of Statistics*）一书中，伦纳德·萨维奇（Leonard Savage）指出，你省下的时间越长，你拥有的时间就越多。根据这个道理，一个不死的人应该永远地节省时间！萨维奇随后通过规定他的理论仅适用于有穷的数量，来摆脱这个谜题。但这个谜题并不要求无穷的**价值**。假设一瓶"越来越好"（Everbetter）葡萄酒在不断地变得更好，但其上限是某种中等葡萄酒的质量。（波洛克，1983）这种有穷优质的葡萄酒变好的方式只能类似于 $1/n$ 接近 0 的方式。一个不会死的品酒家应该在什么时候喝下这瓶酒？不是现在，因为这瓶酒以后会变得更好。也不是之后任何特定的时间，因为如果他再多等等，这酒就会变得更好。但这样看起来，他就永远都不会喝这瓶酒了！

或者说，我们可以想象一个经历无穷多次改善的**概率**。假设一个簿记员永久地陷入"中间态"（Limbo）。"中间态"是一种中间性的状态，既不好也不坏。这位簿记员只有一次机会去另一个比中间态稍好的地方度假，比如说在佛罗里达州待上两个星期。由于这位簿记员无法申请到假期的概率等于 $1/n$（n 是他在"中间态"所待年份），所以每当簿记员想要出去度假时，他都毫无疑问应该再等一年。但这些数字似乎会将他永远困在中间态之中。

双信封悖论

经济学家还利用他们的有穷主义来解决最初看起来并不涉及无穷性的悖论。请考虑双信封悖论（two envelope paradox）：你可以在两个装有现金的信封A和B之间选择。你被告知其中一个信封里的金额是另一个的两倍。你先选择了A信封。活动的组织者问你要不要换一下信封。这时，你应该换吗？

当你偷瞄了一眼你所选的信封时，你发现里面有10美元。现在你知道信封B里要么有5美元，要么有20美元。由于这两种可能性概率相等，因此换到B信封的预期收益是（1/2×\$5）+（1/2×\$20）= \$12.50。因为换信封会额外带来2.50美元的预期收益，所以你应该选择换信封。无论你在信封A里看到多少钱，这个论证都成立。因此，即使你懒得看一眼信封A里有多少钱，你换信封的行为也是得到辩护的。

反对换信封的论证如下：A内金额是B内金额的两倍之可能性与B内金额是A内金额的两倍之可能性是相等的。因此，A信封和B信封所带来的预期价值是相等的。反对换信封的人也注意到支持换信封的人所提出的论证有如下奇怪推论：假设在你选择信封A的同时，信封B被拿给了另外一名参赛者。支持换信封的论证也同样适用于他。因此，这个论证会建议他跟你交换信封！

讨论双信封悖论的人一致同意，如果你知道金钱的总量是有穷的，那么是否应该换信封这个问题就应该是可以解决的。

例如，如果你知道游戏组织者最多总共分发出1,500美元，那么如果你在信封中看到了1,000美元的话，你显然就不会想要换信封。如果信封里的金额很接近1,000美元，你也不会想要换信封。如果你发现信封里只有1美元，那么你就肯定会换信封。信封里金额接近1美元时也是同理。当你知道总共有多少钱时，你所选信封中的金额就成了可供推断另一个信封中有多少金额的线索。

但如果金钱的总量是无穷的，该怎么办？这个问题就类似于圣彼得堡悖论了。尼古拉斯·伯努利之后的经济学家抱怨说，双信封悖论忽视了货币的边际效用递减现象。他们将把双信封悖论扔进废纸篓里——里面装着圣彼得堡悖论和帕斯卡赌局。

我个人认为，一个完整的经济学理论（或者伦理学理论）体系必须考虑到一些涉及无穷价值、无穷时间和无穷人口的决策问题。也许有朝一日，物理学或形而上学会证明这些无穷性在客观上是不可能的。但只有在我们忽视决策理论的主观性时，这种"不可能性"似乎才有意义。对于决策论学家来说，重要的是人们对于自己境遇的**认知**，而不是境遇本身。因此，一个不认真对待帕斯卡的决策理论本身也不值得被认真对待。

帕斯卡所持的观点在怪异性方面已经被其他富有天赋的数学家所超越了——有时这种超越甚至建立在其他数学家的痛苦之上。在研究双信封悖论（这个悖论在近年来成为经济学和哲学中的热门话题）的过程中，我发现这则悖论是由著作等身的埃德蒙·兰道（Edmund Landau）于1912年提出的（克拉奇克，1930，253）。兰道本人在1934年被哥廷根大学解雇了，原因是他提出了一种对于π的犹太定义。兰道在教科书中将$\pi/2$表示为一个在1和2之间的x值，x的余弦等于0。他的纳粹学生被这种抽象化所激怒。著名的数论学家路德维希·比伯巴赫（Ludwig Bieberbach）发表了一篇支持解雇兰道的文章，其理由是兰道将自己犹太人的种族风格强加于敏感的德国青年之上。

17

莱布尼茨的充足理由律

根据帕斯卡的说法，我们聪明到能理解我们的矛盾，但是没有聪明到足以解决它们。他最终把概率计算用作通往天堂的阶梯，在完成宗教皈依后就把它踢到了一边。

接下来的三章里介绍的哲学家对我们解决悖论的能力持有更加乐观的态度。他们的基本策略是保守的。每一个都发现了人类思想中的某个成功领域，并将其提升为我们应遵循的思考模板。他们将悖论诊断为未能学习这些模板中暗含的经验所导致的结果。对于理性主义者来说，此处的模板是数学和逻辑学。这种模板的传统问题在于如何去应用它们。那些崇高的先天推理如何能够在充满细节的经验世界中指导我们？在人们愈发不愿意将感官世界视为比由三角形和光滑平面所构成的世界缺少实在程度时，这种裂隙就被扩大了。

莱布尼茨的定律

戈特弗里德·莱布尼茨（Gottfried Leibniz，1646—1716）将概率论阐释为一种连接纯粹演绎推理与经验领域的新方法。在他看来，概率论是逻辑学的一个分支。演绎逻辑所处理的是那些旨在根据前提使得结论**具有确定性**的论证,而归纳逻辑所处理的论证则旨在根据前提使得结论成为**可能**的。身为一名外交官的莱布尼茨希望这门关于机运的数学成为一种可以解决冲突的工具。处于争执中的各方可以将他们的证据汇集起来,然后计算出处于竞争关系中的假设的成立概率。虽然计算不一定能说明事情的真相,但它会带来共识。

在实现这一理想的方向上已经有了一些进展。在一个结构良好的实验中,科学家们会将他们的数据转交给统计学家。分配概率这一工作中的某些部分是非常机械化的,因而可以委托计算机来完成。人们已经用计算机模拟的方式成功得出了蒙提·霍尔问题的正确解决方案。也许计算机有一天会解决一些更加深奥的悖论。

在1678年,莱布尼茨率先将概率定义为我们所想要的情况与所有具有同等可能性的情况之间的比值。如果同等可能性被理解为相等概率(equiprobability)的话,那么莱布尼茨的定义就是循环的。经常被人错误认为发明了这个定义的皮埃-西蒙·德·拉普拉斯(Pierre-Simon de Laplace,1749—1827)时不时地会陷入这种循环之中。

但是拉普拉斯通常会采用以下这种认知标准:如果我们没有更多理由来预期一个事件而不是另一个事件的发生,那么这两个结果就是等概率的。拉普拉斯的这一标准可以被一枚偏向着**未知**一面的硬币所满足。由于你没有更多理由预期正面而不是背面朝上,正面和背面就是同等可能的。虽然你知道这枚硬币在正面朝上和反面朝上之间的倾向性是不同的,但你仍然必须给它们分配相同的概率。概率是一种衡量我们的无知的尺度。接下来,拉普拉斯让我们想象将这枚有所偏向的硬币连扔两次的情况。有如下四种可能的结果：正正，正反，反正，反反。两次投掷结果相同（正正或反反）的事件是否与结果混合（正反或反正）的事件有相同的可能性呢？答案是否定的，因为硬币的偏向会使得相同结果比混合结果更容易产生。拉普拉斯强调，这违反了等可能性（equipossibility）标准：当硬币有所偏向时，结果相同的可能性（正正或反反）比混合结果的可能（正反或反正）更大。

许多人认为拉普拉斯这枚有偏向的硬币指出了"概率"的模糊性。在客观意义上，正面和反面对于一枚有偏向的硬币来说并不具有同等的概率。等概率只能是主观性的：每个结果都得到相同程度的信任。这种主观意义要求我们进一步区分我们所实际分配的概率与我们所**应该**分配的概率。一个不像拉普拉斯那样机敏的人可能会错误地认为我们**应该**向（正正或反反）与（正反或反正）分配相等的概率。我们所应该分配的概率可以通过智性规范来充实。令人惊讶的是，单单要求协调性就足以确保概率分配是与概率微积分相一致的。你的概率分配只有在没有人可以对你施展"荷兰赌"的情况下才会是协调的。（"荷兰赌"指的是一系列赌注：它们各自单独看起来都是公平的，但合起来却会保证赌注经纪人会有净收益。）

对于将客观概率与主观概率混合在一起的等概率概念，莱布尼茨持有形而上学的观点。在解释哪些可能性会成为现实时，他拥有着一种客观的"概率"感。许多可能性是不可能同时可能的。会成为现实的是那些与最少其他可能性发生冲突的可能性。因此，简单性与和谐性是经验真理的指南。

这种关于可能性的客观图景要求着一种幽域，在其中，不存在的实体通过竞争而进入存在领域。

不存在的东西何以能做出任何举动？也许正是这种困难激发了莱布尼茨提出关于等可能性的主观性描述：可能性始于上帝的思想。这些思想中的每一个都是对于宇宙的完整计划。这些可能世界中的每一个都是事物可能拥有的一种协调而完整的存在方式。因为事物本来有如此多可能的存在方式，所以现实世界就只是众多可能世界中的一个。那些被更好的理由所支持的世界存在方式更有可能被上帝所实现。

莱布尼茨哲学中的主观方面赋予了上帝很大的角色。然而当一个人专注于其哲学中客观的一面时，上帝就会看起来像是一个衣架，甚至是一种能让莱布尼茨的皇室赞助人安心的装饰品。

莱布尼茨的哲学体系是建立在两个定律之上的。矛盾律称，任何涉及矛盾的东西都是假的，而任何与矛盾相对的东西都是真的。乍一看，这个原则似乎只排除了一些不甚重要的其值为假的陈述句，例如"莱布尼茨既是玫瑰十字会的秘书又不是玫瑰十字会的秘书"。但莱布尼茨认为它排除了所有的其值为假的陈述句。根据莱布尼茨的说法，陈述句总是具有主词-谓词的形式。如果谓词被包含在主词之中，则该陈述句为真。例如，"每个男人都是男性"是真的，因为该句子的主词"男人"被定义为"男性成年人"，主词本身就包含了谓词"男性"。对于个体而言，主词包括对于这个个体的完整描述。因此，如果人们能够穷尽所有方面地分析"戈特弗里德·莱布尼茨"这一主词，他们就会发现"出生于莱比锡"是无穷长的谓词名录中的一栏。对于一个无限的心灵而言，"戈特弗里德·莱布尼茨出生在莱比锡"这句话是一个先天性的事实。由于莱比锡是"戈特弗里德·莱布尼茨"含义中的一部分，因此对于莱布尼茨的充分理解意味着对于莱比锡的全面理解。主词"莱比锡"又涉及莱比锡的居民和莱比锡与其他城市的关系，等等。完全了解任何一个事物就等于了解一切事物。每个个体都反映了宇宙中的所有其他个体。

尽管这是种整体主义的观点，但每个个体都是"没有窗户的"，因为关于个体的真理不依赖于该个体之外的其他任何事情。事物的内在本性完全决定了它的历史。剪刀对灌木的明显影响并不真的是对灌木的侵害。在刀片和树枝之间存在着一种预先建立的和谐。我们的行为是我们内在本性的一种展开，因此我们是自由的。

有限的心灵不能进行无穷的分析。通常，我们这些受限的思想者只能通过经验性的手段来知道真理——正如会计师必须求助于计算器来确认 $111,111,111 \times 111,111,111 = 12,345,678,987,654,321$。但是这意味着这个等式是有赖于计算器的齿轮或任何其他偶然性的事物才为真的。

莱布尼茨的充足理由律称，一切都必须有理由。莱布尼茨说我们在推理中就不断地用到这个原则。他引用了阿基米德的推理：一个两边重量相等的天平必须平衡，因为没有理由让一方上升而不让另一方上升。

莱布尼茨用充足理由律证明上帝存在。一个可能世界是事物之可能存在的一种完整的、可替的方式。存在着许多个可能世界。为什么我们的世界是现实世界？只有在上帝存在的情况下才可能有理由。

莱布尼茨认为上帝选择了我们的世界，因为它是所有可能世界中最好的。在《老实人》(*Candide*)一书中，伏尔泰讽刺莱布尼茨的乐观主义是一种一厢情愿。但是请试着勾勒出一个更好的、**完整的**替代方案。在哈里·麦克林托克（Harry McClintock）的《巨石糖果山》（"The Big Rock Candy Mountain"）中，一个流浪汉充满渴望地唱着：

> 在巨石糖果山中/你永远不会换你的袜子/酒精汇聚成细流/轻抚着岩石滑下/棚屋都必须打招呼/铁路上的巡警还是瞎子/这里有一个炖汤湖，还有姜汁酒/你可以用大独木舟在里面四处划行/在巨石糖果山中。

这种流浪汉的天堂对于装了假腿的盲警察来说并不会是田园诗般惬意的，对于生出煮鸡蛋的母鸡来说也是如此（更不用说那个因为发明了工作而被绞死的混蛋）。流浪汉对现实世界的改进方向是相对于他自己受限的视角的。

莱布尼茨的预测

不要预期一个完美的世界会**对你来说**是完美的。这个世界在比其他世界都好的客观意义上（作为一个世界）是完美的。由于多样性是好的，莱布尼茨预测存在着各种大小的动物——包括那些对我们来说太小而无法用肉眼看到的动物。他还做出了与亚里士多德相反的预测，即存在着中间性的物种，包括动物和植物之间边界上的生物体。多年之后，达尔文最喜欢的座右铭"自然不会跳跃"就反映了莱布尼茨的这一观点。

莱布尼茨还从充足理由律推断出自然不能制作出完美的复制品。因为上帝没有更多的理由在这儿放下一个复制品，而在别处放另一个复制品。如果 x 与 y 不能被区分开来的话，则 x 与

y 就是同一的。莱布尼茨采用了这个不可区分物的同一性原则来反对原子论的观点。由于原子是简单的物体，它们之间不可能有质的区别。最多只存在着一个原子。然而原子论者宣称存在着很多原子。因此，原子论者会被不可区分物的同一性原则所驳倒。

不可区分物的同一性也会使得一对真空成为不可能。一个真空是无法与另一个真空相区分的。即使是单个的真空也在自然之中构成了缺口。根据连续性原则，这是不可能的。上帝不会希望放弃用善的事物来填充每一处空间的机会。

莱布尼茨将他的形而上学纳入了经验性的实践之中。他最著名的轶事之一涉及以下原则：

> 不存在两个互相不可区分的个体。我所认识的一位聪明的绅士，在索菲亚公主殿下在场的情况下，与我在赫恩豪森花园相交谈。他认为他能找出两片完全相同的叶子。公主不相信他能做到，于是他跑遍了整个花园，花了很长时间企图找到一些完全相同的树叶，但他最终失败了。在显微镜的观察之下，两滴水或牛奶看起来将是彼此可区分的。这是一个通过真实的形而上学原则来反驳并驳倒原子和真空的论证（1989，333）

莱布尼茨用到了不可区分物的同一性原则来拯救充足理由律。乍一看，布里丹之驴就是充足理由律的反例。试想一下，某一个人想要饿死一头驴，于是向它提供了两束具有同样吸引力的干草。这是一种没有希望的杀驴方法。这头驴难道不会随意选择一束草而不是另一束吗？莱布尼茨则坚持回应称，两捆干草之间必然不可避免地存在微小的差异。

这个解决方案是不完整的，因为不可区分物的同一性原则并不能保证存在的差异是与议题相关的。莱布尼茨不得不承认两个鸡蛋在**形状**上可以是完全相似的。他只是否认两个鸡蛋在所有方面都完全相同。那么是什么使得这两束草在**可欲性**上不完全相似？既然我们所讨论的其实是**感知到的**相似性，那么为什么驴子不可能对不同的草束有相同的欲望呢？根据经验而言，感知到的相似性比实际上的相似性更容易实现。

人们也可能指责莱布尼茨夸大了其预测的精确性。尽管不可区分物的同一性原则意味着没有两片叶子是完全相同的，但它并不能预测人类总能发现其间的差异。如果他所说的那名绅士找到了两片看起来完全相同的叶子，那么莱布尼茨就会不得不退一步而澄清说"不可区分"必须是相对于上帝而言的。只有上帝才能感知到所有的性质。

科学家们也和莱布尼茨一样，倾向于高估自己理论的预测精确度。当他们的预测得到确认时，他们不会留意到背景性假设所起到的作用以及将理论与预测联系起来所需的许多归纳性跳跃。

几何概率学

游戏通常被组织为一系列人为的离散元素：骰子的相等面，一副扑克里形状均匀的卡牌，等等。这鼓励了概率总是可以还原为排列组合问题的信念。组合理论是在莱布尼茨的《论组合》中首次被提出的。

在1777年，法国博物学家布封伯爵，乔治·路易斯·勒克莱尔（Georges Louis Leclerc，Comte de Buffon）表明，组合不可能是概率学的完整基础。他是从一个涉及连续性结果的流行游戏中获得其不完整性论证的灵感的。赌徒们在铺满了全等正方形瓷砖的地板上随机地投掷硬币。他们打赌的内容是硬币是否完全落在单个方形瓷砖的边界内。布封意识到，当且仅当硬币的中心落在一个比瓷砖本身更小的正方形内时，它才会准确地落在瓷砖边界内——那个小正方形的边长等于瓷砖的边长减去硬币的直径。打赌者获胜的概率就是小正方形的面积与整个瓷砖面积之间的比率。

这是"几何概率学"研究的开端。在几何概率学中，概率是通过将测量进行比较，而不是通过指认和计算出可互相替换的同等可能的离散事件来得以确定的。接下来，布封思考了涉及更复杂形状的情况。在其著名的"投针问题"中，一根针被随机地抛掷在一个标有等距平行线的地板上。当线的间距等于针的长度时，针压线的概率就等于$2/\pi$。

π出乎意料地出现在了对概率的衡量之中，这例证了数学中的相互关联性。人们对π这个无理数可以可靠地进入一个随机过程中感到印象深刻。在1901年，M. 拉泽里尼（M. Lazzerini）报告称自己完成了3408次投掷，并计算出了π等于3.1415929——这个数值仅与π的真实值相差0.0000003。（虽然这很著名，但这个结果实在是过于精确，以至于让人不敢相信它为真。少数不嫌麻烦地探究其中细节的数学家得出结论称这个结果要么存在方法错误，要么涉嫌伪造数据。）

拉泽里尼遵循布封所开创的随机模拟传统。布封鼓励他的读者通过反复在棋盘上掷针来验证他的计算。在同一篇文章中，他报告了一个用于确定圣彼得堡游戏中n值的模拟过程。他让一个孩子不停地投掷硬币，直到它正面朝上落地。孩子这样连续地做了2,048次。结果表明，尽管期望值是无穷的，然而这个游戏的值仍为5。

拉普拉斯和布封是通过将无差别原则扩展到涉及无数个事件（对应于线上的一个点和平面上的一条线）的情况来解决"投针问题"的。其中的基本思想是找到一种公平的方法来将有利的区域的面积和整个可能面积进行比较。作为一名理性主义者，莱布尼茨会为无差别原则产生了如此有趣而且可以通过实验验证的精确结果而感到非常高兴。

伯特兰悖论

在1889年，约瑟夫·路易斯·伯特兰（Joseph Louis Bertrand）发表了一系列概率悖论，它们挑战了无差别原则。他最著名的模拟实验和布封的针头实验十分相似，除了针是被投掷到一个小圆圈上的。以下是伯特兰在数学上的崭新表述："我们在圆里**随机**地画上一条弦。这条弦比这个圆的内接等边三角形的边更长的概率是多少？"（1889，4—5）伯特兰对于这个问题给出了三个相互矛盾但表面上令人信服的答案。

第一种解决方案：圆的弦是接触了圆周上任意两点的直线。为方便起见，请考虑由等边三角形顶点A出发的所有弦，如图17.1所示。（本论证也适用于除此顶点之外的点。）在180度的方向上都存在着从A点出发的弦。任何位于∠BAC——即"阴影"区域——内的弦都长过三角形的边。从A出发的所有其他弦都必然更短。由于这个内接三角形的三个角相等，故而∠BAC为60度。因此，60/180=1/3的弦比内接三角形的边长更长。因此，答案是1/3。

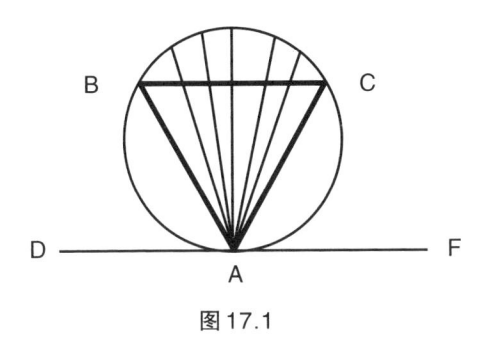

图17.1

第二种解决方案：每条弦都可以由其中点而被独一无二地指认出来。现在请考虑那些中点处在小圆圈以内的弦。这个阴影圆圈（图17.2）的半径是大圆半径的一半。恰好那些中点在小圆圈以内的弦比等边三角形的边要长。小圆圈面积是大圆的1/4。因此，答案是1/4。

图17.2

第三种解决方案：请考虑一条直线将三角形和圆都平分，如图17.3所示。比三角形边长更长的弦的中点会更接近圆心，而不是更接近半径的中点，也就是说应该低于H点并且高于I点。如果中点在半径上均匀分布（而不是像在第二个解决方案里那样在整个区域里均匀分布），那么概率就会变成1/2。

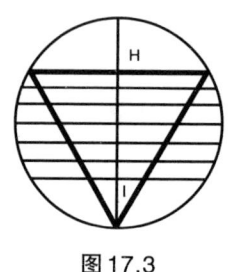

图17.3

伯特兰让我们体验了一次选择过多带来的窘境。根据推理过程和结论来说，每个答案都是可以接受的。此处的悖论在于推论**之间**的不相容性，而不在于推论本身**内部的不相容性**。这三个**推论**单独而言都是合理的，但是合起来就不协调。

几何概率学悖论对于那些根据不可接受的结论来将悖论加以归纳的理论家来说是一个大麻烦。伯特兰的三律背反（three-armed antinomy）拥有三个单独来看可以接受的结论。

那些根据惊人结论来判断悖论的人可能会给出如下回复：伯特兰的悖论把独立的计算用作独立子结论的基础，然后把这些子结论纳入一个有着三个前提的高阶论证："概率为1/3，概率为1/2，概率为1/4。因此，概率为1/3和1/2和1/4。"在这种分析之中，悖论存在于高阶结论"概率为1/3和1/2和1/4"之中。

这种高阶结论方法不能推广到存在着无穷多个相互冲突的计算的情况之中。通过数学的论证，伯特兰相信符合上述类型的计算有无穷多个。一个论证的前提数量只能是有穷多的。因此，一个拥有着无穷多向的背反不能压缩成一个单一的论证。

一个二律背反是一组论证，而不是一个论证。论证组可以是无穷大，因此可以包含无穷多的前提和结论。同时也存在着二律背反组。正如我们将在第20章中看到的那样，伊曼努尔·康德认为纯粹理性的二律背反就是一系列二律背反，而它们潜伏在莱布尼茨与塞缪尔·克拉克开展的一场划时代辩论之下。原则上而言，二律背反可以用无穷的升序层次来加以排序。

除了这个形式上的问题之外，这种高阶论证的方法也是很勉强的，因为只要简单地检查一下前提就足以证明这个高阶论证是靠不住的。我们根本不需要去偷看这个矛盾的结论。正如（在第8章中讨论过的）混杂论证不是悖论那样，高阶论证并不是悖论。

伯特兰是通过怀疑主义来消解自己的悖论的："在这三个答案中，哪一个是正确的？三者中没有一个是不正确的，也没有一个是正确的——这个问题本身是错误的。"（1889，5）伯特兰隶属于一个有穷主义的数学学派；该学派的人对于涉及无穷多选择的问题是否有意义保持怀疑态度。

但是这个问题真的就如此令人绝望吗？E. T. 杰恩斯（E. T. Jaynes）承认伯特兰悖论"已被引用给几代学生，以证明拉普拉斯的'无差别原则'包含逻辑上的不协调"。（1973，478）但是为什么不让大自然母亲来决定这个悖论的正确解决方案呢？因此，杰恩斯和一位同事进行了一项实验。其中一人将稻草投向在地板上画出的一个直径5英寸的圆圈。他的实验结果表明正确的答案是1/2。

巴斯·范·弗拉森（Bas van Fraassen, 1989，第12章）愿

意接受杰恩斯的实验，认为它提供了正确的答案，但他将这个实验视为对于无差别原则的一种得不偿失的胜利。根据范·弗拉森的说法，无差别原则应该在没有证据的情况下提供初始概率。意思是说，我们总是可以通过将证据之缺乏本身作为分配概率的基础，以此来避免概率缺口（即找不到一个可以附加到命题之上的概率）的出现。杰恩斯的实验只是在通过积累数据来解决这个问题。

范·弗拉森认为，无差别原则体现了理性主义者从无中生出有来这一梦想。他认为莱布尼茨对经验世界的正确预测与那些自称先知的人所做出的预测别无二致。他们的预测的某种准确性不过是错觉。先知们可以做出许多模糊的预测，并且忘记大多数错误得太离谱，以至于怎么都不能被解释为准确的预测。如果说先知们的预测体现出了任何真正的知识的话，那这些知识是通过秘密地依赖于观察和实验而获得的。理性主义者可能没有意识到，好的过时观念才是他对世界本质的伟大洞见的真正源泉。但如果他想真正了解他是如何理解这个世界的，那他就应该把自己限定于观察和实验之中——至少范·弗拉森的经验主义前辈是这样说的。在下一章中，我们将看到他们如何避开那些困扰着理性主义的悖论。

18

休谟吞噬一切的观念

大卫·休谟（David Hume，1711—1776）看起来更像一名"吃海龟的市议员"，而不是哲学家。当这位性格开朗的苏格兰人在法国沙龙中广受欢迎时，**启蒙哲学家们**常常开他体型肥胖的玩笑。有一次，当休谟走进一个房间时，达朗贝尔引用了《约翰福音》的开头："道成肉身。"一位仰慕"好人大卫"的女士应声说道："道成了这个可爱人。"

在休谟完成自己获取作家名望的目标之后，他的朋友们敦促他更新他的畅销书《英国史》。他回应道："先生们，你们太抬举我了。但我有四个理由来解释为什么我不写：我太老、太胖、太懒、太富了。"休谟喜欢晚宴。在他主持的一次晚宴上，一位客人抱怨世界充满着恶意。休谟回答说："不，不，我关于所有种类的主题——道德方面，政治方面和宗教方面——写过文章，故意唤起敌意，但我没有敌人。当然，除了所有的辉格党人，所有的托利党人，以及所有的基督徒。"（法迪曼，1985，293）

休谟认为理性给常识的支持几乎为零，而给宗教的支持是个负数。经验主义的核心在于设定限制。理性主义者声称纯粹理性可以证明关于世界的实质性事实。经验主义者则说，只有经验才能揭示出存在之物及其运作方式。纯粹理性只能告诉我们什么推出什么。物理学的革命似乎证实了经验主义，因为它要求所有关于自然的主张必须得到观察和实验的支持。

从这些科学性的严肃前提出发，休谟组织了一场悖论的盛宴。首先，正如在关于品味的问题上没有争论的空间那样，关于最终目的也没有争论空间。"应然"判断总是相对于某个规定好的目标。理性和经验只能告诉我们用哪种手段可以达成哪种目的。"理性是并且应该是激情的奴隶，永远不能僭越到任何服务和服从于激情之外的其他职位上。"（1739，415）。食人族可以理性地喜欢吃他们的孩子，而不是喂养他们。

当我们将注意力转向自然的主要过程时，我们无法证明"刀子**使**羊肉与羊腿骨分开"这个信念。我们所观察到的只是相关性，而不是因果性。我们也不能观察到未来。因此，我们没有理由相信未来会像过去一样。确实，在过去，面包可以提供营养。但在我们尚没有样本的未来，面包也有可能突然变得有毒。

如果我们审慎地把注意力放在现在，休谟带来的坏消息也并不会就此消失：我们无法为我们的观念忠实地描绘了外在物体的本质这种信念提供辩护。我们甚至无法证明当大家都离开房间去喝雪利酒时，放在房间里的那碗樱桃继续存在着。实际上，我们没有理由相信存在任何独立于思想的事物。

这种关于客体的思路也适用于主体。那些被认为对思想负责的思考者并不比盘子和布丁更容易被观察到。因此，对于实体自我的信念仅仅是一种偏见。笛卡尔的"我思故我在"过度地解读了相关数据。他只有权利说"存在着观念"。

在这个令人兴奋的夜晚结束时，唯一剩下的就是观念了。

观念会逐渐毁灭它们所代表的东西，包括思考着它们的那些人。

休谟对于怀疑主义论证在遏制迷信以及缓和宗教狂热主义方面的力量感到十分高兴。然而，就像许多谨慎的人那样，休谟也有点嫉妒那些轻信的人。他经常参加由一位严厉且正统的牧师所领导的教会服务。当休谟被人指责前后不一时，他回答道："我不相信他所说的一切，但他相信。我愿意每周一次去听一个相信自己所说的话的人说话。"（法迪曼，1985，293）

休谟认为即使是像塞克斯都·恩披里柯这样的怀疑论大师也只能对日常信念产生转瞬即逝的影响。常识与知觉对于生存来说至关重要。自然确保了理性无法压制它们。在研究中，哲学家可能会怀疑外在物体是否存在。但一旦他回到朋友的陪伴中，回到社会中，自然和习俗就会重新获得主导地位。除了宗教之外，有抱负的怀疑论者最终也会相信他的邻居所相信的东西。

休谟这种在茫然之中与多数人站在一起的态度并没有安抚到他的敌人们。他们认为休谟在此放弃了他作为哲学家的责任。休谟说，我们必须满足于心理学的解释，而不是尝试去证明我们的核心信念或者去扩展我们的知识。我们**应该**相信什么这一问题将被对于我们实际上如何形成信念的描述所取代。

大卫·休谟在区分圣人和疯子时很慢，这种做法具有挑衅性。这导致当休谟于1745年被提名为爱丁堡大学的道德哲学教授时遭到了部长和镇议会的投票反对。他不得不转而成了一位贵族的家庭教师，而这名贵族最后被发现是疯子。亨利·托马斯对于这种报应津津乐道：

> 这名哲学家和这个疯子一起住在一个僻静的房子里。这

主人的情绪是无法预测的。有一天，他把休谟搂在自己的心口。第二天，他把休谟赶出了房间。他像小猫一样咕噜，又像狗一样吠叫。他跳过沙发并且爬下楼梯栏杆。他会悄悄地爬过地毯，然后朝向他的导师发出幽灵般的笑声。最后他们把他锁起来。他恳求能见到他的导师并与他讨论人类理性中令人困惑的问题。（1965，124）

真是令人意想不到的结局！让我们试着通过回顾英国经验主义的发展过程来理解是什么地方出了问题。

洛　克

约翰·洛克（John Locke，1632—1704）用《人类理解论》（*An Essay Concerning Human Understanding*）开启了英国的经验主义传统。在此之前，他曾与五六个朋友讨论过人类的理解问题。但他们陷入了语词之争、无法验证的断言以及循环推理中。洛克得出的结论称："在我们开始对于自然的探究之前，有必要首先检视我们自己的能力，以看出我们的理解力适宜于或者不适宜于处理哪些事物。"（1975，7∶14—33）洛克并不渴望成为物理学或化学学科的宏伟设计者，而是决定以"低级劳工"的身份工作，以便"清除那些挡在知识面前的垃圾"。（1975，9∶34—10∶26）

洛克是一个反权威的人，他认为"懒惰地依照讨来的意见而生活"是有损尊严的。他的指导原则是，我们关于世界所了解的**一切**都是通过经验来获得的。如果你从来没有尝过菠萝，那么你就不可能对于它的味道拥有合理的观念。经验对于概念的形成至关重要，因此它对于用概念表述的命题知识也是必不可少的。他指出，当理性主义者难以找到任何观察结果来支持其原则或者解释我们如何拥有概念时，他们并不会就此投降。相反，他们会说这个概念或原则是天生的。这是一种懒惰的哲学思考方法。洛克否认我们有任何天赋观念。新生儿并不会相信平行线永远不会相交。新大陆的印第安人并不知道理性主义者所兜售的普遍原则。

洛克认为我们来到这个世界时都是白板。随着经验像移动着的手指那样在白板上写画，我们会注意到相同类型事物的重复（比如蜡烛上的火焰和炉膛中的火焰）并且将不同类型事物（火和烟）的发生关联起来。理性主义者指出，若要做出这些判断，我们需要一般性的概念。因此，他们推断概念知识在逻辑上优先于经验知识。洛克试图用一种抽象理论来同时解决这种询问悖论和共相问题。根据洛克的说法，我们是从关于某只猫的特殊观念中去掉那些不被其他猫共享的特征，来得出关于猫的一般观念的。这种过程产出的结果是一种模式，也即"猫"的含义。

当光线从樱桃上反射进入你睁开着而且健全的眼睛时，你才知道你面前有一颗樱桃。这种光线刺激促使你的大脑形成樱桃的形象。由于脑中的形象可以在没有樱桃的情况下存在，因此你必须通过**推断**来得出樱桃的存在。错觉和幻觉表明我们并不是直接地感知外在物体的。当我们发现光的速度是有限的时，这一道理也得到了巩固。在知觉的原因和知觉的结果之间存在着时间差。仙女座星云是肉眼可见的，但是那些光花了200万年才到达我们的眼前。由于感知者只能直接看到他现在所看到的东西，所以他只能**间接**地感知到他所感知到的形象的外在诱因。

洛克的知觉理论被称为表征实在论（representative realism）：感知者必须从他内在拥有的直接表征来推断出外在实在。"观念之道"（way of ideas）引发了外部世界问题。我如何能判断我拥有的樱桃表征在多大程度上对应于樱桃本身？这是一个严肃的物理学问题。当伽利略构建他的望远镜时，他必须测试其图像的保真度。在一个港口里，他让一群显赫的市民代表通过他的望远镜观察远处的船只。当船进港时，市民可以验证船只是否还有两小时之前从望远镜里看到的那些细节。望远镜里的图像有着轻微的扭曲，而显微镜下的图像则非常扭曲。基于显微镜的观测曾经长期受到质疑，而这种态度并没有被迁移到望远镜上。

物理学家们已经对我们视觉图像的保真度有所怀疑了。罗伯特·波义耳（Robert Boyle）提出了第一性质和第二性质的区分。第一性质（比如形状、质量、距离、运动）是确实地被物体所拥有的，而第二性质（比如颜色、温暖、美）则是由物体的第一性质和观察者的心理构成结合起来而产生的。樱桃本质上不存在美味或好看。樱桃确实具有一定的客观化学成分，后者与舌头相互作用时可以产生甜味感。物理学家研究的是第一性质，因此他们根据质量和形状而不是根据美和甜来表示物理法则。

许多物理学家曾经（和现在）都准备将大量的错觉归咎于人类观察者。他们中的大多数人认为颜色是一种第二性质。樱桃反射光线的方式会产生红色的视觉图像，但这种红色并不是樱桃本身的性质。物理学家们将这种欺骗性与我们对樱桃圆度的观念相提并论，这是不公平的。樱桃确实是圆的。我们对于樱桃的视觉图像忠实地描绘了它的圆。

洛克最终注意到他在证明第一性质与第二性质的区分时遇到了麻烦。对于第二性质之客观性的怀疑似乎也会影响到第一性质。通过观察河马，我可以判断一个关于河马的雕刻与河马本身的对应情况如何。但我无法将我对河马的观念与河马本身进行比较。我被限制在一个"观念之幕"中。当我处在这种幽闭恐怖的思维模式中时，我还会想到更多更加激进的忧虑。我如何知道其他人对这个世界的经验是否与我一样？也许我的邻居对于颜色的经验与我对颜色的经验是完全相反的（当我看到绿色时，她会看到红色，对于色轮上的所有其他颜色也是如此）。我的邻居如何将红番茄与青番茄分开——或者她做的任何事和说的任何话——无法揭示出这种系统性的倒置。

洛克回应外部世界问题的方式强调知觉观念的非自愿性。当一个人想象大学庭院中的一棵树时，他可以决定树的大小和种类。但是当看到树时，树的图像就不受他的控制了。对于视觉模式的最佳解释是，它是由庭院中的树的特征所引起的。当从实验数据中推论出实体时，物理学家是在进行相同类型的推论。

洛克确实对于实体越发地感到不安。一个实体看起来像一个模糊的"我所不知道的东西"。因此，他更倾向于从心理学角度来分析重要的概念，而不依赖于实体。例如，洛克将"x与y是同一个人"这句话分析为x与y具有相同的记忆。如果一个王子醒过来后所拥有的是一个鞋匠的记忆，那么这名王子就是那名鞋匠。洛克之后的经验主义者将极大程度地详述洛克对实体的担忧。

贝克莱

爱尔兰人乔治·贝克莱（George Berkeley，1685—1753）相信洛克的唯物经验主义剥夺了上帝所担任的所有解释性角色。这削弱了经验主义抵抗怀疑论的能力并在无意中促进了无神论思想。然而，贝克莱却被经验主义理智上的诚实所吸引。他怀疑洛克在经验主义中掺杂了科学崇拜的元素。洛克试图让经验主义成为他那个时代的微粒物理学（the corpuscular physics）的基础。贝克莱认为这两者是不相容的。的确，牛顿物理学大致来说暗示了经验主义。但在加以澄清之后，贝克莱认为这种经验主义会谴责牛顿物理学中的重要元素：物质对象、绝对空间、无穷小、显微镜可见物质、原子、真空等。信奉牛顿学说的人对这些超验、神秘和全然不自洽的物体所抱有的持久忠诚态度表明教条主义不仅仅出现在反科学的基督徒中。

贝克莱对于洛克的抽象观念理论感到尤其困扰。洛克说，关于猫的一般观念是：一种具有颜色但没有特定颜色、具有重量但没有具体重量，具有性别但非公非母的动物。这种不确定性是不可想象的。不能被设想的东西是不可能存在的。因此，不存在关于猫的抽象观念。著名的洛克在这个问题上是在胡说。

只存在着具体的观念，它们被抽象地使用。请想象一个女人搬进一间空房子并在考虑如何摆放她的家具。她没有来来回回移动家具，而是将布条放在地板上，分别代表她的沙发、橱柜、椅子、钟表和镜子。她通过仅考虑布条的位置而不是它们的尺寸或形状或颜色来比较各种布局。从她处理具体布条的方式中可以明显看出她的抽象推理，而这种抽象推理不能从她对本质上普遍的实体的拥有中看出。

贝克莱对洛克对于物质对象的"观念"同样持怀疑态度。沙发、镜子和樱桃是肯定存在的。我们可以坐沙发，照镜子，吃樱桃。但是物质对象应该是构成这些经验的基础。根据洛克对于第一性质和第二性质的区分，樱桃看起来是红色的，但它本身不是红色的。它尝起来是甜的，但本身并不是甜的。樱桃本身只具有质量、形状等第一性质。但贝克莱反驳道，这些观念只能与其他的观念相似。当伽利略将一艘船在望远镜里的图像与近距离被看到的这艘船相比较时，他是在将图像与图像进行比较。关于颜色依赖于心灵的论证，同样有效地表明了形状、大小和距离对于心灵的依赖。

贝克莱还以一种更激进的理由来反对第一性质和第二性质的区分：物质对象的观念是不自洽的。我们对樱桃的观念必然是关于某种甜的、红色的事物的观念。经验主义的真正精神在于跟随表象。因此，经验主义者应该拒绝物质实在，将其视作哲学家的伪造物。存在即被感知。

贝克莱不可能没意识到他的观念论似乎是在弃常识于不顾。一位主教谴责年轻的贝克莱徒劳地追求新奇事物。一名医生在阅读了贝克莱的《人类知识原理》(*Principles of Human Knowledge*) 一书后认为作者疯了。甚至贝克莱的一个重要盟友，讽刺作家乔纳森·斯威夫特 (Jonathan Swift)，也吩咐他的仆人不要给来访的贝克莱开门，原因是贝克莱认为他自己可以穿门而过。

由于关于门的观念之一是其不可穿透性，贝克莱是可以轻松解释为什么他不能穿过门的。他还可以通过诉诸醒过来这一经验之中的有序性来解释为什么所有的这一切都不是梦境。

当被问及在我们不再感知物体时为什么物体会继续存在，

贝克莱显得更加笨拙。贝克莱的答案是，上帝会继续感知人类所没有观察的物体。

批评者坚称，贝克莱的口号"存在即被感知"必定是错误的，因为他们可以想象一棵未被观察到的树。可以被设想的东西就有可能存在。因此树的存在并不意味着一个感知者的存在。

贝克莱将这一思想实验描述为自我推翻的。一个人声称自己在想象一颗未被感知的树的同时就在从特定的角度和颜色来设想它。在任何情况下，想象这一行为本身都是一种感知。

是这样吗？在1827年，虔信的瑞士画家利奥波德·罗伯特（Leopold Robert）冒犯到了一些观赏他名为"两个女孩沐浴宽衣"的画作的人们。他向观赏者们保证道："我把这些人物放在了一个完全隐蔽的地方，这样他们就不会被任何观众看到。"（法迪曼，1985，471）尴尬的画家罗伯特试图在"观察对于脱衣女孩的描绘"与"描绘对于脱衣女孩的观察"之间找到一种真正的区分。对贝克莱的反驳可以用相同的语法来构造：有些人可以在想象一棵树的同时并不想象到有人在想象着树。

贝克莱将自己视为常识的捍卫者。是他的反对者们在假设在日常的表象世界之下存在不可见的实体。有时候，贝克莱不得不承认即使是普通人也相信物质对象的存在："这确实是一种奇怪地普遍存在于人类之中的观点：房屋、山脉、河流，以及总之所有可感的物体都有着自然的或真实的存在，不同于其被理解力所感知的存在。"（1986，1，4）

如果没有对应着"物质对象"的观念的话，人们何以能形成山是物质对象的信念呢？如果洛克不能设想抽象观念的话，他又怎么会错误地认为存在抽象观念呢？贝克莱取笑牛顿的无穷小这一概念。但是，如果这个观念并没有存在着来供他取笑的话，他又怎么能嘲讽牛顿的这一概念呢？

又是休谟

大卫·休谟接受了贝克莱对于洛克的大部分批评。仰慕西塞罗对于怀疑主义和斯多葛主义之混合的休谟并没有兴趣去反对怀疑主义（尤其如果理性适合于被放进神学的盔甲之中的话）。休谟愿意接受任何种类的后果。他接受把经验主义升华为证明信念的正当性的唯一资源。如果某一个信念不能与观念之道相符的话，那么休谟也并不愿意采取英雄主义的手段来拯救它。斯多葛派的经验主义者必须通过足够超然物外来接受坏消息。如果在公开否决之后信念仍然鲜活的话，那么休谟就认为该信念之存在从来都不依赖于理性。

休谟在其职业生涯初期抱有相对的乐观主义态度。他希望在心灵研究领域复制牛顿在物理世界研究领域的贡献。通过将洛克对天赋观念的反对描述为对于理性主义过度行为的一种令人困惑的过激反应，他增加了经验主义者可资利用的理论资源。经验主义者可以自由地承认我们天生就拥有着很多观念。他只需要否认这些观念能为任何信念提供辩护。休谟区分了概念经验主义（即我们所有的观念都来自经验）和判断经验主义（即所有得到辩护的命题都是由经验辩护的）。经验主义者可以进一步承认儿童的成长是分阶段的。因此，他们认知发展的过程不一定要被描述为经验的不断积累。当孩子处理经验的能力突然增长时，他的经验知识也会突然增长。

休谟通过为情绪和感觉提供更多空间的方式解放了伦理学和美学。经验主义者不需要将道德辩护解释为观察和实验的产物。对与错的区分归根到底所关涉的是什么能够使得理想中的判决者满意。这种温和的理想化消除了偏见和无知，但旨在保留判决者人性的一面。理想中的判决者依然是由情绪带动的，只是这种情绪是没有被污染的。

休谟通过主张存在着实然/应然裂隙来强化这种情绪路径。过去的伦理学家会从那些描述经验实在的前提开始，然后发展出事情应该是什么样子的主张。休谟认为，道德论证的前提也需要是道德前提。这些关于事情**应然**状态的前提不能仅仅从关于事情**实然**状态的前提推出。因此，伦理学家无法回答"为什么要有道德？"这一问题。对于休谟而言，道德动机的问题从来不会产生，因为道德是一种关乎感觉的问题。

他认为归纳推理之中也存在裂隙。我们如何知道明天太阳也会升起？没错，太阳在过去的每天早上都升起了。但这并不意味着明天早上太阳也会升起。我们可以设想地球变得静止不动或者太阳爆炸的情形。因此，"太阳明天会升起"没有**演绎性**的辩护。那么存在着归纳性的辩护吗？仅当我们可以得到辩护地相信未来将类似于过去的情况下，才会存在归纳性的辩护。我们可以想象这个命题为假，因此它不能以演绎的方式得到证明。但任何关于"未来将类似于过去"的归纳论证都将依赖于该原则本身，并因而是循环的。例如，有人说未来将类似于过去，因为过去的未来总是类似于过去的过去。但这并没有消除过去的未来与未来的未来之间存在断裂的可能性。

休谟意识到经验主义者很难从相关性之中推出起因。我们可以观察到，当移动的台球撞击到静止的台球时，静止的球就会开始移动。但我们没有看到第一个球**使**（forcing）第二个球移动。常识中的因果观包括这种自然的迫使概念。因此，经验主义者没有办法保全这个起初看起来可信的观念：人们可以观察到某事物导致（causing）了其他事物。

为了使这个判断更可接受，休谟提供了一个心理学理论来解释为什么我们会错误地认为自己直接知觉到了第一个球导致了第二个球移动。当我们看到其后往往会发生B类型事件的A类型的事件时，**习惯的力量**引导我们期望B的发生。我们将这种内在的必然感投射到了事件上。

在消除因果关系之后，可以聊作安慰的是，因果关系不再威胁到自由选择。如果自然迫使是一种迷思的话，那么人们就不会被迫去做任何事情。休谟对自由的理解是消极性的——他认为自由指的是不受胁迫和障碍所影响。因此，无论科学家们如何编织他们的相关性网络，我们都可以保全自由。

休谟认为当我们的知觉被打断时，我们会进行另一种投射。如果我正在观赏位于爱丁堡的亚瑟王座山，然后短暂地闭上眼睛，亚瑟王座山会在我睁眼之后看起来是一样的。这种表象的稳定性使我对同样的表象有了稳定的期望。我将这种连续性投射到了外部的山上。对于那些以可预测的方式发生变化的事物，我们会做出更加复杂的篡改行为。我知道木头在燃烧时是如何变化的。我所期望的这种变化模式被投射到外部木头上面。"想象力，当它被置于任何思维过程之中时，即使它的对象没能与它保持一致，它也有继续运作的倾向。这就像由船桨的力量而运动起来的帆船那样，即使在没有新的推力的情况下它也会继续前进。"（1739，198）我们捏造了连续性的存在物，即使我们并不是得到辩护地相信我们对这些事物的篡改。那些在理解外部世界时遇到这种麻烦的经验主义者在理解自我时有望找到一种受欢迎的对比。对你而言，还有什么比你自己更容易通达呢？

但休谟说，就他自己的情况而言，他在尝试通达自我之后收获的只是更多的观念。

休谟对自我最好的经验理解是，将其看作一束观念。这种束理论（bundle theory）的优点是避免一些关于实体的悖论。如果像亚里士多德所认为的那样——实体优先于属性，那么我们可以问，如果尤里乌斯·恺撒拥有马克·安东尼的所有属性而马克·安东尼拥有尤里乌斯·恺撒的所有属性（甚至达到他们的名字都交换过来的程度），这个世界会是什么样的。这个世界会看起来和我们的世界完全一样。这里的不可分辨性让许多人倾向于否认我们所描述的是一个不同于我们的世界的可能世界。我们只是用不同的语言描述了我们自己的世界。莱布尼茨用不可分辨者的同一性原则——没有两种实体具有完全相同的属性——解决了这个悖论。但休谟的束理论则通过宣称没有优先于属性的实体而在更彻底的层面上消解了这个理论。如果人们将实体看作可以在上面插针（属性）的垫子，那么问什么是纯粹实体就是有意义的。将一个垫子上的所有针与另一个垫子上的所有针交换也是有意义的。但如果实体只是针的集合的话，那么这些关于实体的问题就不会出现。

但是束理论有其自身的悖论。基本问题是这些束过于随意，以至于无法维持对于不同自我的直观区分。是什么让一束观念成了**我**，而另一束成了**你**？不能是因为**我**想到了那些构成我的束的观念。因为那会重新引入一个优先于其属性的实体。也不能是因为我这一束观念里面的各观念之间的相互影响。因为观念是"松散和分离"的，一个观念的存在永远不会迫使另一个观念存在，也不会排除另一个观念的存在。鉴于只有观念存在着，我的以下信念也没有得到辩护：与我的观念流相联系的只有单一的一个自我，而不是一连串短时间存在的多个自我——每个自我对应一个观念。休谟不得不承认："被困在这样一个迷宫中，我必须承认，我既不知道如何纠正我以前的观点，也不知道如何使它们变得协调。"

简言之，存在两个原则，而我无法使得它们变得协调，我也没有能力放弃他们中的任何一个：一、我们所有不同的知觉都是不同的存在；二、心灵从不感知不同存在之间的任何真正的联系。我们的知觉若是存在于简单和个体的物体之中，或者心灵会感知到它们之间存在某种真正的联系的话，就不会有任何困难。就我而言，我必须恳求怀疑论者的特权，并承认这种难题对我的理解来说太过困难了。（1739，636）

19

托马斯·里德的常识

在宗教改革之后,战争与内乱在欧洲人的意识之中占据了越来越显著的地位。悖论被用军国主义的词汇描述。理性主义者站在数学和纯粹理性的堡垒顶端为自己辩护。经验主义者退回到了不断发展的物理学堡垒之中。托马斯·里德(Thomas Reid)则将战争引到了常识的平原之上。

里德在他的《按常识原理探究人类心灵》(*Inquiry into the Human Mind: On the Principles of Common Sense*)一书的前言中写道:

> 在《人性论》于1739年出版之前,我从未想过质疑那些被普遍接受的关于人类理解的原则。那篇讨论洛克哲学原则的论文的机敏作者建立了一个怀疑论体系,该体系使得我们没有根据去相信任何东西本身,而不是去相信它的反面。他的推理在我看来是公正的;因此,我们有必要要么对其所基于的原则提出质疑,要么承认其结论。(1764,1)

里德实际上将这些原则追溯到笛卡尔。如果你认为你所直接感知到的只有观念,那么你关于这个私有领域之外的事物的任何信念都必须通过推理来得到辩护。如果你能证明一个命题不能被与我们的观念相关的前提所证明，你就已经表明了它并非建立在理性根据之上。

笛卡尔将观念看作完全可知的。它们没有隐藏的属性。观念与它们看起来的样子完全一样。它们为确定性设定标准。关于观念的真理是一个阿基米德点，它允许理性从看似不可移动的常识星球之中撬走迷思。鉴于笛卡尔的"观念之道"，理性像一个法庭一样运作，它监督着所有其他官能的表达。里德写道：

> 广被接受的关于心灵的哲学中所存在的缺陷和瑕疵——这是这种哲学被明智之士蔑视和嘲笑的最重要原因——主要源自这一点：出于对该理论有利的自然偏见，这种哲学理论的信徒努力将该理论的管辖范围扩大到其正常范围之外，并要求它阻碍常识所发出的指令。但是这些指令拒绝这种哲学的管辖权；它们蔑视推理的审判，并否认其权威；它们既没有要求它的援助，也并不恐惧它的进犯。（1764，I, iv）

里德的工作计划在于恢复哲学的尊严。休谟在无意之中揭露出了观念之道的荒谬性。里德的消极性任务是诊断出为什么这个学说显得如此吸引人，以及它为什么失败了。他的积极性任务则是提出一套符合常识的关于知觉和知识的理论来取代"观念之道"。虽然我转而相信了里德的知觉因果理论，但我会专注于他对常识的描述。

常识的本性

里德将常识描述为一种信念体系；这些信念来自一种几乎所有人每天都会用到的官能。由于其来源是相同的，所以常识性的信念是普遍的，并产生于人类起源之时。与科学不同的是，常识是不可改变的，因此它不会取得进展。除了婴儿和疯子之外，我们对环境和彼此存在着广泛的共识。对于这些命题的新信念是强制性的，因为它们对健康和安全而言至关重要。由于儿童也需要生存下来，常识性信念"在人的心灵之中出现得是如此之早，以至于它们不可能是教育或者错误推理的结果"。它们被反映在了那些出现在所有自然语言之中的区分里：男/女，实体/属性，主动/被动，过去/现在/未来等。

常识信念的普遍性使它们过于老生常谈而难以表述。但是，这并不能阻止它们获得第一原则的地位。常识信念是自明的。它不涉及对证据的找寻、向权威的询问或者推理的链条。对常识信念的否定会立即被认定是假的：

> 我们可以观察到，与第一原则相矛盾的观点和其他错误之间的区别在于它们不仅是假的，而且还是荒谬的。为了反对这种荒谬性，大自然赋予我们一种特殊的情绪，即讽刺性的嘲笑，其目的似乎正是在观念之中或者实践之中反对荒谬的事物。(1764, VI, iv)

与悖论相适应的情绪是嬉笑。认真地对待一个与常识相悖的结论是危险的。

鉴于常识所具有的强制性，反对它的人通常会陷入不一致的情况之中。普遍怀疑永远无法被特殊的个体所满足。如果你和一个怀疑论者一起漫步的话，他会否认他是得到辩护地相信自己正在接近一根柱子。但他会小心翼翼地绕过这根柱子。这暴露了他是一个虚伪的人。因此，悖论经常提供嬉笑的第二个源头——那些悖论贩子的言行之间所存在的冲突。

这是一则**诉诸人身的论证**（*argumentum ad hominem*）吗？里德回答说：是的，但它是一则"好的**诉诸人身的论证**，如果我们可以证明某人所拒绝接受的第一原则与他所承认的其他原则是基于同一个立足点上的：因为，在这种情况下，他必然因为接受一个观点又拒绝另一个而犯下了不协调的错误"。（1764，VI，iv）

常识所做出的判断是一种重叠公理，理性可以将之作为前提来证明那些不自明的定理。里德认为这些公理是相互协调的。因此，他不同意那些认为某些悖论是建立在常识的内部冲突之上的人。里德还拒绝接受休谟对于悖论经常做出的诊断：悖论源自理性和常识之间的冲突。常识的职责是判断什么是自明的，而理性的职责则是从那些自明的命题之中推出不自明的结论。因此，理性必须始终与常识相吻合。

几何学家更希望公理彼此处于独立状态。这有助于减少公理的总数量。这种节俭所带来的一个代价是推理往往会变得更长。常识的运作需要是快速的，因此它有大量彼此有机地联系在一起的公理。当我们说到常识时，我们无法从中进行挑选。我们必须接受整个根系。

里德承认，在常识的界限问题上存在着模糊性。他并没有试图详尽地列出其所有原则。但是，他详细说明了那些与哲学相关的原则。其中的许多是偶然性真理。里德倾向于把它们认作经过简单整理就可以被用来反驳休谟式怀疑论的前提：

1. 我所意识到的想法是归属于一个我称之为**我自己**（MYSELF）、**我的心灵**（my MIND）、**我个人**（my PERSON）这个存在者的想法。
2. 我清楚记得的事情都真实地发生了。
3. 我们对自己的行为有某种程度的掌控，而且我们能决定自己的意志。
4. 那些与我们交谈的人类同胞拥有着生命和理智。
5. 对于在事实问题上的人类证言，甚至在意见问题上的人类权威，都应当有一定的尊重。
6. 在自然现象之中，将会发生的情形可能会与类似情况下已经发生过的情形相似。

其他的常识原则涉及了必然真理。有一些原则与语法相关，例如：每个完整的句子都必须有一个动词。而其他的原则关注着逻辑：每个命题都要么是真的，要么是假的；没有命题既是真的又是假的；循环推理不能证明任何东西；任何对属的断言都可以是对种的断言。休谟声称我们无法形成任何关于几何图形（例如直线）的观念，除非它是先前印象的副本。里德则用常识几何学来加以反驳。

里德并没有忘记休谟是如何通过提出在品味问题上没有争论空间而涉足伦理学的。里德用关于品味问题的第一原则来在这个滑坡的顶部反驳休谟。他认为对于美的判断可以是理性的和真的。道德也有第一原则，例如，没有人会因为他没有能力去阻止某事发生而受到指责。里德拒绝了休谟所持有的道德判断表达着感情而不是判断这一观点。

里德的清单还包括形而上学的第一原则：例如，思想必须有一个主体（一个思想者），任何开始存在的东西都必须有一个原因。上帝存在的设计论证的辩护者们会找到这个原则的用途："原因之中的设计和智慧可以从结果中的标记或符号之中确定地推理出来。"宇宙是如此有序，以至于它很容易被描述为一台巨大而复杂的机器。在有人工制品的地方，推论出一个其能力和远见与这个结果相适配的制造者就是合理的。里德的常识看起来就像是休谟所留下的印痕：在休谟凸起的地方，它就是凹陷的；在休谟凹陷的地方，它就是凸起的。对此的一种解释认为常识是反应性的。在大卫·休谟提出归纳问题之前，我们并不会费心去捍卫（甚至思考）"未来类似于过去"这一命题。悖论通过将常识之中的一部分引入到意识之中来阐明常识。随着更多的悖论被发现，更多的常识也变得可见起来。在没有挑战者的情况下，常识是不会露出其真面目的。

常识与哲学论证

与里德一样，悉尼·史密斯（Sydney Smith）是一名苏格兰牧师。史密斯协助创建了《爱丁堡评论》(*Edinburgh Review*)。一天，史密斯和一位朋友在爱丁堡的一条狭窄街道遇见了两名女子在隔着街道两侧的二楼窗户互相嘶叫辱骂。"这两个人永远都不会解决她们的分歧，"史密斯说，"她们各自所说的东西所基于的是不同的前提。"（法迪曼，1985，514）

里德认为与怀疑论者开展辩论会是徒劳的，因为他们之间并没有共同接受的前提。常识的第一原则是：自然的官能不是谬误性的。任何关于这一原则的证明都是循环的，因为理性本身就是官能中的一种。如果有人拒绝接受这个原则的话，那么"通过论证让他放弃自己的立场就是不可能的，我们甚至不得不留他在那里享受自己的怀疑论"。(1764，VI，5)

里德过于悲观了。互不相容的前提可能会推论出相同的结论。当我的手表显示现在是1:10而你的手表是1:15时，它们之间是冲突的。然而这两个手表读数都意味着已经过了1点。你可以通过从**对手的**前提和**他的**推理规则出发来改变他的结论。在1684年，英国剧作家纳撒尼尔·李（Nathaniel Lee）被关在了位于伦敦的贝德拉姆疯人疗养院之中。一位朋友在听说李遭受了精神错乱之后前来拜访。令这位朋友欣慰的是，他发现李既平静又理智。李带着他的朋友参观了疗养院。他朋友的希望越来越大。当他们最终到达疗养院的屋顶时，李突然抓住他朋友的胳膊并兴奋地喊道："让我们纵身一跃，获得永生吧！"李的朋友冷静地回答："任何人都可以跳**下去**，所以我们不应该通过这种方式来使自己得到永生。相反，让我们一起走下去，并试试我们能否跳**上来**吧。"纳撒尼尔·李对这个反向建议感到很满意，于是他跑下楼去看能不能把"跳上楼"这个想法付诸实践。（法迪曼，1985，348）

尽管里德有时严厉地将他的对手描述为"形而上学疯子"，但他会将他们与缺乏自理能力的种类区别开来。形而上学疯子只不过是与常识有短暂的偏差罢了。

我们生来就有必要信任我们的推理与判断能力，即使最伟大的怀疑论者也无法在相当长的一段时间里坚持认为我们的推理和判断能力是谬误的，因为这样做等于在破坏我们的构造。这就像一个人用他的手来走路那样——一个有些人偶尔能够做到的技艺,但没有人能以这种方式长途跋涉。当人们不再钦佩他的技艺时,他就会重新像其他人那样用腿来行走。(1785, VI, 5)

遵循论证

里德将理性的力量比作行走。它是通过练习来获取并维持的。自然向我们提示了我们的第一步。"经过反复尝试、磕磕绊绊,以及多次摔倒之后,我们才学会走路;这与我们学会推理的方式是类似的。"哲学家们倾向于随意地将理性的地位提升到其他知觉官能和常识之上。里德认为理性永远无法超越常识:

> 怀疑论者问我,为什么你相信你所感知到的外在对象存在?先生,这个信念并不是我所构建出来的,它来自然的铸造,它带有自然的形象和名号。同时,如果这个信念不正确,错误也不在我:我甚至是不加深究地接受它,并且毫不怀疑。怀疑论者说,理性是真理的唯一法官,并且你应该抛弃所有不以理性为基础的观点和信念。那么,先生,为什么我更应该相信理性官能而不是知觉官能呢?他们来自同一间作坊,被同一位工匠制作。如果这名工匠给我的东西有一件是虚妄的,那又有什么能妨止他给我的其他东西也是这样呢?(1764, VI, xx)

遵循"观念之道"的哲学家都犯下了双重标准的错误。他们温顺地接受着内省的判断，但他们对于知觉和记忆的判断却总持有怀疑态度。事实上，内省的判断似乎**更加**令人怀疑。我们很难了解到自己心灵的运作方式。毕竟，感觉是被设计来帮助知觉的。它本身并不是被设计来作为知觉的对象的。

苏格拉底说，我们应该一直遵循论证，无论它去往何处。笛卡尔用到了一则类比来支持苏格拉底的观点。如果一个旅行者在森林里迷路了，那么他就应该继续尽可能地朝着某一个方向前行。如果这样做的话，这名旅行者可能不会最终到达他所希望去的地方，但这可能会比困在森林中间更好。

的确，当人们没有方向标时，他们往往会原地打转。但是哲学通常是一段没有线索的旅程吗？里德说，至少哲学家们可以利用有关他们最终到达哪里的信息来评估其路线的正确性："一个具有良好判断力的旅行者可能会找错道路，并且在无意之中被导向错误的方向。当他面前是平坦的路时，他可能会毫无疑虑地继续前进，并且被其他人跟随；但是当这条路的尽头出现一个煤坑时，他并不需要上佳的判断力就能知道他走错路了。"[1764，"导言"（"introduction"），Ⅷ]任何与常识之间的冲突都确切地表明某个地方出现了错误。在诊断出错误之前，我们就可以拒绝这个论证。

对里德常识观的批评

在其1762年7月4日致休·布莱尔（Hugh Blair）的一封信中，休谟反对里德将常识过分复杂化：

> 作者认为，平民百姓不相信热、气味、声音，或许还有

颜色在内的可感性质真实地存在于物体之中，而相信物体当中只存在它们的成因，或者能够在心灵中产生它们的东西。但是这就将平民百姓想象成了从婴儿直接摇身一变成为哲学家和微体论者（Corpuscularians）。你知道马勒伯朗士与洛克为了建立这个原则花了多少心血。在伊壁鸠鲁学派的古人当中存在着这一原则的模糊痕迹。逍遥学派（Peripatetics）则坚信与此相反的原则。事实上，在大众眼中，哲学所提出的悖论没有比下面这个更大的了：它断言雪既不冷又不白、火既不红又不热。（Aberdeen University Library MS 2814/139）

后来的哲学家们与休谟有着同样的疑虑，认为里德为常识划分了选区以确保它永远不会被击败。美国实用主义者C. S. 皮尔士（C. S. Peirce，1839—1914）认为常识之所以会招致这种不合理的支持在于它是如此模糊。常识认为自然界中存在着某种秩序，但只有这种无定形的信念被更加精确化地表达出来时，它才有可能被反驳。

皮尔士同意里德的观点，即常识性的信念是不容置疑的。休谟只有"纸面上的疑虑"。皮尔士将优秀的思想家描述为善于屏住呼吸的人。对一个信念屏住你的呼吸并不是怀疑这则信念。但与里德不同的是，皮尔士否认从不容置疑性之中可以推出真理。作为一个可错主义者，皮尔士认为我们的任何信念都可能是错误的。尽管如此，皮尔士却认为我们**所有的**信念不可能都是错误的。

亨利·西季威克（Henry Sidgwick）坚持认为，科学和哲学"不断地立即纠正并确认朴素的常识"。（1905，425）这一块富矿必须由哲学家们冶炼，以消除其中的"无意、混乱和矛盾"。（1905，428）他的《伦理学方法》(Methods of Ethics，1874）一书展示了常识的道德如何在相互冲突的观念之间进行勉强的妥协，它又如何可能误入模糊性或者恶性的不完整之中。他将功利主义视作一种保守地简化了常识的道德理论。

许多哲学家认为常识有着自我修正的能力。G. F. 斯托特（G. F. Stout，1860—1944）认为常识不是关于特定信念的问题，而是关于形成信仰的一般倾向的问题。他认为科学和哲学打磨了常识所具有的泛灵论的粗糙边缘（"倾向于在大自然中普遍地寻找心灵"）。斯托特认为常识总具有最终决定权，因为哲学和科学的挑战只有在使用常识来克服不改变常识的假设时才能成功。

伯特兰·罗素否认我们必须始终去适应常识这种想法。他打趣说："常识推论出了物理学，而物理学反驳了常识。"尽管常识往往含糊不清，但常识也会做出可以证伪的主张。

20世纪最著名的常识哲学家G. E. 摩尔承认，常识低估了地球与其他天体之间的距离。G. E. 摩尔没有试图定义常识，但他慷慨地给出许多例子：地球已经在过去存在了很多年，地球的居民一直与彼此有着接触，他们彼此之间的距离也各不相同，而这一切都是共有的知识。虽然这些众所周知的东西可能看起来很平淡，但是哲学家经常提出与它们相冲突的论题。巴门尼德就曾否认了时间的实在性，这与"地球已经在过去存在了很多年"这一陈述相冲突。

摩尔的样本也包含了那些必须用到"这里""现在""那个"等指示词来表述的命题。在他题为《外部世界的一个证明》的演讲之中，摩尔举起他的一只手来支持"这是一只手"这一前提，然后又举起另一只手支持"这是另一只手"，并得出结论"因此，至少存在着两个物质事物"。摩尔通过将抽象事物带入与具体事物之间的朴实冲突来反驳哲学论题。这种论证风格受到了加权确定性原则的支持。他认为常识命题比观念论者和怀疑论者所使用的哲学前提更为明显。因此，即使常识是可错的，**哲学**也没有推翻它的希望。

鉴于摩尔承认天文学推翻了常识之中关于星球间距离的信念，这种对于哲学的特殊限制是可疑的。有充分的历史证据表明哲学的一部分可以发展为科学。如果哲学可以导向科学而且科学可以推翻常识的话，那么哲学必然至少具有间接推翻常识的能力。

摩尔同样也忽略了哲学家会在多大程度上通过指出独立于他们自己哲学理论的冲突（和趋同）来促使心灵改变。逻辑学家特别喜欢充当中立的评论员，并且指出那些尝试获得我们信任的人们往往有相互矛盾的目的。

对于常识的科学研究

计算机科学家最初试图通过让计算机执行那些对人类智力而言具有挑战性的任务来制造智能，如：计算导弹轨迹、破解密码、下赢象棋，等等。在第二次世界大战期间第一批电子计算机被开发出来之后，它的发展变得十分迅速。这些"电子大脑"的成就令人相形见绌：对于人们来说很难的问题对于计算机来说却很简单。有什么是计算机不能做到的吗？

计算机确实难以应对组合爆炸。请想象一个旅行社推销员，他想知道连接多个城市的最短路线。随着城市数量的增加，可能的路线数量会呈现指数式增长。一个被编程来强行解决这个问题的计算机会在计算出100个城市之间存在的所有可能路径之前就生锈了。计算机科学家的回应是放弃寻找最短路线的目标，转而追求一个更容易完成的目标，即**大概地**找到一个**接近**于最短的路线。这个缩减任务的目标允许计算机专注于有希望的路线。

在1969年，约翰·麦卡锡（John McCarthy）和帕特里克·海斯（Patrick Hayes）发表了他们发现的一个**一般性**组合爆炸：框架难题。计算机如何在情景不停变化的情况下更新其关于这个情景的知识？构成一个情景的物体和属性是相互依赖的。因此，所有可能的副作用的数量会随着物体和它们可能拥有的属性的数量的增长而呈现指数式增长。假设我的计划是通过走到电灯开关所在的地方并打开电灯照亮房间。我怎么知道我的第一步不会破坏灯泡？我怎么知道我的第二步不会让灯的开关移动到墙上的另一个位置？这些都是愚蠢的问题。它们之所以出现的哲学背景是人类对常识的缺乏。但与人类不同，计算机本身并不会发展出常识。为了解决框架难题，研究人员必须人为地向它们灌输常识。他们必须引入与里德的第一原则类似的"框架公理"（frame axioms）。里德在其开创性工作中所依赖的那种悖论引导着计算机科学家们。

研究常识的心理学家同时受到了计算机和演化论的影响。里德认为常识是由上帝创造的，所以里德可以很容易地解释它的完美性。神圣设计这一假设在解释不完美的存在时有着许多麻烦。因此，里德不愿承认常识中有任何的缺陷。

对于常识的演化论式阐述很容易解释常识的不完美之处，但却在解释其完美之处时有着更多的麻烦。如果常识是一种适应性特征，那么我们就不能依赖于上帝的远见。

演化无法做到退后一步以便向前迈出两步。自然选择在发展特征时是短视的，其所走出的每一步都要求立即获得回报。它就像是一个盲目的登山者。在一个多山的地形之中，它将会到达一个山顶，但几乎肯定不是最高峰。一旦自然选择爬到了一座小山的顶部，"永远向上"这一规则就否决了移动到更高山丘的先决条件。常识是局部最佳（local optima）的集合。难怪拥有远见的人们可以人为地比常识做得更好。

演化不能将所有鸡蛋都放在同一个篮子里。常识必须是对判断倾向的一种多元化集合。它必须允许其中一部分出问题，却不会导致整个体系都灾难性地崩溃。如果上帝是在全知的条件下突然设计出了常识的话，那么它可能就是里德所设想的那种"全有或者全无"的组合。但是常识必须具有更多的模块化特征，而计算机科学家也将不可避免地赋予他们具有常识的计算机以模块化特征（如果框架难题可解决的话）。

里德说，只有婴儿和疯子才不具有常识。有无常识的对比要比这种看法更加细微。发展心理学家已经表明，儿童是分阶段地发展出常识的。例如，儿童会先习得朴素的物理学，再习得朴素的心理学。归属欲望的能力要比归属信念的能力成熟得早。三岁大的孩子在行为时具有的一个假设是，其他人相信他们所做的事情。因此，他们难以归属**假的**信念。

精神障碍也比里德所以为的要更加多样化。自闭症这种精神障碍表明，人在获得了朴素物理学之后并不总是能获得朴素心理学。其他的精神障碍则表明常识是由模块构成的，而这些模块可以选择性地丧失。哲学家对这些关于常识的疾病感兴趣，他们表明悖论是以真正的病理学方式运作的。

发展心理学和变态心理学是心理学的"哲学"领域。与哲学一样,它们通过研究当常识无法运作时会发生什么来阐明常识。

20

康德与纯粹理性的二律背反

让-克里斯多夫·马尔尚（Jean-Christophe Marchand）医生推测到，《纯粹理性批判》（*Critique of Pure Reason*）一书的诞生是作者患有脑部肿瘤的结果。在他47岁之前，身为科学家的伊曼努尔·康德（Immanuel Kant，1724—1804）都是用清晰的文风来写作的。天文学家认为他发明了星云假说（nebular hypothesis）：行星、恒星和星系是在引力的作用下涡旋在一起而形成的。在《自然通史与天体论》（*Natural History and Theory of the Heavens*）一书中，康德写道："数以百万计的世纪将会继续流转，在此之间，新的世界和世界体系将会形成……创造的过程永远不会完成或者结束。"

康德所拥有的积极社交生活主要是由晚宴构成的。他曾经碰上过几次浪漫的火花。在1762年6月12日的一封信中，玛利亚·夏洛塔·雅可比夫人（Frau Maria Charlotta Jacobi）向康德送去了来自她和她女友的吻。她建议康德在下次与她见面时"可以帮她给手表上发条"。

康德持续稳步地发表自己的著作，直到1771年。此后，他陷入了沉默的十年。1781年，康德带着《纯粹理性批判》一书重新出现了。该书的主题抽象到令人眩晕。充满了术语的句子时时一句便占据一整页。甚至连德国学生比起原文都更喜欢阅读诺曼·肯普·史密斯（Norman Kemp Smith）的英文翻译版；《纯粹理性批判》的原文丢掉了一些东西。

在康德对我们先天认知架构的探索中几乎没有给情绪留下空间。这在他随后的道德著作中非常突出。康德坚持认为道德是关乎严格一致性的。插队是错误的，因为你不能一致地愿意队列中的所有成员都占据他们想要的任何位置。说谎是错误的，因为如果你愿意看到所有的证言都是不真诚的，你就会陷入矛盾之中。康德明确禁止任何例外情况。你甚至不能通过撒谎来从凶手那里拯救一个无辜的人！

康德对义务的强调多于对善意的强调。想象一名救生员正在拯救一个男孩。她越不喜欢这名男孩，我们就越可以确定她的动机是**道德的**。正确性关乎遵循适当的规则。像奥卡姆的威廉一样，康德否认结果具有道德意义。救生员不应该因为救援成功而比救援失败获得更多的赞扬。重要的是遵循正确的准则，而不是从服从规则中获得好的结果。

诚然，康德十分强调对人的尊重。但他有关于此的表述往往是否定的：反对将人视为客体而不是自由的能动者。他认为我们的感官方面会引导我们将他人视为性对象。康德将花花公子比作食人族。康德反对生育控制。他认为性关系都是不道德的，即使是婚内性关系。

由于康德对我们感官方面的厌恶，由于他要求情感严格地从属于理性，以及最重要的是，由于他有失人道的写作风格，许多人对他失去了兴趣。他们怀疑康德一定有问题。神经科学家迈克尔·加扎尼加（Michael Gazzaniga）支持马尔尚"诉诸头颅的论证"（"argumentum ad cranium"）：

康德开始抱怨头痛和其他疾病,且他的左眼慢慢丧失了视力。马尔尚医生推断,康德左侧前额叶里有一颗肿瘤,它发育得很缓慢,但它确实在那里。这一区域受损会削弱语言能力,也会影响到情绪系统暗示我们采用良好认知策略的能力。是否有可能所有的康德主义者都只是在致敬一个胡言乱语的人?他为那些没有正常的认知和情绪系统的人写哲学。(1998,121)

我认为加扎尼加的问题可以用康德的私人信件之中的连贯性来回答。康德在40到60岁之间的信件并没有展现出他的语言能力发生了任何变化。在向非哲学家写作时,康德并不会用到专门词语,并会简化他所用的语法。他的信件也表明了一个忙碌的普鲁士学者正常的情绪范围。如果加扎尼加不是预先就对康德哲学的价值有所疑虑的话,那么他对康德关于"统觉的先验统一性"的论述的挑战就不应该多过他对量子力学术语的挑战。

加扎尼加暗示说,康德的门徒是如此战战兢兢,以至于他们在康德陷入胡言乱语的时候都无法发现。严重迟缓的"喋喋不休综合征"(chatterbox syndrome)患者拥有正常的甚至过度发育的语言能力,这使得他们能被当作语言过于复杂的健谈之人。他们喜欢说大话。听者会最终发现经验性的错误,并发现他们普遍性地无法将其言论与行为联系起来。由于人们并不指望哲学教授能将他们的深奥话语与实际事务联系起来,因此更难以判定他们在胡言乱语。

然而,在康德到了70多岁的年纪之后,他的追随者们首先发现了他的认知能力有所下降。随着康德慢慢走向衰老,熟人冷酷地开玩笑说他正在经历"去康德化"（de-Kant）。即使是服侍了康德40年的天性愚钝的仆人马丁·兰普（Martin Lampe）也开始利用他的主人日益增长的糊涂。当时在替康德监管家事的一名前学生不得不将兰普辞退了。当新仆人来到时，康德继续管他叫作兰普。为了弥补自己处于崩溃之中的短时记忆，康德给自己写了大量的笔记。在其中一条里，他下定决心，"兰普这个名字从现在开始必须被完全忘掉"。在《康德：一部传记》中，曼弗雷德·库恩（Manfred Kuehn）写道："这种述行矛盾或许比任何其他关于康德老年时的轶事都更能说明他当时的情况。"（2001，417—418）

奥古斯丁将易受悖论攻击视为堕落的理性的标志。在奥古斯丁之前，塞克斯都·恩披里柯首次在悖论和疾病之间做了类比。通过将理论理性的"二律背反"理解成心智**正常**的标志，康德与这种消极性传统决裂了。

纯粹理性的四个二律背反

在《纯粹理性批判》中，康德提出了四个"纯粹理性的二律背反"，并将其作为理性在追求完整性时的越界行为。康德用"二律背反"来表示一对表面上各自无可挑剔，但又可以得出相反结论的论证。他对这些论证的表述受到了戈特弗里德·莱布尼茨和萨缪尔·克拉克（艾萨克·牛顿的代言人）当时的一场巨大辩论的影响。在讨论了作为这些二律背反之基础的四个先验观念之后，康德并排列出了正题和反题。

正　题

世界在时间上有一个开端，在空间上也有界限。

证　明

如果我们假设世界在时间上没有开端，那么对于任意给定的时刻，都已经有永恒的时间流逝了。已经流逝的是一个连续的事物状态的无穷序列……

反　题

世界没有开端，也没有空间上的界限；它在时间和空间上都是无穷的。

证　明

让我们假设世界有一个开端。由于开端是一种这样的存在体，在其之前的时间之内该事物不存在，因此必然存在着一个在前的时间，在此之中世界不存在，也即必然存在着"空时间"（empty time）……

每个相互竞争的证明都采用了**归谬法**。这些论证并非直接推出结论，而是假设了与它们想要证明的内容相反的内容，然后再推出矛盾。

在第一个二律背反中，为了推出矛盾，康德假设存在着无穷的过去。然后他推出，我们一定是经过了无穷的等待才能达到目前的时刻。无穷的等待是无法结束的。然而，我们正处在目前的时刻中。所以，等待必然是有穷的。

这个二律背反之中的反题则假设世界有一个开端。在时间开始之前，必定有一个没有时间的阶段。变化预设了时间的存在。在没有时间的年代里，什么都不可能发生。历史就将在起跑线上停滞不前！

这些关于时间的论证对于空间也有所影响。若要将这个宇宙想象为包含着无穷多的事物，你就必须想象一个由所有这些物体组成的清单。但如果你只有有穷的时间来制作这个清单的话，那么该列表就只能有限长。因此，包含着无限多事物的宇宙是不可想象的。

为了证明空间中的事物总体是无穷的，我们从"这个总体被限制在无穷空间内"这一假设中发现荒谬性。想象空间的某个区域之中不再有任何物体。这个区域就是真空。但是真空就是虚无，而虚无无法限制任何东西。

有些地方出了点问题！两个有效的**直接**论证却导向不相容的结论，这是可能的，因为其中一个论证可能有错误的前提。但是间接论证没有前提。尤其是，归谬论证仅仅假设了一个命题，而在没有更多前提的帮助的情况下就推出一个矛盾，然后再推出那个结论的否定。任何一对有效的归谬论证都必须得出相容的结论。如果两个论证都真的是归谬论证，那么问题不可能在于有错误的前提。问题一定纯粹是逻辑性的。

第二个二律背反背后的谜题是，是否一切事物都可以划分成离散的原子，还是说存在着一些无限可分的连续"黏块"（gunk）？第二个背反的正题是原子论：每个复合物体都是由简单的部分组成的。如果没有简单事物的话，那么就必须有无穷小的事物。但一个东西要是无穷小的话，它就没有体积。一系列没有体积的事物，甚至无穷多个没有体积的事物，都无法相加而成为一个具有体积的事物。由于显然存在着一些有体积的事物，因此，事物能被分割到什么程度一定是有限制的。

反题称，一切都是无穷可分的。如果有简单事物的话，那么空间当中就会有事物存在。空间是连续的。鉴于空间的无穷可分性，我们**可以**将简单事物也划分成不同的部分。例如，物体的左半部分和右半部分之间总会存在着差异。

第三个二律背反背后的谜题是关乎自由或决定论的经典两难困境。正题是：存在着一些本身没有原因的原因，尤其是自由意志的行为。请想一想你抬起手臂和手臂抬起之间的区别。当你抬起手臂时，一个自由的选择进入了因果序列之中。这种干预本身并没有原因。如果你的手臂被抬了起来的话，那么你就会寻找原因，譬如手臂肌肉不自主收缩，等等。而这个原因本身也必须有其原因。这种解释还可以继续下去，因为还有第三个原因。随着这个链条，我们可以无休无止地一直走下去。我们可以由于资源有穷而武断地停止这项研究。但是如果要完成这项研究，唯一遵守规则的方式是将这个事件链条锚定在一个能动者的决定之中。因此，假定世界可以只由被动原因组成是不自洽的。通过将这一被动的原因链条称为一个"世界"，你就暗示它应该是一个**完整**的事件集合。但要使得整个故事不间断，必须至少存在着一个主动的原因来启动这个序列。

你不应该仅仅是一个在木偶艺人操纵的情况下才做出动作的被动木偶。你是一个自主的**能动者**。大多数事物仅仅是受动者，它们的行为必须完全由在它们之外的原因来解释。你可以通过内省来知道你是少有的例外之一。

是否可能存在着一个从来没有过能动者的世界呢？有可能一个木偶的提线是由另外一个木偶牵引的。而那个牵引的木偶则又可能是被另一个木偶操控的。但是我们不能无穷地继续这个序列。我们必须迟早假定存在着一个木偶艺人——至少在过去存在过。只有自由的行动具有解释自我的性质，并借此可以防止无穷倒退的产生。

反题否认了自由意志的存在。只存在着被动的因果关系，其中每个事件都完全取决于一些早于它的原因。如果能动者给因果序列注入了新的能量的话，那么就会有一些事物是无中生有。一个绝对自由的行为会违反充足理由律：每个事件都必须有理由。

戈特弗里德·莱布尼茨用阿基米德的推理来例证充足理由律：一个两边重量相等的天平必然是平衡的，因为没有理由是这一端，而不是另一端上升。萨缪尔·克拉克也认为这个天平必然处于静止状态之中，因为它只涉及被动物体。如果一个能动者面临着同样平衡的两个相互替代的方案，他就可以任意地从中选取一个，而不是另一个。（在20世纪50年代，存在主义者强化了这一点：出于意志的薄弱或者纯粹的反抗，我们有时会选择不那么重要的选项。自由就是每一朵非理性云彩中的一丝光亮。）

莱布尼茨否认任意选择与纯粹的行为有所不同。如果你的身体在随机移动的话，那么它所做出的"动作"就不是你的。如果你试图通过声称这里的动作是由你的性格所造成的来证明它确实是你的动作（而不仅仅是你的一个结果），那么你就不再会认为这个动作是一个本身没有起因的起因了。

克拉克承认，与自由意志联系在一起的自我运动有一定的神秘色彩。但是，引力也是如此。坠落物体的移动似乎要求隔着一定距离对它施加行为。这实在是太奇怪了——如果引力是一种罕见的现象的话，我们会对它感到非常怀疑。但苹果落下是很常见的。自由选择也是如此。我们应该同样接受它们，同时也不假装理解它们更深层次的本性。

康德认为支持自由的证明和支持决定论的证明同样有力。他引用了侧面动机来解释为什么人们会接受一个论证而不是另一个论证。自由意志的存在是道德责任的前提。自由意志也有助于证明上帝的存在。假设我们像艾萨克·牛顿那样，将宇宙想象成一台巨型机器。由于我们也接受每个解释都必须以自由意志的行为作为基础这一要求，我们就会推出这台机器一定存在着创造者。

莱布尼茨向克拉克抱怨说，自由意志的行为与奇迹一样具有惊人的效果。如果上帝可以随时随地进行干预的话，我们为什么要凭借经验所呈现的异常来推动我们的研究呢？通过假定超自然原因之存在来拯救自然秩序的做法是自我推翻的。

康德认为自由意志的道德和宗教面向是强有力的干扰物。我们作为理性主义者或经验主义者所持有的信念的稳定性可以追溯到我们所持有的偏见的稳定性："如果人们可以摆脱所有这类利益，并且不以结果论成败而仅仅基于这些主张所具有的内在力量来考虑理性的主张，并且认定它们是摆脱依附于理性主义或经验主义这一对立立场的任何一方时所导致的困境的唯一途径，那么他们就会处于持续动摇之中。"（1965，A475—B503）第三个二律背反中的重要之处在于自由意志的先验面向。理性是受到阻碍的，因为能动性似乎阻断了对完整性的追求，而它对于这一追求而言又是必不可少的。

第四个二律背反之后的谜题是，是否有必然存在者，还是只有无穷无尽的偶然存在者链条。如果所有的存在者都是偶然的，那么每个事物都依赖另一个事物，而那个事物则又依赖第三个事物。这个序列将会没有终点。

反题则反对有必然存在者。只有由偶然存在者构成的领域才能构成一个统一的整体。如果必然存在者是经验宇宙的一部分的话，那么它的存在就要接受经验的证实或证伪。但是只有偶然存在者才能满足这种"可能不存在"的条件。如果必然存在者在经验领域之外，那么它就不是那种能够解释经验性的事件序列的东西。一旦你在经验领域之内做起解释，你就无法按下弹出按钮来让自己飞速前往必然存在的领域。

必然存在者有可能是偶然事件的整个序列或所有偶然存在者的融合体吗？康德推出的答案是否定的，他认为一个整体只有在其一个部分是必然的时候才可能是必然的。

二律背反的起源

康德是用他宏大建筑术体系之中的专门词汇来表述二律背反的。但他认为这些悖论来自自然的、普遍的思维模式。甚至孩子们都会思考"在那之前发生了什么"。这一问题可以被用来向任何事件发问。一个人并不需要是哲学家才能思考"在那之外是什么"，这个问题只要针对的是空间中的某个点就都是有意义的。

起源于这四个二律背反的概念有：先于（before）、是其部分（part of）、被导致（caused by）、依赖于（depends on）。这些概念中的每一个都可以用两种荒谬的方式被推向一个"逻辑结论"。我们通过表明反题会产生恶性的无穷倒退来为正题论证。我们通过表明正题蕴含着恶性的特设（*ad hoc*）停止点（比如最初时刻、不可分割的部分、自发的原因、一个不可能不存在的原因发起者）来为反题论证。

我们向前推动这些概念，因为指导着研究的理想要求我们达到完整性。你要达成你的目标，就需要不断地更进一步，无休无止地扩展对于那四个强大观念——先于、是其部分、被导致、依赖于——中每一个的应用。二律背反"不是随意地被发明出来的，而是建立在人类理性本身之上的"。（1950，337—338）

每一个观念的辩证性起源都来自技术性熟练和选择性专注的结合。逻辑学教授教会我们如何构造论证。那种技巧被用于阐明二律背反的每一个对立面。通过关注本质上具有吸引力的一个选项，你可以挖掘出只利于辩论中一方的证据。如果你系统地面对各种各样的二律背反问题进行这种操作，结果将是一个庞大的形而上学体系。

康德认为理性主义通过捍卫每个二律背反中的正题得以蓬勃发展。作为回应，经验主义通过改善每个反题的论证得以发展。理性主义者认为，只靠理性就能确定自然的核心特征。他们在我们的认知地理学里的构建是朝着一个方向的。经验主义者认为，所有关于自然的知识都依赖经验。他们与理性主义者相比是朝着相反的方向建构的。当我们单独思考理性主义时，它会得到决定性的证明。但当我们单独思考经验主义时也是如此。因此，它们各自强有力的论证就相互抵消了。

这种对塞克斯都·恩披里柯均势方法的大型应用在康德分析理性主义者戈特弗里德·莱布尼茨和经验主义者萨缪尔·克拉克之间的公开通信时被首次采用。这两名学者都各自从他们的经典视角提出了巧妙的论证。但是"出现了一种意想不到的冲突，而它永远不可能以共同的教条方式被消除，因为正题和反题都可以用同样清晰、明显和不可抗拒的证明来呈现……"理性主义者和经验主义者试图通过更加复杂的辩论来摧毁对方。康德认为这些战术性改进是徒劳的:"所有关于最微妙区分的形而上学技艺都无法避免这种对立……"(1950,337—338,339—340)

理性主义者和经验主义者就像一场拔河比赛中势均力敌的双方。具有讽刺意味的是,竞争的双方之所以能各自保持站立,全靠对手在用力拉住绳子。康德提出的策略是切断这根绳。

康德的哥白尼式革命

作为一名科学家的康德对于经验主义的同情是冷淡的。但大卫·休谟动摇了他。康德相信休谟将经验主义推到了它的逻辑终点:塞克斯都·恩披里柯的怀疑主义。作为一名科学家的康德还认为我们拥有丰富的知识。他对科学进步和常识充满信心,以至于他的研究直接预设我们真的知道他那个时代的科学家所认为我们知道的那样多。为了避免怀疑论,康德转向了理性主义。理性主义者正确地认为存在着先天综合判断(synthetic a priori propositions)。但康德认为休谟也证明了,没有任何理由表明独立于心灵的实在必须符合理性的预期。对于一个并非由我们创造的世界,我们能预期的最多是中立。

当哥白尼用恒星都围绕着观察者移动这一假设来解释恒星运动遭遇的困难时,他尝试了颠倒的假设:观察者在移动,而恒星处于静止状态。在用我们关于对象的观念必须符合对象本身这一假设来解释先天知识时,康德遭遇了类似的困难。他的哥白尼式革命是尝试颠倒的假设:对象必须符合对象的观念。

从这个颠倒的角度来看，被经验到的实在是我们的心灵与外在原因之间合作的产物。正如经验主义者所强调的那样，我们不能通过将我们的观念与它们所表征的东西进行比较来检查我们的观念是否忠于事实。我们被困在了自己观念的圈子中。传统的形而上学旨在研究一个独立于心灵的世界。但我们关于物自体所能了解的仅仅是它们存在着，并且它们对我们的知觉发挥着因果影响。因此，传统的形而上学是一项没有希望的事业。

普通人是否应该对外部世界是如此不可知而感到震惊？康德认为，我们通常关注的是"现象实在"（phenomenal reality），也即世界所显现给我们的样子。柏拉图认为表象领域仅仅是真实的理念世界的影子。但是内省的奥古斯丁将表象设定为一个单独的世界。奥古斯丁主义者认为"图20.1中似乎有一个正方形"是一个对于表象的正确描述，而不是以一种安全的方式报告一个实际上并不存在的正方形。即使在我们意识到我们是在把正方形投射在一系列条状物之上时，我们仍然能"看到"这个正方形。同样地，康德能够继续看到他房间里的对象正陈列在空间中，即使他相信他其实是将空间关系投射到了对象上。

图20.1

勒内·笛卡尔的沉思进一步说服了哲学家们：这个表象世界向我们提供了能够得出关于本体实在的结论的唯一可用前提，本体实在是独立于心灵的物自体（things in themselves）领域。我们必须将外部世界从内在确定性之中设想出来。乔治·贝克莱对于逃往外部世界这一做法的必要性和可能性都勇敢地表示反对。虽然贝克莱认为樱桃和壁炉是存在的，但他认为"物质对象"是一个不自洽的哲学术语。如果你去除了樱桃的味道、触感和声音的话，你就去除了樱桃本身。康德并没有走到那么远。他认为本体领域是真实的。他只是坚持认为我们对于本体领域的看法是极度武断的。对于物自体，我们事实上无法知道任何内容。

我们之所以感觉我们对于本体实在知道很多，是因为"先验幻象"（transcendental illusion）将我们的概念体系的主观状况理解成了实在的客观特征。我们有一点像天文学家帕西瓦尔·罗威尔（Percival Lowell）。当他在使用巨型望远镜观察金星时，他经常声称看到了"辐条"。事实证明，他所看到的只是自己眼球上的血管所投射下的阴影。天文学家推测，医生或许能通过观察罗威尔所画的金星图像来诊断他的高血压。

康德所持有的投射论题的版本比科学家所能接受的更强。科学家们承认诸如颜色等第二性质是被投射到世界之上的。但他们相信物体本身确实具有重量、坚固性、电荷等第一性质。物理学家自豪地告诉我们物自体是什么样的。康德认为这是伪装成物理学的形而上学。观察和科学只能告诉我们与现象实在相关的东西。

除了产生特别的事实之外，现象实在还允许我们做与透视理论联系在一起的那种更抽象的研究。自文艺复兴以来，艺术家们就提出了表征原则。他们的目的只是为了画出更好的图画，但他们实际上所开展的工作是属于数学学科的。康德将数论家描绘为无意识地制定时间结构的人，将几何学家描述为制定空间结构的人。

外在事物对于经验的内容是有贡献的，但是心灵规定了这些经验所必须采取的形式。表象出现在时间和空间构成的舞台之上。对于物质的事物来说，我们总是可以提问：某一个事物旁边有什么，它左边是什么，而之前它又在哪里。在将某物视为一个实体时，人们就默许了关于它的组成、关于它的位置等问题都是合法的。物质事物也必须符合一种统一的因果性秩序。你的左鞋不可能是突然一下子就冒出来的。它必须被鞋匠制作出来。而原材料本身则必须由其他原因所创造。

正如欧几里得通过阐明建构空间经验的内在规则来完善几何学一样，亚里士多德通过阐明推理的内在规则而完善了逻辑学。在《纯粹理性批判》第二版的序言中，康德说，在亚里士多德之后，逻辑学不需要"回溯任何一步，除非我们愿意把去除掉某些不必要的细微之处或者更加清晰地阐明公认的教义都算作改进，这些特征涉及的是这门科学的优雅而非它的确定性"。（1965，B，viii）逻辑悖论的地位已经下降到如此低的水平，以至于康德的乐观态度可以被认真对待。说谎者悖论、同一性悖论和否定存在者难题甚至都不再被视为异常现象。它们被看作陈旧的诡辩，其重要性并不高于杂耍。

康德相互冲突的解决方案

悖论的一个标志是不同的思想家以不相容的方式来"解决"

它。悖论的一个更强的标志是,同一个思想家会以不相容的方式来"解决"它。

康德较古老也最简单的解决方案受到了亚里士多德的启示:二律背反是将潜在的无穷性与实际的无穷性混淆了。虽然时间秩序的链条(分割、因果、依赖)可以无穷延续下去,但我们无法就此推断它实际上会到达无穷。扩展概念领域的必要性是一个指导性的理想。不幸的是,这些理想被具体化到不可能的有限物体之中。因此,每一个二律背反都基于"一种纯粹的幻想,他们(相互矛盾的教条主义者)借此将仅仅存在于思想之中的东西实体化,并把它看作一个真实的、存在着的、具有同样特质的、存在于思想主体之外的对象"。在这个解决方案中,所有构成二律背反的论证都是可靠的。每个二律背反性的问题都类似于"如果一种不可抗拒的力量遇到一个不可移动的物体会发生什么"这一谜题。对于这个"二律背反"的两个答案似乎是互相矛盾的:

正题:如果一种不可抗拒的力量遇到了一个不可移动的物体,那么这个不可移动的物体就会移动。

反题:如果一种不可抗拒的力量遇到了一个不可移动的物体,那么这个不可移动的物体不会移动。

然而,双方都可以给出可靠的论证。对于正题的证明:一种不可抗拒的力量可以移动**任何物体**。因此,如果存在着不可移动的物体,它是一个物体,那么它必须移动。对于反题的证明:一个不可移动的物体不能被任何东西移动。因此,如果存在着一种不可抗拒的力量,它仍然无法移动这个物体。这两则证明的结论是相容的，因为它们都是前件不可能的条件句。有可能存在着不可抗拒的力量，也有可能存在着不可移动的物体。但它们不是**同时可能**的。这个谜题诱使你去假设这两种情况的对立是可能发生的。从不可能性之中可以推出任何东西。甚至是相互矛盾的结果。输入的是垃圾，输出的也是垃圾！如果你没有意识到发生了什么，你就会试图捍卫两个结论中的一个。你将有所偏颇地提出证据，以便它看似能证实你的答案，并否定"相反"的答案。但正题和反题都是正确的。

虽然伊曼努尔·康德从未撤回这个解决方案，但是他为此变得紧张了起来。如果必然存在者是一个有限对象，而有限对象是妄想，那么康德就在走向无神论。康德拒绝接受所有关于上帝之存在的形而上学论证，但他渴望为上帝的可能存在留出空间。实际上，他弱化了他对本体论证明和宇宙论证明的批判的冲击力：他声称这些破坏性的观点为信仰扫清了道路。

如果自由意志是有限对象，那么就会有更多的坏消息传来。那时，康德已经体会到了硬决定论（hard determinism）带来的所有痛苦，却没有体会到将所有东西都归好位置的清爽满足感。

为了拯救上帝存在的**可能性**和自由意志的**可能性**，康德认为现象与本体之间的区别影响了第三个和第四个二律背反。在这种更加弱化的第二种解决方案之中，存在着两种原因。除了导致其他现象的现象，还有导致其他本体的本体。因此，你的本体自我可能会引起现象的结果。（你在镜子之中所看到的自我以及通过内省经验到的自我是你的现象自我，而你的本体自我就是这些表象之下的东西。）自由意志是可能的，因为本体因果关系有可能会自发地产生结果。同样，康德通过区分**本体**依赖和现象依赖而拯救了必然存在者的可能性。上帝可能就是**本体**

性依赖链条底部的存在。

因此，在第二种解决方案中，构成第三和第四个二律背反的论证是不可靠的。如果现象–本体的二元性被理解为强行提出不同意义的"原因"的话，那么这些论证就犯了模棱两可谬误（fallacy of equivocation）。如果这种二元性被理解为揭示了两种因果关系，那么这些论证的前提就是假的，或者这些论证包含了无效的推理。

康德认为，我们可以既接受自由意志又接受决定论，并把后者视为一条适用于现象世界因果关系的原则。同样地，我们可以既接受必然存在者，又尊重禁止现象世界存在因果关系的终点的做法。

虽然康德不认为自由意志和上帝的存在可以被证明，但他确实认为它们可以成为信仰的内容。实际上，他认为实践理性使它们成了"理性信仰"的一部分。

康德的《纯粹理性批判》持续地激发后人的灵感。作为本章的结尾，我向你们介绍 V. 阿兰·怀特的《二律背反歌》——以电影《欢乐满人间》（Mary Poppins）中"Chimchiminey"一歌为曲调：

> 二律背反、二律背反、二律背反，
> 它不仅仅是一个，而是两个"证毕"（QEDs）；
> 二律背反、二律背反、二律背反，
> 相反的结论来自相同的前提！
> （不管人们怎么想，两个结论都不能信！）

> 伊曼努尔·康德说世界无法开始存在，

然后他改进了自己的想法,并说它不能结束;
如何更好地将这些单独的论点结合在一起,
却将它们宣传成康德的二律背反?

老头芝诺认为空间是一种了不起的东西,
(有点像我们想象的飞翔的猪);
如果背负着这么多的二律背反,
阿喀琉斯也就无法追上一只乌龟!

我们探寻真理,直到一天又过去,
但我们距离真理越近却感觉越远。
我们的命运是无穷的努力,
这是爱智慧者自己的二律背反!

21

黑格尔的矛盾世界

格奥尔格·威廉·弗里德里希·黑格尔（Georg Wilhelm Friedrich Hegel，1770—1831）指责伊曼努尔·康德自相矛盾。康德首先宣布物自体（本体）是表象（现象）的原因，而且它是不可知的。但康德后来却说我们实际上强加了因果关系到现象之上。经验必须产生于一个由空间和时间构建而成的场所之中。如果本体的自我是不可知的，而且其他的本体的事物也是不可知的，那么康德怎么能知道本体的自我做出了什么贡献呢？黑格尔写道，认定一个人无法做出关于本体的判断是站不住脚的：

> 它用一种极度缺乏一致性的方式论证说：在一方面，理解力只能认识到现象；而在另一方面，通过诸如"认知不能再进一步"这样的陈述来断言这种知识的绝对特性……没有人知道，或甚至感觉到任何事物是一种界限或者缺陷，直到他处于其上并且越过了它。（1959，第60节）

黑格尔否认了实在是某种处在表象之下的东西这一观点。他说，实在在表象当中表明自身。那些我们通常认为仅适用于我们对于实在的表征的特征实际上也适用于实在本身。例如，我们倾向于认为模糊性是我们对云的描述的一种属性。但黑格尔坚持认为云本身就是模糊的。"云"这个字与天空中的云之间的区别并没有那些"精确的"哲学家所说的那么大。通过保留康德的"理性构建出表象"这一主题，黑格尔确保了物体与其表征之间存在相似性。理性决定了实在的结构。既然理性是实在的根据，那么实在就是理性之物。

康德认为只存在着四个二律背反，因为他认为只存在着四种将先验观念误用于现象世界的可能途径。黑格尔拒绝康德的"矛盾是先验幻象的产物"这一假设。黑格尔认为它们是对于不一致的实在世界的准确感知。我们可以将彭罗斯三角（图1.2）和其他不可能的图形都看作一致的墨水斑块。但是正确地看待它们的方法是将它们看作不一致的。"方的圆""多边的圆""直的曲线"都是自相矛盾的。然而，几何学家把圆看作由非常短的边组成的多边形。在一个算术被认为是关于数量的科学的时代，数学家很艰难地解释负数和虚数的有用性，比如$\sqrt{-1}$的有用性。如果将负数与负数相乘会得到正数的话，那么-1就不能有平方根。然而，应用数学家找出了$\sqrt{-1}$各种各样的用途。黑格尔并没有困惑不解。如果一个判断在它与事实相符时为真，当事实本身不一致时，那么关于这些事实的一个真判断就必定也是不一致的。如果我们保持一种开放的心态的话，我们会发现矛盾性的表象常被错误地视为幻象。

> 根据康德的说法……每当思想试图理解无穷时，它就自然而然地倾向于产生矛盾或二律背反。但是康德……从来没有思考得足够深入并发现二律背反真正的、积极的意

义。二律背反真正的和积极的意义是：每一个实际的事物都涉及对立元素的共存……旧的形而上学……当它研究对象以寻求形而上学知识的时候，都是通过抽象地应用范畴并排除它们的对立面来开展工作的。另一方面，康德试图证明通过这种方法所提出的陈述可能会遇到具有相同依据和必然性的内容相反的陈述。（1880，第48节）

黑格尔因此接受了矛盾。他的观念论使得这种接受并不那么令人震惊。黑格尔并没有与"所有独立于心灵的事物都不具有矛盾"这一原则发生正面交锋。他只是认为这个原则误导我们相信存在着独立于心灵的事物。如果一切都是有赖于心灵的，那么事物就可以自由地具有那些初看之下被限制在事物表征之上的属性。

我们的信念是在不一致的刺激之下形成的。如果实在与观念相似的话，那么这种发展模式就应该延伸到历史上。黑格尔思想的普及者将其历史逻辑简化为了正题、反题、合题的三元演进：历史是一种正题遭遇反题的对话。这种冲突是由合题来解决的，合题综合了正题与反题之中的真理要素。这种合题构成了一个新的正题，而它会被新的反题所反对。一个更高的合题又会产生，而且这种辩证将继续下去。虽然每个正题和反题都并不完全正确，但合题会更全面，并因而具有更高程度的真理。因此，存在一个朝向绝对真理的进程。

从局部的角度来看，进程是很难被看见的。在近距离之下，不同事件似乎是毫无目的地在我们的生活之中蜿蜒穿行。但这是由于理性经常通过间接的方式来实现其目标。这不意味着历史学家可以预测未来。我们只有在事后才能理解"理性的狡计"。

有时，黑格尔似乎甚至对此表示了怀疑。回应着苏格拉底式的矛盾句——他唯一所知的是他什么都不知道，黑格尔说："我们从历史中学习到，我们从历史中学不到任何东西。"但无论我们是否能够意识到，一切都符合绝对真理。

黑格尔对于悖论的首选反应方式是默许其中矛盾的存在。就像一个柔道大师在对方出招时会将其力量转变方向，而不是直接加以阻挡那样，黑格尔只是改变了芝诺的作用点。对芝诺的飞矢不动悖论，黑格尔不得不承认：

> 如果我们希望使运动对我们自己来说是明显的，我们就会说物体首先在一个位置，然后又去了另一个位置。因为该物体正在移动之中，它就不在第一个位置上，却又还没有到达第二个位置。如果它确实在这两个位置之一上，它就会处于静止状态。那么它究竟在哪里？如果我们说它介于两个位置之间的话，那么这就没有传达任何内容，因为如果它在两点之间的话，它就会处于某个位置上，那么这就会带来同样的难题。但是，运动意味着要处在这个位置之上，而又即将不在它之上，并且因此同时在两个位置之中；这是空间和时间的连续性，而它首先使得运动成为可能。在芝诺所提出的推理之中，芝诺使得这两点之间形成了强有力的对立。（1892，274）

芝诺唯一的错误就是他预设了相互矛盾的现象不可能是真的。芝诺认为他在支持巴门尼德的结论：一切是一。但如果"生成"（becoming）比"存在"更加基本的话，那么芝诺的运动悖论所真正证明的就是变化的普遍性。

黑格尔将静止与一切事物都与自身相同一的原则联系了起来。变化来自矛盾原则。樱桃从花朵发展而来的方式与修正后的理论从对更早观点的反驳之中发展出来的方式是相同的。"一个人要是宣称任何在自身当中包含着矛盾，并将其作为相互对立的规定性的同一性的东西都不存在的话，那他就是同时在宣称任何有生命的东西都不存在。事实上，生命的力量，甚至是'精神'的力量，就在于在自身当中设定矛盾，并忍受它、克服它。"（1970，162）除了赫拉克利特之外的所有主要希腊哲学家都认为持存是实在的，而变化是虚幻的。这种偏见在他们对于归谬法的使用之中显得尤其清楚。他们将矛盾视为非实在的标志。黑格尔则认为矛盾更加实在，因为它们控制着发展：

> 但是，对于迄今为止所理解的逻辑，以及对于日常思想的一个根本偏见是：矛盾并不像同一性那样是一种具有如此典型的本质性和内在性的规定性。而事实上，如果这是一个给两个必须被区分开来的规定性排序的问题，那么矛盾就将必须被视为更深刻的规定性，且更具有本质性。因为，与矛盾相反，同一性仅仅是对简单的直接事物的规定性，是对于"死物"的规定性，但矛盾是一切运动和活力的根源。只有那些在其内部包含矛盾的事物才能运动，才有动力与活动。（1969，429）

一切都在变化，所以一切从根本上来说都是相互矛盾的。芝诺的伟大发现在于：

> 在任何地方都不存在任何以下事物：在这些事物中，矛盾——即相互对立的规定性——不能也不应得到展现。理解力的抽象活动是通过强力抓住一种确定性，以及努力掩盖并移除对包含在它自身当中的另一种确定性的意识。但如果矛盾在任何对象或概念中得到展现和认可了的话，那么通常得出的结论是："因此，这个物体不存在。"因此，芝诺首先表明运动与其自身相矛盾，因此它不存在。同样地，通过说"一"（即"绝对"）不会开始存在或停止存在，古人认识到开始存在和停止存在是"生成"的两种方式，是独一无二的规定性。（1880，89）

根本的法则是，一切事物本质上都是矛盾的。

黑格尔的许多同胞认为他的逻辑学是2000年以来思想的巅峰。理性在柏林大学开始变得有了自我意识。政府的部长们对于黑格尔教授的国家主义主题"德意志是文明的顶峰"表示欢迎。他们对他的有机主题"国家比其公民更具实在性"（就像一个人比他的器官更具实在性，他的器官比它的细胞更具实在性）给予了奖励。在赋予"国家"形而上学的首要地位之后，黑格尔又赋予国家道德上的首要地位，权利被升华到了高高在上的国家那里，而责任则沉降到了如汪洋大海一般的平民身上。

但是甚至黑格尔的一些朋友也怀疑他的逻辑学是一种障眼法。约翰·歌德（Johann Goethe）担心黑格尔正在掀起一场关于三段论的风暴，发掘了康德以前的形而上学资源。当歌德让梅菲斯特向一位热情的学生推荐《逻辑学园》（*Collegium logicum*）一书时，歌德心里所想的可能正是黑格尔的逻辑学：

看不见的丝线被编织在一起,

已有无穷多种组合却还在增多。

然后,哲学家介入其中

并证明事物本身就没有其他的可能性。(《浮士德·悲剧第一部》,第1922行以下)

哲学家普遍认为矛盾原则是辩论之中的核心规则。一旦你把对手逼入矛盾之中,他就不得不放弃。但是黑格尔向我们保证说,矛盾"可以说并非是某种东西之中的瑕疵或缺陷……相反,每一个规定性、每一个具体事物、每一个概念本质上都是一个由不同的、独特的片段构成的统一体,而这些片段会由于自身清晰而本质的差异而逐渐变成相互矛盾的片段"。(1969,422)这让黑格尔的许多同事感到比缺乏竞技精神还要更加令人担忧。如果矛盾被允许(或者实际上是被赞许)的话,那么人们就不能被理性地批评了。再也没有办法通过**归谬法**来使危险的思想陷入困境。当理性不再因为畏惧矛盾而受到限制时,任何事情都可以被"辩护"。康德的忠实支持者担心这种贬值的理性会挫败启蒙运动。在1795年,康德在《永久和平论》("Perpetual Peace")一文中雄辩地论证一个国际联邦可以彻底消除战争。黑格尔为战争做辩护:

战争不应被视为绝对的邪恶和纯粹的外在偶然事件,不应认为它有某个偶然性的原因,比如不公正、国家或权力拥有者的激情等,或者简而言之,某种本不应该如此的情况……战争是这样一种事态,它认真地处理对于现世财产和现世关切的虚荣心……正如我在其他地方所说的那样,

> 战争具有更高的意义,因为基于它的能动性,人们的伦理健康可以通过人们对于有穷制度之稳定化的漠然态度来得到保护;就像风吹起来可以保护大海摆脱长期平静所积累的污秽那样,各国的腐败现象也是长期的,更不用说"永久的"和平的产物。(1973,324)

黑格尔采用了赫拉克利特的观点:战争是一种催化剂,它催生对于人类境况而言不可或缺的改变。如果黑格尔将自己的不一致看作动态实在的标志,人们应该如何反驳黑格尔呢?

黑格尔的年轻同事亚瑟·叔本华(Arthur Schopenhauer)不认为黑格尔主义值得一驳。叔本华试图把黑格尔当成骗子来曝光。叔本华觉得黑格尔正在从德国人那里剥夺康德哲学的遗产。黑格尔没有诚实地传达批判理性给形而上学带来的坏消息,而是将康德的学说视为一种潜望镜,指向一个更加辉煌的形而上学领域。

黑格尔1801年的论文《论行星的轨道》("De Orbitis Planetarum")概括了黑格尔的反动理性主义。他批评了牛顿,并试图为开普勒定律提供先天辩护。根据数字命理学(numerology)的观点,黑格尔支持柏拉图在《蒂迈欧篇》中的观点:火星和木星之间不可能存在行星。但是在1801年初,天文学家发现了这两颗行星之间的小行星谷神星(Ceres);随后又有一些其他的"反黑格尔主义"小行星被发现。黑格尔没有抛弃先天天文学,而是试图证明这些小行星填补了本来不合理的空隙。

天文学家试图用更多的科学发现来驳斥占星学家的谬论,他们常常为占星学家将反例纳入"超级伪科学"(superpseudoscience)的能力感到懊恼。叔本华相信黑格尔是以同样的方式使用康德。康德关于本体之不可接触性的限制被用来构建一个"通向超自然世界的小窗口"。黑格尔对于康德的滥用让叔本华想到了希腊人的习俗：在伟人的坟墓之上表演闹剧。

为了反对这场大规模的欺骗行为，叔本华将自己的讲座安排到了与黑格尔讲座相同的时间来和他竞争。学生们将被迫在叔本华对于康德哲学所作的独立、清晰、一致的发展，与黑格尔那受到国家认可的、晦涩难懂的、毫不掩饰的对这位大师自相矛盾的贬低之间做出选择。

叔本华讲课时的教室几乎是空荡荡的。黑格尔的学生们则挤满了大型演讲厅。感到厌恶的叔本华将学术界留给了擅长诡辩术和修辞学的摊贩。正如赫拉克利特所说的那样，"比起黄金，驴子们更喜欢垃圾"。

独坐在自己的居所里，沉思着的叔本华继续反对黑格尔。他用悲观主义来反击黑格尔的乐观主义。为了反对黑格尔接受矛盾，他要求完美的一致性："要在我的思想中寻找矛盾是完全无事可做：一切都来源于同一股激流。"（"给约翰·奥古斯特·贝克尔的信"，3月31日，1854）在黑格尔宣称历史是**理性**的展开的同时，叔本华将盲目的**意志**看作宇宙的中心力量。叔本华对非理性力量的强调可能源自他意识到了自己易于受到非理性恐惧和冲动的攻击。他对于疾病采取了过多的预防措施，并且总是要在身边放一把上了膛的手枪才能睡觉。

叔本华接受了康德所做出的"本体无法理解"这一论断，但他认为人们对普遍性解释的渴望实在太过强烈，而无法被搁置。人是一种"**形而上学动物**"（animal metaphysicum），具有本能性的冲动去提出有关世界基本性质及其意义的问题。宗教试图满足这种需要，但它无法采取一种能被理性地辩护的方式。

哲学家们试图满足这种对于理性证明的需求。他们不可避免地越界了。人类的理智是被设计来为意志提供服务的。因此,如果"某个人的理智为了从事纯粹客观的活动而抛弃了它的自然职责的话,这就会是一个非常不正常的事件……但这恰恰是艺术、诗歌和哲学的起源,因此它们也不是由一个专门为它们设计的官能产生的"。(1970,127)在黑格尔客观化悖论的同时,叔本华将它们主观化。悖论是理智异常的症状。这种临床性的厌恶感在德国文学中多有体现。在《魔山》中,托马斯·曼(Thomas Mann)写道:"悖论是淡泊主义的毒花,是腐烂心灵的彩色表面,是所有堕落中最大的堕落。"(1955,221—222)

斯多葛学派将自然的事物与善的事物联系在一起。叔本华却认为自然的事物是坏的。自然是意志之间的愚蠢冲突。叔本华在将某些事物描述为"不自然的"时唯一的重点在于对其效用提出质疑。我们的心灵很大程度上是以自动的、无意识的方式工作的,而这种工作方式是由我们生存和繁衍的欲望所塑造的。当我们发现自己被想象不出如何作答的问题所困扰时,我们有理由怀疑这些问题是否提得合适。即使这些问题确实是提得合适的,我们仍然会怀疑我们是否有能力回答这些问题。

土耳其人中间流传着很多关于13世纪人物纳斯尔丁·霍加(Nasreddin Hodja)的故事。作为一名法官,霍加不得不聆听一个到他家来抱怨邻居的男人所说的话。在仔细聆听之后,霍加说"你是对的"。那个男人高兴地离开了。但是,霍加做出判断的消息激怒了被告邻居;他来到霍加的家并讲述了他的故事版本。霍加再次仔细聆听,并又说"你是对的"。第二个人也高兴地离开了。一直在一旁听着的霍加妻子这时说道:"但是,霍加,他们两个不能都是对的。"霍加听完了之后说道:"你是对的。"

如果黑格尔接受矛盾的话,难道他不会必然像霍加一样什么都同意吗?矛盾可以推论出任何东西。

正如第8章所指出的那样,次协调逻辑学家(paraconsistent logicaians)试图为这些失控的推论设计出刹车装置。经典逻辑学家回答说,"矛盾"一词的含义与**归谬法**等推理规则密切相关。你只能通过改变"矛盾"的含义来偏离这些推理规则。如果你改变了矛盾的含义的话,你就改变了话题。如果黑格尔所说的矛盾并不是我们所说的矛盾,那么他声称矛盾真的存在就只是一则虚假广告。

我个人认为,黑格尔确实是用传统的方式来使用"矛盾"一词的,他只是对于实在有一种非传统的看法。根据观念论,实在就是一系列信念或一部虚构作品。这样的系统都是包含着矛盾的。我们可以通过说"根据霍布斯的政治哲学,公民有义务服从死刑,但国家没有权利要求公民服从死刑"来一致地描述托马斯·霍布斯的信念体系中存在的矛盾。这句话里的限定词"根据霍布斯的政治哲学"避免了这个矛盾影响到对于矛盾的描述。

矛盾往往被不准确地归属于理论体系和电影情节。黑格尔认为他的一些追随者犯了这种错误;他们用实在所不具备的矛盾来修饰实在。黑格尔还认为他的学生对于实在的描述有时是不一致的,并且还会将他们描述之中的不一致与他们所描述的不一致混为一谈。甚至,他们还可能不一致地描述不一致。在《黑格尔再考察》一书中,J. N. 芬德利(J. N. Findlay)写道:

……对于大多数逻辑学家来说,矛盾是一种自我否定的话语，一种提出断言然后同时将其撤回的话语，因此实际上什么也没有说。可以很容易地证明，一个允许其句子中哪怕有一个矛盾的语言系统也是一个可以证明出任何东西的系统……（1958，76）

但一个什么都没有说的陈述不能推出所有东西。黑格尔并不比其他思想家对这些不一致更感兴趣。对于黑格尔来说，深层次的矛盾是那些包含在观念领域当中的矛盾，而观念领域构成了实在本身。

当我们描述一个故事中的矛盾时，我们有时不会说出"在故事中"这一限定词。这种遗漏会使我们的描述听起来自相矛盾。黑格尔本人经常以这种方式遗漏限定词。然而，黑格尔并不仅仅是为了简洁，而是有更强的理由遗漏它。黑格尔的限定词最终可以归结为"在实在当中"。如果他说"在实在当中，P且非P"的话，那么他就不会得到"在故事中，P且非P"所提供的绝缘效果。失去了这种绝缘效果是黑格尔哲学之中不稳定性的真正根源。

这就是**我个人的**解读。许多其他学者试图将黑格尔关于矛盾的论述理解为隐喻性的，或理解为讽刺的同义词，抑或理解为对于对立力量的模棱两可的暗指。大多数人都对黑格尔所欲表达的意思感到困惑。黑格尔对这种不理解感到失望。据说，在临终之前，黑格尔抱怨说："只有一个人理解了我。"黑格尔沉默了一会儿后补充道："而他也不理解我。"

22

罗素的集合

当伯特兰·罗素（Bertrand Russell，1872—1970）以学生的身份进入剑桥大学学习数学时，他赞同他的教父——约翰·斯图亚特·密尔的经验主义。然而，年轻一代的哲学家认为密尔已经被黑格尔所取代。当时刚从剑桥大学毕业不久的约翰·麦克塔格特对年轻的罗素说，虽然他并不信仰上帝，但是他确实相信不朽，也相信人类和宇宙之间的和谐。麦克塔格特声称，空间和时间的非实在性可以用数学意义上的严谨方式来证明。这种逻辑和精神性的多彩混合体与数学家的黑白计算形成了鲜明对比。

罗素的哲学观受到了麦克塔格特《黑格尔辩证法研究》（*Studies in the Hegelian Dialectic*）一书的启发。在毕业后，罗素表达了他的野心：要写下"一种关于所有科学的辩证逻辑以及一种应当适用于政治的伦理学"。他希望诸如斯宾诺莎的宗教的东西可以得到严格的证明。

对矛盾的黑格尔式寻找

罗素的部分计划是表明矛盾如何从数学导向物理学，从物理学导向形而上学，然后再导向绝对。罗素认为在几何学中，尤其是在连续性问题上，最容易将矛盾揭示出来。数学家很有可能忘记"在这个领域中，哲学上的二律背反可以在数学谬误之中找到其对应物。至少对我而言，这些谬误似乎遍及微积分各处，甚至遍及由康托的收藏物所构成的更加精致的机构中"。（1990，52）

在《论几何学的基础》（*An Essay on the Foundations of Geometry*）中，罗素声称他发现了与"相对性、无穷可分性及空间的无限外延"有关的矛盾。（1897，177）例如，一个点必然是空间性的，但它又不能包括任何空间。毕竟，任何有穷的外延都可以被进一步分析。罗素认为几何学的矛盾承袭于空间的本质。就其本身而论，它们是天然如此且不可避免的。要解决"空的空间"和"点"特有的悖论，则必须引入"物质"这一概念。也就是说，我们必须用动力学来超越几何学。

罗素关于几何学的书获得了很好的评价。他计划接下来写一本关于物理学基础的书。然而，他发现动力学过于经验性了。

罗素于是转向了更熟悉的算术领域。他对格奥尔格·康托将数字视为连续的数量这一尝试饶有兴趣。作为一名黑格尔主义者，罗素拒绝接受康托的超穷数字概念。他的理由是，无穷大必然应是"一个大于任何可指定数量的数量"。如果 1，2，3，……n……是一个无穷序列的话，那么康托怎么可能在所有这些数字之后找到一个数字呢？

罗素最终得出的结论是，他的批评是基于两个错误展开的：将无穷视为一个无穷的数，并将所有无穷都视为相等的。阿尔弗雷德·诺斯·怀特海建议罗素去好好阅读一下黑格尔关于逻辑的书籍，而这部分地促成罗素收回对康托的批评。此前，罗素一直在阅读数学学者对黑格尔的数学化解读。当他阅读了黑格尔的原文之后，罗素震惊了。这位大师所犯的错误可谓"无知和愚蠢"。

这可能正是怀特海所希望看到的反应。随着罗素对于黑格尔的看法沉到了谷底，他对数学家的看法就上升了。在剑桥，绝大多数数学家似乎都思维狭隘而且没有教养。学生们都忙于准备通过荣誉学位考试，那是一场棘手的数学马拉松。为了在考试中表现出色，你就必须进行密集训练。因此，教师和学生专注于竞争性强、时间紧张的解题法。这种浅薄体制并不鼓励对无穷小、连续性和无穷所带来的哲学难题进行反思。

但是当罗素见到了来自法国、德国和意大利的数学家时，他就不再认为整个数学学科都在匆匆地将其中的矛盾隐藏在地毯下了。诚然，大多数人对乔治·贝克莱之于无穷小的批评所做出的反应通常都只是不耐烦地摆弄双脚，并提醒说无穷小能给出正确的答案。但是卡尔·魏尔施特拉斯（Karl Weierstrass）展示了如何通过另一套体系——epsilon-delta的符号系统（这遵循了我们之前所讨论的西班牙的佩德罗所倡导的语言策略）来得出正确的答案。由于这种做法绕开了无穷小，数学家们也可以向贝克莱承认无穷小是不自洽的。格奥尔格·康托正在说服越来越多的数学家相信他的超穷算术解决了芝诺悖论。在此之前，朱塞佩·皮亚诺（Giuseppe Peano）已经将算术公理化了。所有这些都表明，一群高效的数学家正在用严肃的态度对待矛盾。实际存在着的无法解决的矛盾要比黑格尔之前所暗示的少得多。到1899年时，罗素认为矛盾的总数已经减少到一个了："有穷数的总数是无穷的。每个数都是有穷的。这两个陈述似乎是不容置疑的，然而第一个与第二个相矛盾，而且第二个与康托的理论也相矛盾。"(罗素，1994，123）但是，当罗素被说服并相信数学并不是真正关于数量的科学时，这个悖论就似乎消失了。一旦我们用更加抽象的方式来看待数学——一项对于符号处理的研究，则所有的矛盾似乎都消失了。数学看起来愈发像是一系列安全的重言式了。

第二名分析哲学家

罗素在数学悖论方面扑了个空，这让他做好了进入其他研究方向的准备。他在剑桥大学的同事G. E. 摩尔（G. E. Moore）正在发展一种可以替代黑格尔主义的分析方法。摩尔通过概念分析和诉诸常识来攻击观念论。如今，许多哲学系的学生认为摩尔的著作是对于哲学界现状的迂腐捍卫。但在20世纪初，摩尔著作与此大相径庭。观念论在当时支配着欧洲和美国的学术界。而摩尔以魅力十足的天真态度与之对抗。

摩尔承认他无法确切地找出很多观念论论证的错误之处。他只是知道它们一定错了，因为这些论证的结论与日常之中我们所确信的内容相矛盾。哲学家的一项工作就是在这种悖论性的论证中找出谬误。与罗素相比，摩尔并不认为哲学家的工作在于纠正或者改进常识。和里德一样的地方在于，他认为哲学对于常识的挑战是虚伪且容易自我推翻的。哲学家应该做的是分析常识陈述的含义。与里德不同的地方在于，摩尔接受"观念之道"。他认为诸如"我看到一只手"这样的陈述应该被分析成感觉与料（sense data）。对于常识的分析本身并不是常识。

罗素认为摩尔解放了他。作为一个实在论者，罗素从此可以将草看作实在是绿色的。他可以将科学理解为对于客观世界十分有力的把握。罗素在《我为什么选择哲学》一文中总结了他的转向：

> 黑格尔认为宇宙是一个紧密结合的统一体。他的宇宙就像一个果冻。如果你碰到它的任何一部分，它的整体就会跟着颤抖；但它又不像果冻，因为它不能真正地被切成许多部分。根据他的说法，"由许多部分构成"这一表象是一种幻觉。唯一的实在是"绝对"，也就是他对上帝的称呼。我曾在一段时间之中在这种哲学中感到了慰藉。正如其信徒——特别是麦克塔格特，我当时的亲密好友——所呈现的那样，黑格尔的哲学曾看起来既迷人，又显而易见……然而，我在不经意之间从这位大师的门徒转向了他本身，却在黑格尔身上发现了诸多令人困惑的东西，在我看来它们并不比双关语更好。因此我抛弃了他的哲学。（1956，21）

此时的罗素将宇宙描绘成了一堆铅弹。正如休谟的"观念"那样，罗素所说的"原子事实"是独立的单位，而它们可以在逻辑上被复合成为分子事实。哲学家的职责在于展示如何将复杂陈述分析成更简单的陈述以及原子陈述何以能为真或为假。就像莱布尼茨一样，罗素在他的形而上学之中给逻辑赋予了核心角色。

日常语言并不适宜于这个课题，因为它充满了歧义、模糊和冗余。罗素需要的是一种逻辑上完美的语言，其中每个物体都有一个名称、每个名称都对应着一个物体，每个概念都由一个且只由一个谓词来表示，每个句子都有明确的构造规则。在这种语言之中，悖论是不可能出现的。模棱两可也不再可能，因为所有的歧义都已被消除。由于没有模糊性，所以这种语言不能表述连锁悖论。关于不存在物的谜题也消失了，因为不存在空名。关于同一性的谜题也被预先排除了，因为没有任何物体会有多个不同的名称。在一切的最后，无意义的情况也被排除了，因为每个原子句都是有意义的，而所有其他句子都是由有意义的原子句通过有意义的组合而产生的分子句。

除了具有防止伪问题产生这种否定意义上的作用，逻辑上完美的语言还能在肯定性意义上帮助形而上学家了解实在的本性。这种语言表明世界是事实的集合，而不是对象的堆积。"伯特兰·罗素是首相约翰·罗素的后代"和"首相约翰·罗素是伯特兰·罗素的后代"这两句话所涉及的是同样的两个个体，并且采用了同一个概念。但是，这两句话中间只有一个能因以下事实而成真：首相约翰·罗素是伯特兰·罗素的祖父。

这种逻辑上完美的语言会与实在本身具有相同的结构。它会反映出所有的真正可能性，也只反映出真正的可能性。科学的职责在于找出哪些可能性是实际上可能的。哲学家的职责则在于构建出框架。通过这种方式，科学家可以省去消除不可能正确的假设这种麻烦。科学家也将从这个关于"什么推出什么"的清晰图景中受益。虽然哲学家对于哪些可能性是实际上可能的并无专业知识，但他有能力说："如果这种可能性是实际上可能的，那么那个可能性也必须成立。"

逻辑主义与康托

理想语言的一个重要组成部分是数学。我们关于"1+1=2"的知识支持着理性主义。我们与数字之间并不存在因果关系，因而我们似乎是通过非经验的渠道接触到算数真理的。经验主义者认为我们对于算术的知识就像我们对于重言式的知识一样。这种观点是逻辑主义，即那种认为数学可以还原为逻辑学的观点。罗素认为康托的集合概念提供了一个契机，我们可以借此严格地将数学还原为逻辑。一个集合的大小——也即集合的势（cardinality）——是在我们从集合中抽象出其元素的性质和元素的顺序之后所留下的东西。一个单元素集只包含一个元素，比如说只包含"水星"一个元素。这样的集合的势是1。水星与那个包含水星的单元素集合合并后产生一个包含两个元素的集合。在此之上再加上包括前两个元素的集合的集合就产生了一个包含三个元素的集合。所有的自然数都可以通过继续这个过程而被表示出来。

有理数就是那些可以表示为整数的比值的数字。这些"分数"可以被放入与自然数一一对应的关系当中（图22.1）。康托有兴趣去证明并非所有的势都是相等的。在试图证明所有实数之集大于所有0和1之间的实数之集并失败之后，康托在惊讶之中证明了所有的实数都可以与0到1之间的实数建立一一对应的关系（图22.2）。更重要的是，康托提出了对角线论证来表明实数与自然数之间并不存在一一对应的关系。假设这种一一对应关系存在，那么我们就能够在一个无穷大的正方形之中列出所有的实数。0到1之间的每个实数都对应着一个无穷的小数。例如，$1/3=0.333333\cdots$因此，这个列表应该会看起来像图22.3。现在考虑对应于该列表对角线的数字序列：3061。我们可以构建出一个新的小数，当对角线数字等于0时，我们使第n个数字等于1；当对角线数字不等于0时，我们使之等于0。这个反向对角线，即$0.0100\cdots$，不能出现在列表之中，因为它与列表中的任意数都相差着至少一位数字。

这个对角线论证可用于证明自然数的幂集（即其所有子集的集合）大于自然数的集合。我们可以根据第 n 个自然数是否是该集合的一个元素来将任何自然数的集合描述为真或假。例如，

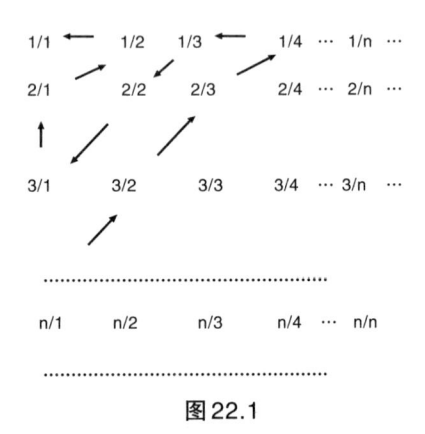

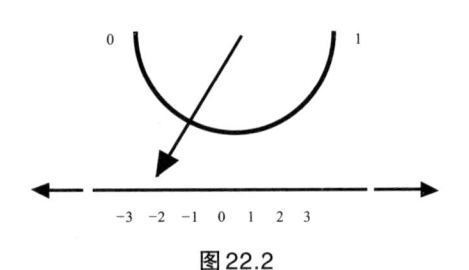

```
1/1 ←  1/2   1/3 ←  1/4  ⋯  1/n  ⋯
       ↗    ↙     ↗
2/1    2/2   2/3   2/4  ⋯  2/n  ⋯
↑    ↙    ↗
3/1    3/2   3/3   3/4  ⋯  3/n  ⋯
     ↗
..............................................
n/1    n/2   n/3   n/4  ⋯  n/n
..............................................
```

图 22.1

图 22.2

1/3	=	**3**	3	3	3	·	·	·
1/2	=	5	**0**	0	0	·	·	·
$\sqrt{.1}$	=	3	1	**6**	2	·	·	·
$\sqrt{.5}$	=	7	0	7	**1**	·	·	·
·		·	·	·	·			

图 22.3

偶数的集合就是{假，真，假，真，……}。自然数集合与其幂集之间的一一对应关系如图22.4所示。对角线序列则是{假，假，真，真，……}。

Evens:	**False**	True	False	True	·	·	·	·
Odds:	True	**False**	True	False	·	·	·	·
Primes:	False	True	**True**	False	·	·	·	·
Squares:	True	False	False	**True**	·	·	·	·
·	·	·	·	·	·	·	·

图22.4

现在考虑反转所有这些真值后产生的序列：{真，真，假，假，……}。由该反对角线来定义的序列不可能出现在列表之中。它与列表之中的每一个序列都至少有一次偏离。康托接下来证明任何集合的幂集的势都总是大于该集合本身的势。因此，存在着一个无穷无尽的超穷数字（transfinite numbers）的层次结构。

康托对于不存在最大的超穷数所给出的证明是有争议的。亨利·庞加莱（Henri Poincaré）认为实数集只在其元素可以与自然数一一配对的情况下才会存在。由于对角线论证证明出这种配对不存在，庞加莱就此推断出并不存在所有实数的**集合**。鲁伊兹·布劳威尔（Luitzen Brouwer）则将对角线论证解释为一种构造**新的**实数的方法。C. S. 皮尔士同样认为并不存在着完整的实数整体。对于任何实数，都存在着一个更大的实数。但是这种无穷性是潜在的，而不是实在的。

当罗素在计算宇宙中存在着多少事物时，他被引导到了一个包括所有事物的集合。这个集合中的事物数量必然是最大的，因为并不存在任何别的事物可以被添加进来！因此，罗素怀疑对角线论证犯下了某种微妙的谬误。

康托与理查德·戴德金（Richard Dedekind）的通信表明，康托已经意识到万有集（universal set）对于对角线论证的结论来说是一种异常情况。如果一个集合的幂集总是大于该集合本身的话，那么万有集就将大于其自身。康托只感到了轻度的担忧。他是一个虔信宗教的人，他相信上帝给了他一种特殊的天赋来理解无穷性的性质。在他研究超穷算术的过程中，他已经多次看到异常现象出现又消失。从数论的发展史中他了解到无理数、负数和虚数都曾经面临过审判。为什么超穷数应该与众不同呢？康托曾考虑过有些无穷是不可测量的这一想法："数量实在过多而不能被视为一个。"这些"不一致的多样性"激发了康托心中的神秘敬畏感："绝对只能被肯定与承认，而从来都不可能被理解，即使粗略的也不行。"（哈利特，1984，13）

罗素无法像康托一样持这种特设的泰然处之态度（ad hoc equanimity）。为什么实数集不能算作无法测量的无穷？对高阶无穷的对角线论证将被还原为启示神学。

就像那些拒绝出版对角线论证的编辑们那样，罗素留意到反对角线类似于说谎者悖论。在评估"本陈述是假的"这个陈述句时，你将不得不无休止地将"真"改为"假"，又将"假"改为"真"。构建反对角线的过程也采用了类似的来回摆动的路径。

这种对于对角线论证的反驳就像是搬起石头砸自己的脚。在1901年5月，正将写完《数学原理》的罗素意识到，说谎者悖论与万有集的一种轻微变体有着更多相似之处。包括了一切的集合必须包括它自身。现在请考虑这样一个集合，它包括且仅包括所有不包括自身的集合。如果该集合将它自身包括为元素的话，那么它就不应该将自身包括为元素。但如果它不包括自身为元素的话，那么它就确实应该将自身包括为元素。

　　罗素起初认为这种导出矛盾的方式是诡辩性的。他并不是第一个遇到这种论证的人。在1889年时，皮亚诺的助手切萨雷·布拉利-福尔蒂（Cesare Burali-Forti）正在研究有关序数的理论。序数衡量大小的方式就像肉店的票柜衡量排队的长度一样。序数并不传达有关序列中成员之间距离的信息。当三名顾客按照第一、第二、第三来进行排队时，这个序列是良序的（well-ordered），因为存在着首个成员以及队伍中唯一的后续位置。为了将良序这一概念扩展到无穷计数之上，我们必须要小心地取消该序列存在最后一个成员这一要求。例如，{0，1，2，3，……}是良序的。但是该序列必须存在首个成员：{……，-2，-1，0，1，2，……}就不是良序的。非负有理数的序列{0，……，1/4，……，1/2，……，1，……，2，……}挑出了首个数字，但却没有挑出第二个数字。对于整数的一种非标准化排序{0，1，2，……，……，-3，-2，-1}也不是良序的，因为它没有挑出自然数之后的全部数字。但是，一个把所有偶数都放在奇数之前的序列，比如{0，2，4，……，1，3，5，……}，是良序的。在芝诺悖论中很常见的加速序列（accelerated sequence），例如{1/2，3/4，7/8，……，1}，也是良序的。布拉利-福尔蒂指出，构成序数的序列可以按照大小来排列。首先出现的是{1}，其次是{1，2}，然后是{1，2，3}，依此类推。也就是说，序数的集合是良序的。任何良序的集合都有一个序数。因此，它必须有一个序数。但是，这个序数必须大于这个集合之中的每个元素，因此它不能出现在这个集合中！

在如今，这个问题被称为布拉利-福尔蒂悖论。但是布拉利-福尔蒂本人认为他的推理是对于三分法则（trichotomy law）的**归谬论证**。三分法则称，当给定任意一对序数 A 和 B 时，A=B、A<B、A>B 这三种情况必有一种成立。在康托后来给出了对于三分法则的证明时，布拉利-福尔蒂感到震惊。事实证明，布拉利-福尔蒂误读了康托对于"良序"的定义。在布拉利-福尔蒂将他的概念重新命名为"完美排序"（perfect ordering）之后，他总结称自己的证明和康托的证明都是正确的。

对于布拉利-福尔蒂以及其他大多数人来说，康托的理论过于流畅，以至于不能充当悖论的背景。那些同意康托的人将来自康托理论的令人惊讶的推论解释为有趣的猜想。那些对于康托怀有敌意的人则认为这种结论是足以使人不相信康托理论的不可信内容。直到康托的工作为主流数学界接受之后，这些惊人之处才被普遍描述为悖论。

罗素与其他集合论理论家的不同之处在于他并不将这些异常的集合置于次要地位。起初，他把时间投入到这些谜题之中仅仅是因为它们看上去像是可以得到解决的诡辩。在"这个集合论矛盾"上所花费的时间使得他《数学原理》一书的交稿截止日期变得更加具有紧迫感。这本书的系统性使得它难以回避罗素所提出的集合是否包括自身这一问题。

罗素为此变得越来越焦躁。他向其他逻辑学家寻求建议。有一次，他向阿尔弗雷德·怀特海发电报汇报他找到了解决方案。在怀特海向他表示祝贺之后，罗素"难以言喻的解脱感"

在原悖论出现一个微小的变动之后就完全崩塌了。

在仍然不确定"这个集合论矛盾"是一个重要的发现还是一种失败的独创性的情况下,罗素给皮亚诺写了信。皮亚诺没有回复。

在1902年6月16日,罗素决定向一位他曾在皮亚诺的评论之中读到过的逻辑学家:戈特洛布·弗雷格(Gottlob Frege)求助。罗素在此前不久发现,弗雷格也在从事逻辑主义方案的研究,并取得了很大的进展。也许弗雷格可以解决这个悖论。罗素的来信到达弗雷格手里时,后者的《算术的基本规律》才刚刚付梓。在罗素受到反复的针扎般的折磨时,弗雷格在仅仅一次刺痛之后就明白了其中的道理。他很快意识到他的第五定律必定是一个矛盾。(这个公理允许通过主张"两个集合相等,当且仅当对于所有可能的自变量,它们对应的函数值都一致"来构造出罗素的集合。此后,诸如$f_{(x)}$的表达式必须同时被视为一个以f为自变量的函数和一个以x为自变量的函数)在一个仓促写下的附录中,弗雷格开始询问正确的问题:"我们是否总是被允许去谈论一个概念、一个类的外延?如果不能的话,那么我们应该如何识别出例外的案例?我们是否总能根据一个概念的外延与另一个概念的外延重合来推出落入第一个概念中的每个对象也都落入第二个概念?"

6月22日,弗雷格坦率地回复罗素:

> 你对这个集合论矛盾的发现让我惊讶到说不出话,并且坦率地说,它使我惊慌失措,因为它撼动了我本准备用来建立算术的基础……我必须进一步考虑这个问题。此处的情况相当严重,因为我的第五定律的崩溃似乎不仅破坏了我

所要建立的算术的基础,而且破坏了算术本身所有可能的基础……无论怎么说,你的发现都是一个非常了不起的发现,它可能会带来逻辑学上的巨大进步,虽然最初而言它是我们所不想看到的。(弗雷格,1980,132)

弗雷格对于真理的忠诚态度给罗素留下了深刻的印象:"在发现他的基本假设是错误的之后,他在回信里所带有的理智愉悦明显淹没了所有个人的失望情绪。"

实际上,弗雷格在此后再也没有出版过任何重要的著作。弗雷格对这个悖论感到十分沮丧,并担心他一生的努力都因此显得几乎一文不值。

弗雷格此前认为我们可以凭借直觉无误地获得逻辑真理。抽象公理认为,任何自洽的条件都可以被用来确定一个集合。还有什么可以比这更清楚?然而,罗素的悖论表明这种直觉是一种矛盾。

类似于抽象公理的事物在语义学中很常见。我们似乎是通过定义而使某些事物开始存在。在美国工会主义的鼎盛时期(1940年),L. S. 约翰斯顿(L. S. Johnston)的一位秘书因为一些组织将其秘书排除在外而感到恼火。这位秘书希望成立一个秘书工会来收纳那些不被他们的工作组织所收纳的秘书。由于约翰斯顿是一位熟悉罗素悖论的数学家,他很快注意到自己的秘书所提出的要求是不可能实现的。假设有一个工会,它只接受那些被其雇主排除了成员资格的秘书。当这个工会变得庞大起来,它就必须开始雇佣秘书。这名秘书不被任何其他组织排除在外。那么,这位秘书是否有资格加入这个为那些被排除在外的秘书所设立的工会?如果她有资格加入这个工会的话,那么就没有任何工会将她排除在外。这会使她没有资格加入这个工会。但如果她没有资格的话,那么她就被这个工会排除在外了,因此她就有资格加入了!

我们在此陷入了矛盾,因为我们假定这样的秘书有可能存在。这个结果是悖论性的,因为我们认为团体是因被**定义**而存在的。如果我们想组建一个象棋俱乐部的话,我们可以通过**宣布**自己是该俱乐部的成员来完成组建工作。戈特洛布·弗雷格对于集合有着同样的直觉:任何可以被描述的条件都足以定义一个集合。

后 果

罗素为限制抽象原则所做出的第一次努力出现在《数学原理》一书的结尾处。在"附录B:类型理论"中,他建议我们应该禁止指称悖论性集合。那些被用于定义集合的句子需要被层级化。处在最低层级的是关于个体的句子。第二层级里的是关于个体的集合的句子。第三层级里则是关于集合的集合的句子,依此类推。一个谓词适用于"所有对象",其必要条件是后者都处于同一层级。根据罗素的"恶性循环原则",在我们确定可以满足一个术语的候选对象的精确范围之前,该术语的含义是不能被确定的。自指是毫无意义的。

但是前面那句话呢?它是没有意义的吗?试图去陈述类型理论的做法本身就违反了这一理论。在他1908年的文章《基于类型理论的数理逻辑》和他与怀特海共同撰写的不朽著作《数学原理》中,罗素在该理论的一个更为成熟的版本中与这个自我推翻的难题进行了艰难斗争。

在人们认识到罗素悖论的严重性之后，朱尔斯·理查德（Jules Richard）、库尔特·格雷林（Kurt Grelling）、尤利乌斯·柯尼希（Julius Konig）、恩斯特·策梅洛（Ernst Zermello）等人提出了一连串悖论。G. G. 贝里（G. G. Berry）是最早给出新语义悖论的人之一。罗素用这句话来描述贝里悖论："'不能用少于19个音节来命名的最小整数'（The least integer not namable in fewer than nineteen syllables）本身就是一个由18个音节组成的名字；因此，不能用少于19个音节来命名的最小整数本身可以用18个音节来命名，这是一个矛盾。"（罗素，1908，223）

贝里是一个有求知欲的人物。他的职务并不高，在牛津大学的博德利图书馆担任图书管理员。在他向罗素介绍自己时，贝里给罗素递过去了一张名片。名片的一面上写着："这张卡片另一面上的陈述是真的。"而另一面上写着："这张卡片另一面上的陈述是假的。"（一种错误观点认为，这种循环说谎者悖论是由菲利普·乔丹（Philip Jourdain）所发明的。）

贝里与罗素的通信表明他在数理逻辑上很有天赋。但他从未发表过任何定理。正如莱布尼茨笔下的贝克莱那样，贝里可能是"那类希望凭借他们的悖论而为人所知的人之一"。

23

维特根斯坦与一个语法玩笑的深意

> 通过误解我们的语言形式而产生的问题具有**深刻**的特征。它们是深刻的不安,它们的根源和我们语言的形式一样深深植根于我们,而它们的意义与我们语言的重要性相同。让我们问问自己:为什么我们会觉得一个语法玩笑是**深刻**的?(而那正是哲学的深刻)
>
> ——维特根斯坦,1958,111

逻辑学家和数学家查尔斯·道奇森牧师(Reverend Charles Dodgson)——更常以他的化名刘易斯·卡罗尔(Lewis Carroll)而为人所知——以他幽默诙谐的语言而闻名于世。在《爱丽丝梦游仙境》中,鸭子徒劳地询问老鼠讲座中的"它"(it)指称什么:"爱国的坎特伯雷大主教斯蒂甘德(Stigand)认为'它'是明智的……去和埃德加·阿塞林(Edgar Atheling)一起出行……"鸭子假设"它"应该指的是某种具体的东西,比如一只青蛙或者一条蠕虫。但是老鼠在这里是把"它"字作为虚设代词,它被植入句中只是为了满足语法对于对象词的需求。如果大卫·休谟是正确的,那么笛卡尔在"我思故我在"中寻找"我"的指称时可能就和这只鸭子的行为十分相似。

道奇森的奇思妙想也延续到了他娱乐式的数学之中。有趣的是，他相信这些谜题可以完成一个严肃的目的：提供精神上的保护作用。在他的《枕头问题集》(Pillow Problems) 一书的导言中，道奇森写道："存在着一些怀疑主义的思想，而它们现在似乎根除了最坚定的信念；存在着一些亵渎神灵的思想，它们如不速之客般冲进最虔诚的灵魂中；存在着不圣洁的想法，用它们的可恶存在来折磨着本应纯洁的幻想。反对着所有这些真正脑力劳动的，是一个最富有助益的盟友。"谜题应该具有挑战性，但不应该过于困难。常常光顾感觉剥夺室 (sensory deprivation chambers) 的人会建议你给自己构造理智挑战来消磨时间：比如说倒着背出字母表，列出 100 以内的所有质数，等等。他们提醒说，你所提出的问题必须一定是可以解决的。如果你不幸地选择了你无法回答的问题，那么你就没有办法再去切换题目了。你会变得讨厌这个问题，但却又无法停止对于它进行思考。

悖论像寄生虫那样紧紧吸引了伯特兰·罗素的宠儿路德维希·维特根斯坦 (Ludwig Wittgenstein, 1889—1951) 的注意力。维特根斯坦对于那些实际上热衷于永恒问题 (Eternal Questions) 的哲学家感到反感。他之所以从事哲学，只是希望能够尽快消除掉他想要给出回答的冲动。

维特根斯坦的疗法

在列夫·托尔斯泰还小的时候，他的哥哥向他提出挑战：在他停止想象白色的熊之前，他都必须站在房间的角落里。小列夫越试着不再想象白熊,他就越会想到它。只有当他想到别的东西时,他才会停止想象白熊。受到了摆脱不了的想法的困扰的人们没有办法简单地决定不再去思考这些想法。缓解是不由自主地到来的。拥有摆脱不了的想法的思考者所能做的最多是通过改变他所处的环境来分散自己的注意力。

维特根斯坦是通过观看美国电影尤其是西部片来分散他的注意力的。他会选择坐在影院前排,吃着酥皮菜肉馅饼,全神贯注地观看。他还读了很多侦探小说(许多哲学家都读,也许是出于对解决方案的渴望)。然而,这种注意力的转移只能为维特根斯坦提供几个小时的缓解。他唯一持续的平和时期是在1921年,他的《逻辑哲学论》(*Tractatus*)发表之后。那时,他认为自己已经揭示了所有的哲学问题都产生于对于理想语法的违背,因此,他从哲学界隐退,并到奥地利的一个偏远村庄特拉滕巴赫(Trattenbach)担任小学教师。

维特根斯坦最终被人说服并相信这种理想语言本身只是一种幻觉。他在1929年怀着不安的心情返回剑桥大学。在接下来的10年中,他拼凑出了所谓的"日常语言哲学"。满怀自责的情绪,维特根斯坦放弃了他早先所要求的语法应该符合逻辑的先验要求。他不再试图思考语言**必须**如何运作,而是决定观察说话者的实际行为。从这种人类学的角度来看,像英语这样的自然语言就类似于伦敦这座城市,是一座既拥有着古老的根源又活着、生长着的城市。其中一些现代的部分拥有着网格化的整齐布局。但同时又存在着许多随意蔓延的旧街坊。伦敦不是在一天之内被定义的。它是一个由重叠着的机构构成的混杂物。所有有用的一般化概括都必须受到限制且只适用于局部。当我们过度使用类比，当我们脱离了背景来使用表达式，当我们将话语模式脱离于其实际（和不实际）的目的时，悖论就会产生。

根据维特根斯坦的观点，我们可以通过将字词带回其自然的使用环境来将大多数悖论扼杀在萌芽状态——比如，通过研究字词是如何被教授给孩子的，以及通过注意到字词在更大的实践之中起到的作用。为了避免被复杂性所压倒，他还考虑了简化了的语言游戏。但是，这些人工制作的样本不应该被视为日常语言所不完美地逼近的"理想语言"。我们很容易因为理想化而栽跟头。我们通过不断回到粗糙的地面来稳固我们的思维。

在某些情况下，我们可能会发现语言的规则确实会导致矛盾。罗素和弗雷格将矛盾视为危机。但维特根斯坦则将发现一个矛盾比作发现某个游戏之中有一个可以确保获取小胜的漏洞。如果遇到了麻烦的话，我们就可以选择用一种特设的方式来填补这个漏洞。如果实际上没有人利用这个漏洞的话，那么我们也就不需要对其加以修正了。我们可以**忍受**一些悖论与我们共存。也许其中的一些问题，例如自由意志问题偶尔会在实践中给我们带来麻烦。毕竟，我们有时必须对于涉及成瘾、冲动和强迫等问题的严重案件做出判决。但是此处的适当反应是做出微小的调整。我们不应该用形而上学的假肢来取代常识的关节。

塞克斯都·恩披里柯试图通过任何可用的方式（无论它是理性的还是非理性的）来终结哲学探究。如果存在着某种安全的"反哲学药丸"的话，塞克斯都就会在药方上写下它。维特根斯坦对于非认知的疗法持有反对态度。他认为，要摆脱哲学困扰，就必须先深入地了解语言是如何给我们设置陷阱的。

将语词视作名称

"名称"一词的含义似乎特别简单。当亚伯拉罕·林肯说"菲多"（Fido）时，这个词的含义就是它的载体：林肯家那只耳朵松软下垂的、糙毛的、泛黄的、血统不明的狗。在柏拉图的对话中，苏格拉底朴素地将"菲多"/菲多的这种模型扩展到"勇气""知识""善"等术语。由于这些词语在世界当中并没有载体，苏格拉底推断称它们必然有超验的载体：勇气、知识和善的形式。这种对于语言的超越化使用导致了一系列关于共相的问题。一个共相可以在没有实例的情况下存在吗？每一对共相是否必须经由一个更高的共相来联系？物质性的存在者如何能了解这些抽象实体？

维特根斯坦坚持认为，如果我们观察我们是如何实际地使用语词的，那么我们就会发现通常来说，并不存在对于所有的语言用法而言都普遍且特有的特征。在"游戏"之中，只存在一个由重叠的相似性构成的网络，一种家族相似性（family resemblance）。因此，苏格拉底对于定义的要求乃是基于一个错误的预设：一个词语的所有用法之间存在着某种共性。

这种"菲多"/菲多模型也隐藏在心灵哲学的关键悖论的背后。我们预先假定了"头痛"之类的词语拥有载体。由于该载体不能是物理的，于是我们推出存在着一种心灵载体。一方面而言，这个非物理的实体似乎难以捉摸，因为它并不出现在大家的视线之中。因此，没有独立的检查方法来确定它是否存在。另一方面而言，疼似乎是最容易知道的事情。患有头痛的人不可能错误地认为他头痛。如果他头痛的话，那么他就不可能注意不到它。对于疼而言，存在即被感知。这种私有的实体的领域很容易被视为拥有着它们的人最熟悉的领域。因此，将心理领域视为所有其他知识的基础这种做法就变得很诱人。你没有办法去查验其他人的心理领域，因此你似乎尤其不适合去判断别人是否与你有一样的观念，或甚至是否有此类观念。整个外部世界看起来像是一种我们必须根据自己的观念来大胆推断而出的东西。最起码，你最**了解**的是你自己的观念。最起码，你所**真正**谈论的是你正在持有或可能持有的观念。既然这些观念一定是**你的**观念，也是**你**对之不会出错的观念，那么我们每个人实际上都在说一种私人语言。沟通是不可能的，因为我们的语言之间没有任何意思相同的语词或者句子。我们既不能彼此同意，也不能彼此不同意。

维特根斯坦认为私人语言是不可能的。一个只有你自己才可以遵循的规则是一个不能维持遵守该规则和违反该规则之间的区别的规则。如果没有违反该规则的可能性，那么就不可能遵守它。**私人规则**毫不含糊是自相矛盾的。必须使用私人规则来定义私人语言。因此，私人语言是不可能存在的。

维特根斯坦还质疑"疼"有指称这一假设。他认为"我头疼"并非是在**汇报**头疼；它是像呻吟一样表达了疼。不是在痛苦中捂住你的前额，而是用一种口头行为来加以代替。"只有当我们彻底打破语言总是以一种方式运作、始终服务于同一目的——即传达思想，可能是关于房屋、疼、善恶，或者任何其他你想要传达的东西——这一观点时，悖论才会消失。"（1958，304）维特根斯坦鼓励人们提出他这种关于"疼"的宣称理论（avowal theory）的替代品。维特根斯坦想要做的不是用另一种哲学理论来代替这种哲学理论。他并不认为哲学的问题仅仅在于选择了错误的前提。维特根斯坦认为真正的问题在于我们自认为必须要选择某种前提。

语言怪异点的相关性

苏格兰作家罗伯特·路易斯·史蒂文森（Robert Louis Stevenson）很喜欢一个小女孩，后者抱怨自己的生日是在圣诞节当天。她本来一年中有两天可以收到礼物，但是现在只在一天会收到礼物。在他的遗嘱中，史蒂文森将自己的生日遗赠给了这个女孩。他附加了以下的条款："但是如果她未能妥善地使用这一遗产的话，则所有权利都应转交给美国总统。"

史蒂文森的"遗赠"表明了生日并不是一种可以转让的财产。这其中的寓意类似于有关限度的哲学评论。一位面临着"他心问题"的哲学家评论说："我无法感受到你的疼。"将疼的深层私人性与生日的浅层私人性进行比较是有帮助的。

维特根斯坦"曾经说过，可以写出一本严肃、优秀，而且完全由玩笑组成的哲学著作（同时不显得滑稽）。还有一次，他曾说一篇哲学论文可以只包含问题（而不包含答案）"。（马尔康姆，1958，29）在他的《哲学研究》一书中，维特根斯坦经常将玩笑和问题混合起来：

> 为什么一条狗不能假装痛苦？是因为它太诚实了吗？
> 为什么我的右手不能给我的左手钱？
> 为什么"他感到深深的悲痛，持续一秒钟"这句话听起来会很奇怪？（只因为它很少发生吗？）（1958，250，268，II，i）

安东尼·肯尼（Anthony Kenny）——一名有条不紊的维特根斯坦学者汇报说，《哲学研究》一共包含了784个问题；其中110个问题得到了回答，然而这些答案之中有70个都是**故意**提出的错误答案。

维特根斯坦说，他的目的在于"教会你将伪装起来的无意义话语转变为明显的无意义话语"。（1958，464）例如，人们可能会将"观念在被思考之后会去哪里"和"火焰在熄火之后会去哪里"这两句话进行比较。由于玩笑和谜题都是简洁而公认的明显无意义话语的实例，它们对于这些逻辑类比来说都是很好的候选。

其他的"日常语言哲学家"试图通过将哲学问题与明显的语言荒谬相类比来消解这些问题。吉尔伯特·赖尔（Gilbert Ryle）的《心的概念》经常指责勒内·笛卡尔犯了"范畴错误"。

> 一个人如果说只有三个东西不会上升：潮水、希望与平均死亡年龄，那么他就会被看作在开一个劣质玩笑。其他类似的或好或坏的玩笑还包括：存在着质数、周三、舆论与海军，或者说同时存在着身体与心灵。（1949，23）

维特根斯坦认为类似的界限是通过诸如"绿色和蓝色不能同时处在同一个地方"的哲学评论所揭示出来的。

日常语言哲学是常识哲学删减后的后代。与托马斯·里德所期望的相反，18世纪之后的物理学推翻了一些常识信念。在常见条件下适用于中等尺寸对象的原则在天文学家和微观物理学家所研究的尺度上崩溃了。为了避免侵犯科学的领地，日常语言哲学家只保留了里德哲学之中的语言学方面。他们限制自己的研究范围，只对语言的运作方式发表评论。作为以英语为母语的人，他们掌握了英语的规则，并可以判断某个句子是否属于英语。遗憾的是，我们无法直接通达我们所使用的规则。我们必须根据哪些句子属于英语的数据来推出规则。对于语言规则的陈述是分析性的。它们并非关于世界的评论。这就解释了为什么哲学可以是扶手椅式的。与数学一样，哲学是一个先天领域。

在实践之中，日常语言哲学家常常利用经验性的线索来确定规则可能为何。我们知道英语不可能包括无穷多个相互独立的规则，因为那就会使得这门语言无法被习得。在讨论约定是如何被组织起来时，维特根斯坦经常诉诸语言的功能。但这种"窥视"很像几何学家用来指导他们的猜想的非正式测试。即使我们确实使用到了后天的研究模式，这些陈述本身却是先天的。（重要的是，该陈述**可以**在不依赖于经验的情况下学到）

当我们正确地使用语言时，我们的问题就会是结构良好的：即使事实证明我们无法知道答案，但总是有一个答案在那里。对于哲学问题，我们会陷入让人目眩的困惑中：究竟什么可以算作答案？这种情绪可以追溯到维特根斯坦的《逻辑哲学论》时期：

> 在哲学著作中能找到的大多数命题和问题都不是假的，而是无意义的。因此，我们不能对这类问题给出任何答案，而只能证明它们是没有意义的。哲学家的大多数命题和问题都源自我们未能理解我们语言的逻辑。（它们与"善"和"美"是否或多或少是同一的这个问题属于同一类别）

毫不奇怪的是，最深层次的问题实际上根本就不是问

题。（1969a，4.003）

哲学问题没有答案，因为实际上根本就没有这种问题，有的只是伪问题伪装成了问题。一个领域只有通过回答问题才能取得进步，所以哲学之中的进步是不可能的。（"谜题是不存在的。如果一个问题可以被提出，那么它也就可以被回答。"）人们最多可以通过表明哲学问题产生于我们对自己语言的工作方式的误解来**消解**哲学问题。

萨特与自欺者

后期的维特根斯坦从来没有对一个悖论提出过明确的解决方案。他只是给出了暗示和梗概，以鼓励他人自主思考。他的追随者确实试图去消解一则因让-保罗·萨特（Jean Paul Sartre）而在20世纪50年代流行起来的悖论：自欺是可能的吗？我怀疑日常语言哲学家之所以关注这个悖论，部分是出于嫉妒和怨恨的情绪。虽然英国哲学家被心生厌倦的书评人贬损为说话又臭又长的"赘学家"[①]（verbosophers），但法国的存在主义者被誉为文化的灯塔。萨特、西蒙·波伏娃（Simone de Beauvoir）、阿尔贝·加缪（Albert Camus）、安德烈·马尔罗（André Malraux）都是名流。与斯多葛学派一样，他们提供了一个关于实在和人类境况的完整画面。他们尊重产生哲学的气质特征。存在主义者部分是通过文学和戏剧的形式来向公众展示他们的观点的。隐居的维特根斯坦主义者却只是互相诊疗。

---

① 或由"verbose"和"philosophy"两个单词组合而成，调侃英国哲学家注重语词分析的风格。——编者注

在《存在与虚无》(*Being and Nothingness*)一书中,萨特评论称自欺似乎是一种非常普遍的现象。然而,关于其可能性存在一个强烈的反驳。一个人如果要欺骗别人的话,那么他自己就不能相信欺骗的内容;然而,被欺骗者必须相信欺骗的内容。既然一个人不可能既相信又不相信欺骗的内容,那么自欺就是不可能的。

一种受欢迎的解除这一矛盾的方法是将自我分成多个部分,多个小人(homunculi),并宣称一个小人正在欺骗另一个小人。然而,当我们问到每个小人本身是否可以欺骗自己时,无穷倒推的危险就显而易见了。否定性的回答会是特设的:任何复杂到足以欺骗他人的生物都复杂得足以将同样的技巧应用于自身。然而,如果小人可以欺骗自己的话,那么我们就又必须假设亚小人、亚亚小人等的存在。

或许一名形而上学的心理学家会欢迎每个自我都是由无穷多个自我组成的这一推论。维特根斯坦主义者则会退让。日常语言哲学家并没有假设存在着无限层级的亚自我,而是认定这个难题来自误导性的表层语法。"国王乔治四世欺骗自己去相信他曾在滑铁卢作战"这一陈述对于"欺骗"的用法与"国王乔治四世欺骗不伦瑞克的卡罗琳公主去相信他曾在滑铁卢作战"之中对于"欺骗"的用法看起来是相似的。但维特根斯坦主义者否认自我欺骗中的"欺骗"与其他欺骗中的"欺骗"是以同样的含义被使用的。他们将"欺骗自己"与"邀请自己""打败自己""教导自己"(即自学)进行比较。如果你在没有受到邀请的情况下去参加一个聚会,你就是邀请了你自己。当你打败自己时,你既不是胜利者,也不是失败者;你只是别人战胜你的主要原因。我们可以仿着理解他人的教导的方式来理解"自我教导"，并同时为"亚伯拉罕·林肯是自我教导的"制造悖论：作为老师，林肯知道教导的内容；作为学生，林肯不知道教导的内容。因此，林肯既知道又不知道教导的内容！

任何由这种诡辩所产生的困惑都基于这样一个决定：仿着理解他人教导的方式来理解自我教导。与此相反，我们应该在尊重语言特性的前提下研究反身性表达。反身性表达确实看起来都具有"a与其自身具有关系R"这一逻辑形式。然而并非如此，这个表层语法有时会掩盖一种非常不同的深层语法。尤其"……当我们说'琼斯关于P欺骗了自己'为真时，以下为真：琼斯是在信念不利的情况（belief-adverse circumstances）下相信着P，比如，在琼斯所拥有的证据并不支持相信P的情况下"。（坎菲尔德和古斯塔夫森，1962，32）这种对"自欺"的解释旨在将"哲学之云凝结成语法的水滴"。

作为语言疗法的副产品，我们可以了解到语言的运作方式。但这种语言学的偶然进展并非**哲学的**进展。有用的哲学就像是医学。医生只是帮助患者从病痛中获得缓解。医生可能会在此过程中获得科学发现，但这些进展并不是医学本身的目标。当哲学家解开一个概念的结时，这里并不会留下积极的**哲学**残留物。

遵守规则

维特根斯坦将儿童学习背诵字母表的方式与他们学习背诵数字的方式进行了对比："'等等'（and so on）这一表达有着两种使用方式。如果我说'字母包括A、B、C、D，等等'，那么'等等'就是一种缩写。但是如果我说'基数是1、2、3、4，等等'，那它就不是一种缩写了。"（1976，170—171）一个孩子是通过记住完整的表单来学习字母表的。当你只向他教到字母G时，你是不能指望他能推断出H、I、J、K的。对比之下，一个孩子是不可能死记硬背下一个无穷无尽的数字表单的。他必须要学会自己继续下去。

你是如何掌握到无穷无尽地扩展数字序列的规则的？即使是简单的延续也需要用到加法。你是怎么学会"加"的？索尔·克里普克（1982）认为维特根斯坦发现了一个关于遵守规则的怀疑论悖论。假设你之前从未计算过68+57等于多少。你给出了125作为回答，并确信这与你之前用过的"加法"是相对应的。一个怀疑者会这样质疑你的确定性：也许你过去用到的加法会要求答案为5。毕竟，存在着无穷多种可能的规则可以产生你过去所得出的结果。你又怎么知道你打算用哪条规则呢？

> 这就是我们的悖论：没有任何行动方式可以被一个规则所确定，因为每一个行动方式都可以被理解为符合规则。答案是：如果一切都可以被理解为符合规则的话，那么它也就可以被理解为与之发生冲突。所以这里既不存在一致，也不存在冲突。（1958，201）

克里普克说维特根斯坦解决这个悖论的方法是否认遵循规则会涉及自我解释（self-interpretation）。相反，我们只是被训练来使用语词。我们对于一个规则的掌握就等于引入一种语言实践。

许多哲学家认为克里普克歪曲了维特根斯坦的疗法的目标。维特根斯坦对于发现新的悖论并不抱有兴趣。他只想消除旧有的悖论。如果维特根斯坦所持有的悖论是伪问题这一观点是正确的，那么它们就不可能得到解决。

然而，维特根斯坦经常回到他所摒弃的那种哲学思考。他并不能完全抵挡住一个"将整个心灵置于旋转之中，并给出令人愉悦的悖论感"（1976，16）的回答所带来的魔力。就像一个酗酒者一样，维特根斯坦在轻率地总结称存在着无穷多个无穷大的数时对康托表示了认同。维特根斯坦认为康托是在一种对"1，2，3，4，……"的有吸引力的解释的作用下发明了超穷数。他推测说："这些点引入了一个特定的图景：数字逐渐缩小，它们与我们之间的距离太远，以至于我们看不到它们了。如果我们用了不同的符号的话，就可以实现很多目标。假设我们不用点来表示省略，那么'1，2，3，4，△'就不那么具有误导性。"（1976，170）在苏斯博士《论斑马之外》（*On Beyond Zebra*）一书的开头，一名叫康拉德·科尼利厄斯·奥唐纳德·奥戴尔（Conrad Cornelius o' Donald o' Dell）的小男孩自豪地在黑板上写写画画，以展示他对于字母表的详尽了解：A 代表猿猴（Ape），B 代表熊（Bear）……直到 Z 代表斑马（Zebra）。一个年纪稍大的男孩夸赞了康拉德。他轻松活泼地向小康拉德承认道，**大多数人都停在了 Z，但是他**的字母表超越了 Z。多出来的字母使得他能拼写出新的东西。这个大男孩由此将康拉德引入了一个原本无法进入的异域之中。例如，类似于 Q 的字母"quan"代表了生活在书架上、体型垂直对称的"窘境"（Quandary）。

> 独自身处在海洋洞穴之中
> 他每天都担忧，从黎明最早的曙光开始
> 担忧，只是担忧，一直到深夜。
> 他只是站在那里，担忧着。他就是无法停下……

他是上下颠倒了吗？还是下上颠倒了？

康拉德所经历的旅行会让维特根斯坦想起其他世外桃源。

维特根斯坦坚称他不希望用一种哲学理论来取代另一种哲学理论。但他经常这样做。尽管怀着谨慎的态度，但是他提出了意义的使用理论、疼痛的宣称理论（avowal theory of pain）、家族相似性学说，等等。尽管他常常嘲笑哲学家热衷于讨论限度与不可能性结果，维特根斯坦却以其对私人语言的拒斥，将语言的限度等同于思想的限度以及关于无穷的怀疑论而闻名。虽然他贬低了悖论的地位，但是他无法停止创造关于无穷性和遵守规则的谜题。

维特根斯坦"曾经评论说，摩尔唯一给他留下深刻印象的工作是他发现了一种下面这类句子所涉及的特殊的无意义话语：'现在天在下雨，但我不相信。'"。（马尔康姆，1958，56）这算是对分析哲学创始人的轻蔑态度吗？还是一个悖论爱好者的告白？

维特根斯坦的失控反思让人联想起《失乐园》（*Paradise Lost*）中的一个片段。约翰·弥尔顿（John Milton）在其中将地狱描述为一个地形多变的地狱，其中一些堕落了的天使在打斗，其他的在悲歌，而

> 其他人都退坐在小山之上，
> 在思想中更加崇尚天意、预知、意志和命运，
> 固定的命运、自由的意志、绝对的预知，
> 找不到尽头，在迷宫中漫游时失落。（II，557—561）

小山上可怜的恶魔被他们的研究的无用性所折磨,却又无法控制住自己的好奇心。他们越是去思考为什么他们不应该思考,就越会深陷思考之中。

24

蒯因的问号

逻辑学沿着语法之树向上追逐真理。

——W. V. 蒯因，1970，35

威拉德·范·奥曼·蒯因（Willard Van Orman Quine）于1908年6月25日所谓的"反圣诞节"日出生于俄亥俄州阿克伦市。他在2000年的圣诞节当天去世。蒯因一生都在哈佛大学任教，这开始于他在阿尔弗雷德·诺思·怀特海的指导下所完成的研究《数学原理》的博士论文。虽然蒯因对计算机科学做出了贡献，但他一直都在使用一台生产于1927年的雷明顿牌（Remington）打字机。作为一名逻辑学家，他"对它进行了一场手术"来使它的一些按键可以打出特殊符号。"我发现我用不到第二个句号键、第二个逗号键以及问号键。"记者问道："你难道不会想念问号吗？"蒯因回答说："嗯，看吧，我研究确定性。"

我认为悖论是谜题，它们会给观众太多个好的答案。由于谜题的形式是问句，我怀疑蒯因的改良打字机没有办法流利地打出悖论。然而，蒯因提出了对于"悖论"的最有影响力的定义。

卡特的末日论证

《牛津英语词典》所列出"悖论"一词的第一个意思是"与广被接受的意见或预期相反的陈述或者信条"。蒯因认为这种定义忽视了论证的核心作用。在《悖论之道》("The Ways of Paradox")一文中,蒯因提出了这样一种观点:"悖论就是任何起初听起来荒谬,但却有论证支撑它的结论。"(1976,1)末日论者所说的"世界末日即将来临!"就是一种"与广被接受的意见相反的信条"。但只有在有一个好的论证支撑它的情况下,它才会是一个悖论。

令人惊讶的是,这样一个论证来自蒯因所鼓励的科学与哲学之间的相互交流。宇宙学家布兰登·卡特(Brandon Carter,1974)指出,在没有任何证据表明"我很特别"的情况下,我应该认为自己与普通人一样处于同一段历史之中。由于人口呈现指数级增长,大多数人的出生日期都应该在近年。因此,我应该为"我写作的时间处在人类历史的终点附近"这个假设分配一个高到惊人的概率。

卡特的论证是否"支撑"了他令人惊讶的结论呢?哲学家约翰·莱斯利(John Leslie)用了一整本书的篇幅来捍卫卡特的论证。在《世界的尽头》(*The End of the World*)一书中,莱斯利主张,世界末日论证为我们提供了又一个理由来回应人类灭绝的威胁。

我曾经认为世界末日论证一定犯下了某种谬误,而我用某个周日下午的时间就能将它诊断出来。但是每当我想出一条对于它的明显反驳之后,我都能想出一个使得世界末日论证基本上完好无损的回应。在一个月中的所有周日都流逝了之后,极其顽强的世界末日论证终于勉强赢得了我的尊重（虽然我仍然并不同意它）。我认为这种稳健性就是蒯因在谈及一个论证能**支撑**一个令人惊讶的结论时所想要强调的。

真实性悖论与谬误悖论

正如可以从"支撑"一词的积极含义中所推测出的那样，蒯因认为有一些悖论的论证有正确的结论。他对**真实性**悖论（veridical paradox）的描述来自歌剧《彭赞斯的海盗》。主人公弗雷德里克今年21岁，但他只过了5次生日。虽然这似乎是一个矛盾，但我们在得知弗雷德里克出生于2月29日之后就会意识到这肯定是真的。闰年使得一个人有可能在其第n次生日时年满4n岁。蒯因将真实性悖论视为那些最终得到证实的推理。

蒯因并不是想说所有支撑性论证都是**可靠**的，因为他认为许多悖论都是内容为假的结论。他把这些称为"谬误悖论"（falsidical paradoxes）。蒯因也并不认为支撑性论证必须具有演绎推理意义上的有效性。因为蒯因认为所有关于谬误悖论的支撑性论证都是谬误性的。

蒯因认为二律背反的不同之处在于它"通过公认的推理方式产生了自相矛盾"。（1976，5）请回想罗素的二律背反：一个包含且只包含所有不包含自身的集合的集合。这个集合是它本身的一个元素吗？蒯因说这个悖论"确定了某个被默许的并且可信的推理模式必须要被明确化，而且从今以后要避免使用它们或直接把它们给修改了"。蒯因建议我们通过采用能够阻止二律背反被表述出来的语法规则来"灭活"二律背反。为了将其提出的禁令拓展到包括说谎者悖论在内的语义悖论，他要求

"为真"的所有用法都要相对于一种语言来说。"违反了这一限制的情况将被视为无意义或不合语法，从而不构成真或假的句子。"（1976，8）蒯因承认禁止谈论纯粹"真理"似乎有专制的意味。但他预测，不出多久，其中的人为干预感就将消失，而自指的二律背反将变成谬误悖论。正如现在的数学家认为芝诺的二分悖论只是对于收敛级数这一概念的错误处理，集合论家也会认为罗素的二律背反只是一种谬误。

但是请稍等片刻，蒯因教授！谬误悖论不是应该有错误的结论吗？如果罗素二律背反的终点是没有意义的，那么它们就不可能是假的，它们甚至都不可能是由论证所支撑的**结论**。所有的结论都是有意义的陈述。因此，蒯因的定义意味着自指的二律背反并非真正的悖论。

请回想一下，让·布里丹研究了**偶然的**说谎者悖论：甲先生声称"乙先生所说的下一句话是真的"，而乙先生说"甲所说的是假的"。如果说乙说，"蒯因曾到访过118个国家"，那么这两个陈述就都是真的。如果说谎者悖论是无意义的（我认为蒯因的这种观点是正确的），那么偶然的说谎者悖论就表明说话者本人有时无法察觉到无意义性。说话者的内在理性不足以保证他的话语是有意义的。

如果所有的支撑性论证都必须在演绎推理的意义上有效，那么就不会存在**归纳性**悖论了。但蒯因必须承认，有一些悖论的惊人结论仅仅被宣称是可能的。请考虑下面这个生日悖论的例子。统计学教授预测到，在他总共有40名学生的班上，有两名学生的生日是相同的。在最开始，教授所下的结论看起来是轻率的。当统计学教授公开了他的推理过程时，悖论出现了："'班上一共有40名学生'使得我结论为真的概率是89.1%。要知道为什么的话，请想象一个其上印有365天的日历。请标记下你的生日。现在，让第2名学生来标记下自己的生日。她标记下的日期是空着的概率为364/365。第3个在日历上做标记的人有363/365的概率标记下一个空着的日期。第N人标记下一个空着日期的概率是1-{365×（365-1）×（365-2）……×[365-(N-1)]}/（365N）。所以，当班上有23个人的时候，有50.7%的几率至少有两个人的生日在同一天。当N=40时，这个公式推论出两个学生生日在同一天的概率为89.1%。"

但是经历了这一切之后，进一步假设统计学教授的运气不佳：40名学生中并没有任何两人的生日是同一天。他所给出的悖论性预测的结果最终是假的，尽管它有着为真的前提以及适当的推理规则作为支持。

教授所做出的预测是因为它背后的推理而变得具有悖论性的。推理并不一定需要是完美的。就像大多数生日悖论的传播者一样，统计学教授完全忽视了有些年份多于365天这一事实。他同样也没有考虑旅行者在越过国际日期变更线时会丢失生日。（一位老人可能因此到死都没有经历过生日。）这个悖论之所以能幸存下来，是因为这些疏漏都是微不足道的。

我们可以通过将悖论性的归纳推理都视作一个省略三段论（一种含有未经声明的前提或结论的论证）来尝试强行将悖论性归纳推理放入演绎模式当中。每个归纳推理都默认了这个前提："如果陈述中的前提是真的，那么结论就是真的。"这种策略会使得无论好坏的**所有**归纳推理都在演绎上是有效的。关于推理的问题就被转变成了关于这种假定条件的真实性的问题。这种策略并不能解决"悖论"的纯粹演绎性定义的狭隘性问题。请考虑原本的，并不被视为伪装的演绎推理的归纳性论证。它们全都是悖论性的。

归纳推理的新谜题

归纳性悖论的表述更有可能变得过时。无论有什么新信息出现，有效的演绎论证都将仍然有效。但归纳推理的说服力受到新增前提的影响。我是从布莱恩·史盖姆斯（Brian Skyrms）的《选择与几率》（*Choice and Chance*）一书中了解到尼尔森·古德曼（Nelson Goodman，1906—1998）所提出的"归纳推理的新谜题"的。史盖姆斯讨论了约翰·斯图亚特·密尔是如何通过整理实验主义者所喜爱的那些推理模式来正式开创归纳法研究的。正如亚里士多德整理了能确保演绎推理的有效性的论证模式一样，密尔搜寻了能够根据前提使得结论高度可能的论证模式。这是一个简单的例子："所有过去的F都是G，因此，下一个F将是G。"在1946年，古德曼对于整个归纳逻辑学的研究发表了反对意见，它并没有引起太多关注。1954年，他重新包装了这个想法。古德曼的新版本借用了詹姆斯·乔伊斯的小说《芬尼根的守灵夜》中的"格鲁布林"（gruebleen）一词。根据史盖姆斯的表述，"格鲁"[①]一词的意思是"在公元2000年之前观察是绿色的，而在2000年及之后观察就是蓝色的"。假设2000年之前所有被人看见过的祖母绿宝石都是绿色的。"格鲁"使用者应该在2000年时预期什么？根据"所有过去的F都是G，因此下一个F将是G"这一规则，他应该预测下一个被观察到的祖母绿应该是"格鲁"色的。这意味着这个"格鲁"使

[①] "grue"来自"green"（绿色）与"blue"（蓝色）两词的混搭。——译者注

用者预测下一枚祖母绿将是蓝色的!古德曼的谜题是一种**归纳性**的二律背反:

绿色正题

公元2000年之前的所有祖母绿都是绿色的。

因此,在公元2000年看到的祖母绿也会是绿色的。

格鲁反题

公元2000年之前的所有祖母绿都是格鲁色的。

因此,在公元2000年看到的祖母绿也会是格鲁色的。

这两个相反的预测有着相同的论证形式,并基于相同的数据。

我的第一个反应是"格鲁"论题是正确的那个,因为"绿色"是更加基本的谓词。毕竟,绿色一词被用来定义了格鲁。但古德曼指出,绿色也可以用格鲁和另一个术语"布林"[①]来定义。让"布林"表示"如果在公元2000年之前观察就是蓝色的,如果在2000年及之后观察就是绿色的"。此后,古德曼就可以把"绿色"定义为"如果在公元2000年之前观察是格鲁色的,如果在2000年及之后观察就是布林色"的了。

我的第二个反应是"绿色"论题是正确的,因为它不要求改变自然的过程。但是一位同学论证到这种改变是相对的。从"格鲁"使用者的角度看来,**我**才是那个假设在公元2000年时存在着某种神秘的不连续性的人。"格鲁"使用者一直预期着格鲁

---

① "bleen"来自"blue"(蓝色)与"green"(绿色)两词的混搭。——译者注

色的东西会保持格鲁色。

我在安静下来之后决心静候这个二律背反自行发展。如果在2000年时草变成了蓝色而蓝铃花开始变绿的话，那么我就会放弃"绿色"这一派。但如果2000年时的情况符合我的预期的话，我就会认为反题一方被击败了。

我的耐心得到了证实。但这种对于反题的证伪对于支撑着归纳新谜题的论证而言只是一个微不足道的挫折罢了。即使我知道它的结论是错误的，但是反题仍然给出了一个很好的论证。归纳法的价值在于其推理过程，而不是其结果。编造出"令人毛骨悚然"的谓词这一技巧很容易适应那些"耐心策略"在其中难有成效的论证。实际上，古德曼从未在他对于格鲁的"定义"之中明确地提到2000年。他只是提供了一个用到了时间变量 x 的定义模式。

蒯因对古德曼悖论提出了如下诊断：归纳法仅适用于那些与自然类相对应的谓词。亚里士多德认为，就像屠夫在关节处下刀那样，科学家应该按照先前就已存在的分区来进行分类。与纯粹传统的语言观念相反的是，亚里士多德认为我们的部分词汇指称的就是这些自然类。蒯因认为，从演化论的观点看，这种想法就尤其合理。那些将对象分类到对应着自然边界的不同范畴当中的推理者将会拥有更大的繁殖优势。他们在预测上的成功可以通过科学研究来得到人为增强。科学进步的一个部分就在于设计出一个更符合自然分区的词汇库。我们本能地更喜欢"绿色"而不是"格鲁"，因为"绿色"更接近于在自然的关节处切割自然。

蒯因说他的解决方案也可以解决卡尔·亨普尔（Carl Hempel, 1945）的渡鸦悖论。亨普尔指出，观察到一只黑色的渡鸦对于"所有的渡鸦都是黑色的"这一说法给出了一定支持。观察到一块白色的手帕是否也确认了"所有的渡鸦都是黑色的"？下面这个案例来自室内鸟类学：

1. 尼科德标准：一个普遍性的概括"所有的F都是G"可以由"x既是F又是G"来确认。
2. 等价条件：任何确认了一个陈述的东西也都确认了与该陈述逻辑上等价的陈述。
3. 因此，一块白色的手帕确认了"所有的渡鸦都是黑色的"。

"所有的渡鸦都是黑色的"等价于"所有非黑色的东西都不是渡鸦"。尼科德标准意味着"这是一只渡鸦并且它是黑色的"确认了"所有的渡鸦都是黑色的"。它也意味着一块白色的手帕确认了"所有非黑色的东西都不是渡鸦"。因此，根据等价条件，白色的手帕也必然能够确认"所有的渡鸦都是黑色的"。

蒯因拒绝接受尼科德标准。他将确认限制于采用了自然类语词的假设上。因此，他否认一块白色的手帕能够确认"所有非黑色的东西都不是渡鸦"。

分析和综合的区分

丹尼尔·丹尼特的《哲学词典》将"蒯因"定义为一个动词："坚决地否认真实的东西或重要的东西的重要性的存在"。蒯因本人"蒯因"了名称、意图以及心理学和认识论之间的区分。在1951年，蒯因"蒯因"了分析陈述和综合陈述之间的区分。一个分析陈述句的真值来源于其语词的含义。例如，"你可以在一年中的大多数日子里收到一个非生日礼物"根据刘易斯·卡罗尔《镜中奇遇记》中的人物小矮胖墩（Humpty Dumpty）对"非生日礼物"（unbirthday present）的定义而为真。与此相反，综合陈述句的真值取决于这个世界。"大约有900万人和你的生日是同一天"这句话是借由现在的全球人口以及平均定律而为真的。康德是最早明确地提出分析和综合二分法的人。在蒯因的《经验主义的两个教条》这篇论文发表之前，这种二分法几乎被所有的哲学家接受。通过详细阐述根据意义而得以为真的命题与根据偶然事实而得以为真的命题之间的界限的不明确性，蒯因使得这种二分法变得有争议起来。

部分读者可能会认为我所提出的关于悖论的谜题理论"蒯因"了蒯因对于真实性悖论和谬误悖论的区分。如果悖论确实是问题的话，那么它们就不可能是真的或者假的。它们无法被证明或者驳倒。毕竟你既不可能去相信也不可能不相信一个谜题。这些谜题所直接表现出的唯一荒谬之处在于它们有过多好的答案。但请一定记住，根据我基于问题的理论，对于悖论的**答案**可以是真的或者假的。

蒯因对于悖论的定义意味着，哪里存在悖论，哪里就存在支持这个**荒谬**结论的论证。接下来的两个小节将会对蒯因所暗示的内容提出反例，这一内容即所有悖论都是荒谬的。

彻底翻译

在美国参与第二次世界大战之后，蒯因就离开了他在哈佛的职位，并成为美国海军的一名电码译员。他逐渐对于在不利条件下开展翻译的问题产生了兴趣。想象一下不得不与原住民进行沟通的探险家：

> 在他们发现澳大利亚的那次航程中，库克船长的一群船员抓住了一只年幼的袋鼠并将这只奇怪的生物带回他们的船上。没有人知道它是什么，所以有些人被派往岸上去询问当地人。当那些水手们回来时，他们告诉他们的同伴："这是一只袋鼠。"多年之后，人们发现，当原住民说出"袋鼠"（kangaroo）时，他们实际上并不是在称呼这个动物，而是在回问向他们提问的人："你说什么？"（《观察者》杂志增刊，1973年11月25日）

即使是虚构的，但这些有关彻底错译的轶事也向我们提出了这个问题：我们是否能知道一个翻译是否是正确的？如果错译是足够系统化的，那么再多的言辞或行为都不足以揭示出错误。

蒯因（1960）将这种怀疑主义挑战整合成了一则语义悖论。请假设一位人类学家看到一只兔子经过，而当地人说："Gavagai!"这个话语有如下几种可能的翻译方式：1. 瞧，一只兔子；2. 瞧，兔子身上的某个部位；3. 瞧，普遍兔子概念的一个实例；4. 瞧，一只兔子的一个时间阶段。只要这名人类学家在其翻译手册的其他地方做出调整，那么他就可以自由地选择1到4之中的任何一种。蒯因坚持认为，存在着无穷多种翻译手册可以解释当地人的所有言语与行为。

怀疑主义者是否正确地指出了我们其实并不知道正确的翻译？蒯因认为，并非完全如此。他认为在不同的翻译手册之间不存在可能的经验性差异时，正确性问题就不会出现。这些假设在已有数据下的不完全确定性使得它们是不确定的。

这种翻译的不确定性延伸到了解释世界的问题上。存在着无数多种理论可以容纳我们将拥有的所有数据。伽利略说，自然是一本用数学语言写成的书。即使这种说法是正确的，也存在着无穷多种数学函数可以总结我们可能获得的所有数据。

"'Gavagai!'应该如何翻译？"这个问题有着无穷多种相互竞争的答案。根据蒯因的说法，问题正是在于这些答案之中有无穷多个都是同等好的。蒯因的彻底翻译悖论为他自己对于悖论的定义给出了一个反例。彻底翻译悖论不仅表明了荒谬性对于悖论而言并非是必要的，而且表明了悖论可以不具有论证和结论。"'Gavagai!'应该如何翻译？"拥有的是通过翻译而得到的答案，而不是通过论证来得出的结论。

奇异宇宙

与大多数逻辑学家一样，蒯因很珍视简洁性。除了解释数据所需要的东西以外，他厌恶去假定其他任何东西。蒯因出于礼貌将自己的这种偏好描述为"喜欢沙漠景观的品位"。但是更多直言不讳的简洁性的爱好者则警告说：每当你假定一个新的实体时，你就是在冒险。将假定的内容最少化可以最大限度地减少错误。当谈及的是之前从未出现过的实体时，这种想法就显得尤其合理。抽象对象与我们最熟悉的东西不具有连续性。通过避免抽象对象，我们可以得到安全保障。事实上，蒯因曾与纳尔逊·古德曼一起撰写了一篇捍卫唯名论的文章。唯名论者拒绝承认抽象实体的存在，他们认为一切事物都存在于空间或者时间之中。他们的信条旨在反对哲学上的多余物，譬如柏拉图的理型（forms），等等。然而，唯名论最终也禁止科学家们所欣然接受的实体：数字、几何上的点、集合，等等。

蒯因很快就感受到了这种压力。他开始相信集合对于数学来说是不可或缺的。为了留存下数学，他动了恻隐之心并接受了集合的存在。蒯因是一个实用主义者。集合之所以能在蒯因的形而上学之中占据一席之地，正是在于它们有用。《数学原理》指出，集合加上逻辑学就足以让我们重构出所有的数学知识。反过来讲，数学对理论物理学来说也是至关重要的。科学和数学为理性设定了标准，因此蒯因认为应该去相信对于科学家来说不可或缺的假设。对于蒯因来说，形而上学是科学的马后炮。

与此同时，纳尔逊·古德曼在不停地强化着唯名论的利刃。在1951年，他出版了《表象的结构》一书。该书包含了关于部分与整体的逻辑学。古德曼否认了集合的存在。与此相反，存在着由较小事物所构成的"融合体"（fusions）。与集合不同的是，融合体在时空当中占据位置。你可以触摸到融合体。我是一个融合体，你也是一个融合体。古德曼的"个体微积分"（calculus of individuals）观点认为，只存在有穷多个原子个体，而原子的任何组合都是个体。对象不要求它的所有部分都相连接，例如，阿拉斯加和夏威夷都是美利坚合众国的部分。古德曼并不同意让人类的直觉来决定什么算作一个对象，他还认为他的耳朵和月亮能够构成一种融合体。

在1965年左右，古德曼在宾夕法尼亚大学开设了一门研讨课。在课上，约翰·罗宾逊（John Robison）指出《表象的结构》一书暗含着"宇宙之中的个体总数是奇数还是偶数"这个问题的答案。因为只存在着有穷多个原子，且每个个体都等同于多个原子的组合，因此，个体的数量恰好与原子的组合的数量一样多。如果存在着n个原子的话，就会存在着2^{n-1}个个体的组合。无论我们为n赋值为多少，2^{n-1}都会是一个奇数。因此，宇宙中的个体总数是一个奇数！

这个感叹号的对象不是奇数本身。除了那些认为宇宙是无穷的人之外，人们都同意宇宙要么包含着奇数个个体，要么包含着偶数个个体。他们觉得荒谬的地方在于，可以给出一个关于个体总数是奇数的**证明**。"宇宙之中的个体数量是奇数还是偶数"这个问题例证了仅仅一个答案都可以算是太多个好答案的可能性。我们所预期的是这个问题无法得到回答。这个唯一的好答案证明我们关于论证能做什么的信念是错误的。这儿的多余物是一种自上而下的判断。（更常见的是，答案过多是一种自下而上的判决：一个好的答案会与另一个好答案冲突。）

有趣的数

我们的元论证期望也可以被命题是**如何**得到证明的，而不单纯是它得到证明了这一事实所挫败。考虑一下所有自然数是否都是有趣的这一问题。当G. H. 哈代（G. H. Hardy）去看望在疗养院中临死的数学天才拉马努金（Ramanujan）时，他不知道该说些什么。于是，哈代提到他在来疗养院路上搭乘的出租车有着一个相当无趣的号码：1729。拉马努金回答说："哦不，哈代。那是一个迷人的数字。它是可以用两种不同的立方数之和来表示的最小数字。"$1729=1^3+12^3=10^3+9^3$。弗朗索瓦·勒利奥内（Francois Le Lionnais）的《奇异的数》（*Nombres* *remarguables*）一书表明许多表面看起来无趣的数字其实是有趣的。第一个他找不出任何奇异性质的整数是39。勒利奥内认为39之缺乏奇异性质这一性质本身使得它有趣。正如81的有趣是因为它是最小的、可以分解为三个平方数之和的平方数（ $9^2=1^2+4^2+8^2$ ），数字39的有趣是因为它是最小的无趣整数。

数学家们将勒利奥内的评论概括成了一个认为所有自然数都有趣的证明。如果存在一个无趣的数字，那么必然存在第一个无趣的数字。但作为第一个无趣的数字本身就是一个有趣的性质。因此，所有数字都是有趣的。

也许每个自然数都可以拥有使得它有趣的惊人特性。一个看似无趣的数字常常被证明是"迷人的"。也许这就是它本来的性质。甚至可能存在着某个花哨的论证表明所有无趣的表象都是错觉。但是，我们可以凭借最小数定理（如果任何自然数具有某种属性，那么就存在一个最小的具有该属性的数）来证明每个自然数都是有趣的这件事本身看起来是奇怪的。这个论证似乎过于简单了。

请考虑一些陷于矛盾之中的数学家所处的困境：他们独立地相信简单论证所给出的结论。由于这个结论蕴含着每一个前提，他们认为这个简单论证是有效的，同时相信前提和结论的正确性。尽管他们认为这个论证是可靠的，但是他们很难相信这些前提为他们相信其结论提供了额外的保障。

悖论是集合吗？

最晚从爱比克泰德开始，许多哲学家都曾说过，悖论是一个关于许多各自看似合理，但是合起来却不协调的命题的**集合**。

请注意，这种基于集合的悖论定义相比于基于论证或结论来认定悖论的定义，会使得我们记录更少数量的悖论。对应于一个具有 n 个元素的集合的，会是 n 个论证，每个都具有蒯因认为足以判定悖论的属性。对于集合中任何一个元素的否定，都是一个以剩下所有元素为前提的论证的结论。由于最开始那个集合的元素是合起来不协调的，因此该论证将会是有效的。由于每个元素各自都是合理的，观众会发现这个论证的每个前提都是具有说服力的。

这种将集合转化为论证的做法只有在该集合有穷的情况下才行得通。如果一个集合包含着无穷多个命题的话，那么当一个命题被否定，而其余命题被用作前提时，就**不会**产生一个论证。因为论证只能拥有有穷多个前提。

第8章中讨论的混杂论证背后的考量表明，即使是有穷大的集合也会给基于集合的悖论定义制造问题。我相信本书里的前 10,000 个断言之中的每一个断言，但是我同时也认为它们是不协调的。然而，那个集合并不真正地构成一个悖论。

尼古拉斯·雷舍尔（Nicholas Rescher）以百科全书式的系统性提出了对于悖论的集合论理解。他将所有哲学内容都囊括进了解决悖论的"公文包"当中。

为了实现这一共同目标，雷舍尔对于悖论的结构提出了进一步的要求。他要求悖论之中的每个元素都必须是自洽的。（2001，8）那样的话，抛弃集合之中的任何一个元素就足以恢复整体的协调性。雷舍尔用矛盾都是不可信的这一概括来辩护其自洽原则。

雷舍尔自身违反了自洽性要求，而这使得矛盾的可能性问题变得更加尖锐了。请想象一个理发师：他为且只为所有不为自己理发的人理发。这名理发师会为自己理发吗？雷舍尔所设立的集合将以下内容作为其首个元素："存在着或者可能存在一个能够答复该叙述之具体要求的理发师。"（2001，144）雷舍尔认为以下这个元素应该被排除在外："不存在也不可能存在一个能够符合这种特定条件的理发师。"雷舍尔无疑是正确的，没有任何东西可以与且只与那些不与自身具有某种关系的东西具有这种关系，这是一个逻辑学定理。（汤姆逊，1962，104）但这意味着理发师悖论的"疑难群"（aporetic cluster）包含着一个矛盾（而不仅仅是雷舍尔所要求的合而不协调）。

所有对"这名理发师会为自己理发吗"的直接答案都是严格的矛盾。而且，它们是**不可分割**的矛盾。这些矛盾不能被分割为自洽的命题组件，就像"P且非P"可以被分割为自洽的P与自洽的非P那样。

逻辑悖论是"逻辑本身并不能推论出悖论的解决方案"这一原则的反例。当悖论之中的一个元素在逻辑上为假时，逻辑就**确实**决定了必须被拒绝的内容。由于以逻辑真理为结论的推理是不具有前提的，因此我们不能通过拒绝一个前提来避免逻辑真理。这些悖论可以在不考虑其他信念所构成的大背景的情况下被单独地解决。有关悖论的整体论并不普遍成立。

不具有前提的悖论

与雷舍尔不同的是，蒯因允许由单个命题组成悖论的可能性。从归谬法和条件证明等论证形式可以看出，有些论证仅仅通过推理规则来支持他们的结论。刘易斯·卡罗尔（1895）发表的一则对话生动地阐释了对于推理规则和前提加以区分的必要性。

阿喀琉斯试图用如下的三段论来说服乌龟：

（A）相等于同一事物的东西彼此相等。
（B）这个三角形的两条边是相等于同一事物的东西。
（Z）这个三角形的两条边是相等的。

这只和蔼的乌龟愿意承认阿喀琉斯所希望的任何前提。但是，乌龟坚持要求阿喀琉斯必须补充如下的前提来安稳地将已有的这些前提与结论联系起来：

（C）如果A和B为真，则Z必定为真。

当阿喀琉斯将（C）加到（A）和（B）之中作为第三条前提时，他发现乌龟仍然不愿意承认（Z）。这只乌龟并不怀疑任何一个前提，但它希望能有东西保证这个新的前提集真的能推出（Z）。因此，阿喀琉斯补充了第二个前提：

（D）如果A和B和C为真，则Z必定为真。

乌龟再一次地承认了所有的前提，但坚持要求能有东西保证这个扩充了的前提集可以真正地推出该结论。于是，阿喀琉斯又一次提供了它所想要的前提："如果A和B以及C和D都是真的，那么Z必定是真的。"阿喀琉斯永远没有办法追赶上乌龟对于额外前提持续不断的要求。

请注意，这里令人费解的问题在于论证形成的**序列**，而不是这个序列中任何一个具体的论证。为什么乌龟在小心翼翼地要求一个额外的前提来巩固既有前提和结论之间的关系时，它是不合理的呢？常见的解决方案是：否认需要任何额外的前提来连接前提和结论。相反，它们是被推理规则连接了起来。

将前提和推理规则加以区分的必要性是与它们的可互换性相兼容的。一个声称 P 为真的公理可以被认为是一种推理规则：它允许我们在使用前提的情况下将 P 引入证明。卡罗尔的谜题确实表明了，只包含公理的系统不能做出任何推论。一个证明系统必须包含一些推理规则。但是，一个系统并不必需任何公理。实际上，不同的自然演绎系统在实际操作中可以用逻辑指令实现相互替代。

形式上而言，没有前提的悖论可以说是由空集推理出的意外之物。如果推理是有效的，那么它们就是真实性悖论。这个类别之中最著名的例子是库尔特·哥德尔（Kurt Godel）的第二不完备性定理：一个强大到足以生成基本数论的一致的证明系统必然是不完备的。不具有前提的二律背反是可能存在的：两个广为接受的推理规则可能会导向相反的结论。（这就将优美地证明出至少有一个广为接受的规则必然实际上是无效的）

推理规则和前提的可互换性表明，实质性错误和推理性错误之间的区分是灵活的。当雷舍尔说"悖论不是**推理**错误的产物，而是实质性缺陷的产物：支持材料的不一致"（2001，6—7）时，他是武断的。在蒯因说所有谬误悖论都涉及错误的推理规则时，他也是同样武断的。通常，一个被称为"迷思"（即被广泛相信的错误）的错误也同样可以被描述为一个谬误（即不合法，但经常被用到的推理规则）。

作为一名逻辑学家，蒯因也是几个无前提悖论的受害人之一。在1937年,他发表了一篇关于数理逻辑的新基础的论文。他的系统被广泛认为优于过去的系统。然而,人们很快发现它实际上太弱了,尤其是它没有办法推导出无穷公理(该公理肯定了无穷集合的存在)。蒯因于1940年在他的《数学逻辑》一书中对于该基础进行了加强。但是巴克利·罗瑟(Barkley Rosser, 1942)证明了蒯因修补后的系统会导致布拉利-福尔蒂悖论。这意味着蒯因的书中包含着合而不协调的公理。当**逻辑**公理合而不协调时,其中至少有一个公理必然是一个矛盾。因为蒯因所选择的都是貌似可信的公理,所以他就直接知道了存在着貌似可信的矛盾。(蒯因是被王浩[1950]从这个窘境中解救出来的。王浩做了一场"手术":用一个一致且用途多的公理替代了一个"患癌"的公理。)

关于悖论的渐进主义

在蒯因挑战分析和综合二分法之前,人们倾向于认为哲学与科学在性质上是不同的。科学家专注于综合性陈述,而哲学家则专注于分析性陈述。科学家通过观察和实验来探索实在。哲学家则通过对于语义的逻辑研究来绘制出我们的概念图示。

蒯因同意的是,哲学家更倾向于使用语义上行(semantic ascent)的策略:他们喜欢将话题从那些困惑着我们的事物转换为我们用来描述那些令人困惑的事物时所用的语词。"不要谈论真理(Truth)!谈论'真的'(true)!"在语词比事物更好理解的情况下,这个策略是有效的。当我们缺少解决每一种科学中的难题所需的标准技巧时,这种情况就出现了。但蒯因认为使用语义上行策略只是哲学的一个粗略标记。当试图解决与同时性的本性相关的异常现象时,物理学家阿尔伯特·爱因斯坦也用到了语义上行策略。同时,形而上学家有时也会诉诸经验研究的结论来解决哲学问题。

蒯因促进了哲学当中的这种自然主义转向。他坚持认为,哲学与科学之间是程度上的不同,而不是种类上的不同。哲学应该留意生物学,就像生物学会留意物理学那样,反之亦然。哲学还更进一步,尝试着将科学的成果放进一个整体的宇宙观当中。但正如我们从布兰登·卡特关于人类将会灭亡的论证那里看到的那样,宇宙学家也采取着宽广的视角。

开尔文男爵通过宣称"在科学之中不存在悖论"来将形而上学的不清晰性与物理学的严谨性进行对比。但如果你在科学期刊的搜索引擎之中输入"悖论"的话,你会找到许多关于科学悖论的引文。许多科学悖论已经得到了解决。哲学悖论也是如此,例如那些因芝诺而闻名的哲学悖论。哲学上的进步往往是不声不响的,随着时间的推移,哲学中的解决方案被纳入了其他领域的成果之中。"哲学"是一个类似于"这里""昨天""新闻"等的指代词(indexical term)。它的含义不停地转移,以涵盖那些尚不能有益地交给科学的问题。

哲学就像是一次朝着地平线的远征。根据一种解释,这种探险是没有希望的。我们永远无法到达目的地,因为地平线在不断地变化。但是,因为这种同义反复就变成一个悲观主义者,这种做法就像以"明天永远不会到来"为基础而采取一种今朝有酒今朝醉的生活态度。

当哲学的含义被固定下来时,我们就可以到达地平线。可以理解的是,我们是从现今的有利角度来看待哲学史的。我们对其中难题的韧性以及过往思想家的壮志未酬印象深刻。但是,要想准确地衡量哲学的进展，就需要采用一种历史的视角。我的意思不是简单地回望过去。我的意思是**从**过去的角度来看。

21世纪的哲学观自身会变成未来世代空虚的悲观主义的一剂补药。鉴于我已经正确地判定了卡特的世界末日论证的优点，在遥远的未来，某个哲学家会发现这本书已经在一个图书馆的偏僻角落之中静静躺了很多年了。在他翻阅这本书的时候，他会对2003年的哲学家们的哲学观感到惊讶。他将会知道，本书之中所讨论的许多"悖论"在那时早已被物理学或数学（或者某种迄今为止还没有产生的学科）明确地回答了。这位未来的读者会想知道为什么**哲学家们**曾试图去回答这些问题。当他读到本书的最后一句话时，我提醒他，他站在一个新的地平线上——那是本书作者无法到达的地方。

参考文献

Anscombe, G. E. M. (1956). "Aristotle and the Sea Battle." *Mind* 64:1–15.
Aquinas, Thomas (1929). *Summa contra gentiles*. Trans. The English Dominican Fathers. London: Burns, Oates & Washbourne, Ltd.
Aristotle (1941). *The Basic Works of Aristotle*. Ed. Richard McKeon. New York: Random House.
——— (1955). *Fragmenta Selecta*. Ed. W. D. Ross. Oxford: Oxford University Press.
Ashworth, E. J. (1984). "Inconsistency and Paradox in Medieval Disputations." *Franciscan Studies* 44:129–39.
Augustine (1872). *City of God*. Trans. M. Dods. Edinburgh: T. & T. Clark.
——— (1963). *The Trinity*, in *Fathers of the Church*, vol. 45. Trans. Stephen McKenna. Washington, D.C: Catholic University of American Press.
Beckmann, Peter (1970). *A History of Pi*. Boulder, Colo.: Golem Press.
Bennacerraf, P. (1970). "Task, Super-Tasks, and the Modern Eleatics," in *Zeno's Paradoxes*. Ed. Wesley C. Salmon. New York: Bobbs-Merrill.
Berkeley, G. (1944). *Philosophical Commentaries, Generally Called the Commonplace Book*. Ed. A. A. Luce. London: Kegan Paul, Trench.
——— (1986). *A Treatise Concerning the Principles of Human Knowledge*. La Salle, Ill.: Open Court.
Bernardete, José (1964). *Infinity: An Essay in Metaphysics*. Oxford: Clarendon Press.
Bertrand, Joseph (1889). *Calcul des probabilités*. Paris: Gauthier-Villars.
Boethius (2000). *The Consolation of Philosophy*. Trans. P. G. Walsh. Oxford: Oxford University Press.
Burke, Michael (1994). "Dion and Theon: An Essentialist Solution to an Ancient Puzzle." *Journal of Philosophy* 91: 129–39.
Canfield, John, and Don Gustavson (1962). "Self-Deception." *Analysis* 23:32–36.
Carroll, Lewis (1850). *The Rectory Umbrella and Mischmasch*. New York: Dover, reprinted 1971.

———— (1895). "What the Tortoise Said To Achilles." *Mind* 4:278–80.

Carter, Brandon (1974). "Large Number Coincidences and the Anthropic Principle in Cosmology," in *Confrontation of Cosmological Theories with Observational Data*. Ed. M. S. Longair. Dordrecht: Reidel.

Chisholm, Roderick (1979). *Person and Object*. La Salle, Ill.: Open Court.

Chroust, A. H. (1973). *Aristotle: New Light on His Life and on Some of His Lost Works*. Notre Dame, Ind.: Notre Dame University Press.

Cicero (1960). *De Fato*. Trans. H. Rackham. Cambridge: Harvard University Press.

Cole, John R. (1995). *Pascal*. New York: New York University Press.

Coleman, Francois (1986). *Neither Angel nor Beast*. London: Routledge & Kegan Paul.

Copleston, Frederick (1962). *A History of Philosophy*, vol. 1. Garden City, N.Y.: Image Books.

Darrow, Clarence (1957). *Attorney for the Damned*. Ed. Arthur Weinberg. New York: Simon & Schuster.

Diogenes Laertius (1925). *Lives of Eminent Philosophers*, 2 vols. Trans. R. D. Hicks. Cambridge: Harvard University Press.

Epictetus (1916). *The Discourses and Manual*. Trans. P. E. Matheson. Oxford: Clarendon Press.

Fadiman, Clifton (1985). *The Little, Brown Book of Anecdotes*. Boston: Little, Brown.

Findlay, J. N. (1958). *Hegel: A Reexamination*. London: Allen & Unwin.

Frege, Gottlob (1980). *Philosophical and Mathematical Correspondence*. Trans. H. Kaal. Chicago: Chicago University Press.

Gazzaniga, Michael S. (1998). *The Mind's Past*. Berkeley: University of California Press.

Geach, Peter (1948). "Mr. Ill-Named." *Analysis* 9:14–16.

Gibbard, Allan (1975). "Contingent Identity." *Journal of Philosophical Logic* 4:187–221.

Goodman, Nelson (1954). *Fact, Fiction and Forecast*. Cambridge: Harvard University Press.

Hall, Roland (1967). "Dialectic." *Encyclopedia of Philosophy*. Ed. Paul Edwards. Vol. 2: 385–88. New York: Macmillann.

Hallett, Michael (1984). *Cantorian Set Theory and Limitation of Size*. Oxford: Oxford University Press.

Harman, Gilbert, (1973). *Thought*. Princeton: Princeton University Press.

Heath, Thomas L. (1921). *A History of Greek Mathematics*. Oxford: Clarendon Press.

Hegel, G. W. F. (1880). *Hegel's Logic; being Part One of the Encyclopedia of the Philosophical Sciences.* Trans. W. Wallace. Oxford: Oxford University Press, 1975.
——— (1892). *Lectures on the History of Philosophy*, Vol. 1. Trans. E. S. Haldane. London: Kegan Paul, Trench, Trubner.
——— (1959). *Encyclopedia of philosophy.* Trans. and annotated Gustav Emil Mueller. New York: Philosophical Library.
——— (1969). *The Science of Logic.* Trans. A. V. Miller. London: Allen & Unwin.
——— (1970). *Vorlesungen ueber die Aesthetik.* 3 vols. Ed. E. Moldenauer and M. Michel Trans. Allegra De Laurentiis. Frankfurt: Suhrkamp.
——— (1973). *The Philosophy of Right.* London: Oxford University Press.
Hempel, Carl G. (1945). "Studies in the Logic of Confirmation." *Mind* 54:1–26, 97–121.
Herodotus (1920). *The Histories.* Trans. A. D. Godley. Cambridge: Harvard University Press.
Hume, David (1739). *A Treatise of Human Nature.* Ed. L. A. Selby-Bigge. Oxford: Clarendon Press, 1978.
——— (1951). *Enquiries.* Ed. L. A. Selby-Bigge. Oxford: Oxford University Press.
Jacquette, Dale (1991). "Buridan's Bridge." *Philosophy* 66/256: 455–71.
Jaynes, E. T. (1973). "The Well-Posed Problem." *Foundations of Physics* 3:477–92.
Johnston, L. S. (1940). "Another Form of the Russell Paradox." *American Mathematical Monthly* 7:474.
Kant, Immanuel (1950). *Prolegomena to Any Future Metaphysics.* Trans. Lewis White Beck. Indianapolis: Bobbs-Merrill.
——— (1965). *Critique of Pure Reason.* Trans. N. K. Smith. London: Macmillan.
Kelsen, H. (1937). "The Philosophy of Aristotle and the Hellenic-Macedonian Policy." *International Journal of Ethics* 48(1):1–64.
Kneale, William and Kneale, Martha (1962). *The Development of Logic.* Oxford: Clarendon Press.
Kraitchik, Maurice (1930). *La mathématique des jeux, ou Récréations mathématiques.* Bruxelles: Stevens Frères.
Kretzmann, Norman (1990). "Faith Seeks, Understanding Finds," in *Christian Philosophy.* Ed. Thomas P. Flint. Notre Dame, Ind.: University of Notre Dame Press.
Kripke, Saul (1972). *Naming and Necessity.* Cambridge: Harvard University Press.

——— (1982). *Wittgenstein on Rules and Private Language*. Cambridge: Harvard University Press.
Kuehn, Manfred (2001). *Kant: A Biography*. New York: Cambridge University Press.
Langford, C. H. (1968). "The Notion of Analysis in Moore's Philosophy," in *The Philosophy of G. E. Moore*. Ed. P. A. Schlipp. La Salle, Ill.: Open Court.
Leibniz, G. W. (1989). *Philosophical Essays*. Trans. and ed. Roger Ariew and Daniel Garber. Indianapolis: Hackett Publishing.
Le Lionnais, Francois (1983). *Nombres remarquables*. Paris: Hermann.
Leslie, John (1996). *The End of the World*. London: Routledge.
Littlewood, J. E. (1953). *Littlewood's Miscellany*. Ed. Bela Bollobas. Cambridge: Cambridge University Press.
Locke, J. (1975). *An Essay Concerning Human Understanding*. Ed. P. H. Nidditch. Oxford: Clarendon Press.
Long, A., and D. Sedley, trans. (1987). *The Hellenistic Philosophers*, vol. 1. Cambridge: Cambridge University Press.
Lucian (1901). *Dialogues and Stories from Lucian of Samosata*. Trans. Winthrop Dudley Sheldon. Philadelphia: Drexel Biddle.
Lutz, Cora E. (1975). "A Fourteenth-Century Argument for an International Date Line." *Essays on Manuscripts and Rare Books*. Hamden, Conn: Archon Books.
Mackie, J. L. (1973). *Truth, Probability, and Paradox*. Oxford: Oxford University Press.
Mackinson, D. C. (1965). "The Paradox of the Preface." *Analysis* 25:205–207.
Malcolm, Norman (1958). *Ludwig Wittgenstein*. New York: Oxford University Press.
Mann, Thomas (1955). *The Magic Mountain*. Trans. by Helen T. Lowe-Porter. New York: McGraw-Hill.
Matthews, Gareth (1974). "Paradoxical Statements." *American Philosophical Quarterly* 11:133–39.
McCarthy, John and Patrick Hayes (1969). "Some Philosophical Problems from the Standpoint of Artificial Intelligence." *Machine Intelligence*, 4. Ed. B. Metzer and D. Michie. Edinburgh: Edinburgh University Press.
McTaggert, John M. E. (1908). "The unreality of time." *Mind* 17:457–74.
——— (1921). *The Nature of Existence*, 2 vols. Ed. C. D. Broad. Cambridge: Cambridge University Press.
Miles, Jack (1995). *God: A Biography*. New York: Alfred A. Knopf.
Mill, John Stuart (1979). *An Examination of Sir William Hamilton's Philosophy*. Ed. J. Robeson. Toronto: University of Toronto Press.

Miller, J. (1998). "Aristotle's Paradox of Monarchy and the Biographical Tradition." *History of Political Thought* 19/4:501–16.
Moline, Jon (1969). "Aristotle, Eubulides and the Sorites." *Mind* 78/311: 293–407.
Moore, G. E. (1922). *Philosophical Studies*. London: Kegan Paul.
——— (1939). "Proof of an External World." *Proceedings of the British Academy* 25:273–300.
Pascal, Blaise (1966). *Pensées*. Trans. A. J. Krailsheimer. London: Penguin.
Pausanias (1971). *Description of Greece*. Trans. Peter Levi. Harmondsworth: Penguin.
Pigafetta, Antonio (1969). *Magellan's Voyage: A Narrative Account of the First Circumnavigation*, 2 vols. Ed. and trans. R. A. Skelton. New Haven: Yale University Press.
Plato (1892). *The Dialogues of Plato*. Trans. B. Jowett. New York: Random House.
Plutarch (1880). *Plutarch's Lives of Illustrious Men*. Trans. John Dryden, revised by A. H. Clough. Boston: Little, Brown.
Pollock, John (1983). "How Do You Maximize Expectation Value." *Nous* 17/3:409–21.
Priest, Graham (1987). *In Contradiction*. Dordrecht: Martinus Nijhoff.
Quine, W. V. (1940). *Mathematical Logic*. New York: W. W. Norton.
——— (1960). *Word and Object*. Cambridge: MIT Press.
——— (1969). "Natural Kinds," in *Ontological Relativity and Other Essays*. New York: Columbia University Press.
——— (1970). *Philosophy of Logic*. Englewood Cliffs, N.J.: Prentice-Hall.
——— (1976). "The Ways of Paradox," in *The Ways of Paradox and Other Essays*. Cambridge: Harvard University Press.
Rea, Michael (1995). "The Problem of Material Constitution." *Philosophical Review* 104/4:525–52.
Read, Stephen (1979). "Self-Reference and Validity." *Synthese* 42/2 :265–74.
Reid, Thomas (1974). *An Inquiry into the Human Mind: On the Principle of Common Sense*. Ed. Derek R. Brooks. University Park, Penn.: Pennsylvania State University Press, 1997.
——— (1785). *Essays on the Intellectual Powers of Man*. Ed. Derek R. Brooks. University Park, Penn.: Pennsylvania State University Press, 2002.
Rescher, Nicholas (2001). *Paradoxes: Their Roots, Range, and Resolution*. Chicago: Open Court.
Rosser, Berkeley (1942). "The Burali-Forti Paradox." *Journal of Symbolic Logic* 7:1–17.

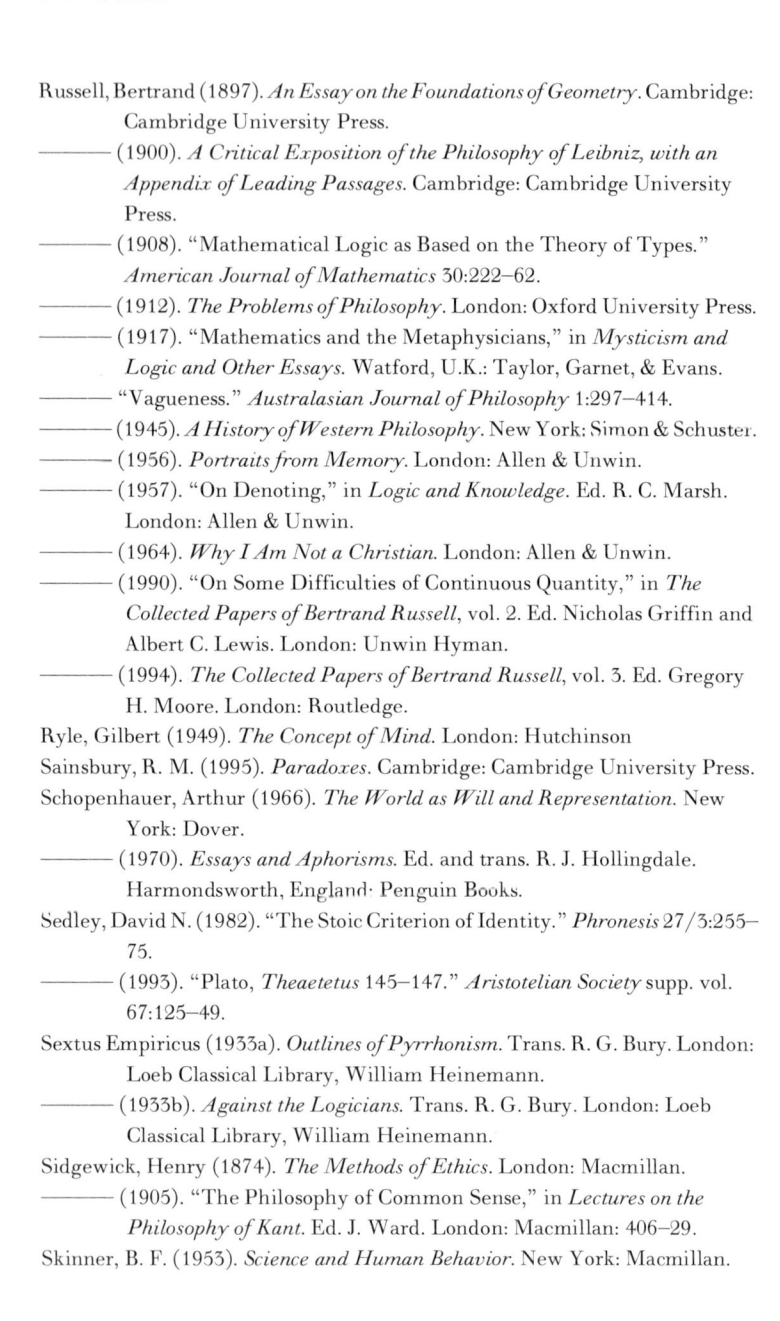

Russell, Bertrand (1897). *An Essay on the Foundations of Geometry*. Cambridge: Cambridge University Press.
——— (1900). *A Critical Exposition of the Philosophy of Leibniz, with an Appendix of Leading Passages*. Cambridge: Cambridge University Press.
——— (1908). "Mathematical Logic as Based on the Theory of Types." *American Journal of Mathematics* 30:222–62.
——— (1912). *The Problems of Philosophy*. London: Oxford University Press.
——— (1917). "Mathematics and the Metaphysicians," in *Mysticism and Logic and Other Essays*. Watford, U.K.: Taylor, Garnet, & Evans.
——— "Vagueness." *Australasian Journal of Philosophy* 1:297–414.
——— (1945). *A History of Western Philosophy*. New York: Simon & Schuster.
——— (1956). *Portraits from Memory*. London: Allen & Unwin.
——— (1957). "On Denoting," in *Logic and Knowledge*. Ed. R. C. Marsh. London: Allen & Unwin.
——— (1964). *Why I Am Not a Christian*. London: Allen & Unwin.
——— (1990). "On Some Difficulties of Continuous Quantity," in *The Collected Papers of Bertrand Russell*, vol. 2. Ed. Nicholas Griffin and Albert C. Lewis. London: Unwin Hyman.
——— (1994). *The Collected Papers of Bertrand Russell*, vol. 3. Ed. Gregory H. Moore. London: Routledge.
Ryle, Gilbert (1949). *The Concept of Mind*. London: Hutchinson
Sainsbury, R. M. (1995). *Paradoxes*. Cambridge: Cambridge University Press.
Schopenhauer, Arthur (1966). *The World as Will and Representation*. New York: Dover.
——— (1970). *Essays and Aphorisms*. Ed. and trans. R. J. Hollingdale. Harmondsworth, England: Penguin Books.
Sedley, David N. (1982). "The Stoic Criterion of Identity." *Phronesis* 27/3:255–75.
——— (1993). "Plato, *Theaetetus* 145–147." *Aristotelian Society* supp. vol. 67:125–49.
Sextus Empiricus (1933a). *Outlines of Pyrrhonism*. Trans. R. G. Bury. London: Loeb Classical Library, William Heinemann.
——— (1933b). *Against the Logicians*. Trans. R. G. Bury. London: Loeb Classical Library, William Heinemann.
Sidgewick, Henry (1874). *The Methods of Ethics*. London: Macmillan.
——— (1905). "The Philosophy of Common Sense," in *Lectures on the Philosophy of Kant*. Ed. J. Ward. London: Macmillan: 406–29.
Skinner, B. F. (1953). *Science and Human Behavior*. New York: Macmillan.

Skyrms, Brian (1975). *Choice and Chance*. Encino, Cal.: Dickenson Publishing.
Smullyan, R. (1978). *What Is the Name of This Book?* Englewood Cliffs, N.J.: Prentice-Hall.
Spade, Paul Vincent (1973). "The Origins of the Medieval 'insolubilia.'" *Franciscan Studies* 33:292–309.
Strabo (1929). *The Geography of Strabo*. Trans. Horace L. Jones. Cambridge, Mass.: Loeb Classical Library.
Thomas, Henry (1965). *Biographical Encyclopedia of Philosophy*. Garden City, N.Y.: Doubleday.
Thomson, J. F. (1962). "On Some Paradoxes," in *Analytical Philosophy*. Ed. R. J. Butler. New York: Barnes & Noble: 104–19.
——— (1970). "Tasks and Super-tasks," in *Zeno's Paradoxes*. Ed. Wesley C. Salmon. New York: Bobbs-Merrill.
Thorndike, Lynn (1944). *University Records and Life in the Middle Ages*. New York: Columbia University Press.
Turing, Alan (1936). "On Computable Numbers with an Application to the Entscheidungsproblem." *Proceedings of the London Mathematical Society*, Series 2, vol. 42: 230–65.
Unger, Peter (1979a). "I Do Not Exist," in *Perception and Identity*. Ed. G. F. MacDonald. Ithaca, N.Y.: Cornell University Press.
——— (1979b). "There Are No Ordinary Things." *Synthese* 4:117–54.
——— (1980) "The Problem of the Many." *Midwest Studies in Philosophy* 6:411–67.
Van Fraassen, Bas (1989). *Laws and Symmetry*. Oxford: Clarendon Press.
Van Inwagen, Peter (1981). "The Doctrine of Arbitrary Undetached Parts." *Pacific Philosophical Quarterly* 62:123–37.
Vlastos, Gregory (1983). "The Socratic Elenchus." *Oxford Studies in Ancient Philosophy* 1:27–58.
Wang, Hao (1950). "A Formal System of Logic." *Journal of Symbolic Logic* 15/1:25–32.
Wheeler, Samuel C. (1983). "Megarian Paradoxes as Eleatic Arguments." *American Philosophical Quarterly* 20/3:287–95.
Whitehead, Alfred North (1929). *Process and Reality*. Cambridge: Cambridge University Press.
——— (1947). *Essays in Science and Philosophy*. New York: Philosophical Library.
Wittgenstein, Ludwig (1958). *Philosophical Investigations*. Trans. G. E. M. Anscombe. New York: Macmillan.

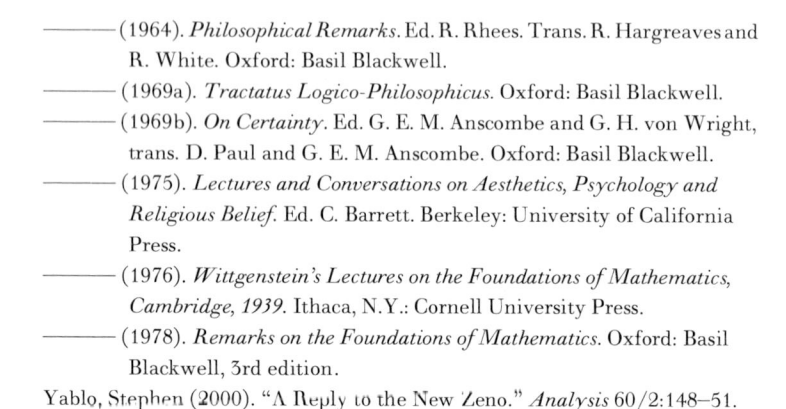

———(1964). *Philosophical Remarks*. Ed. R. Rhees. Trans. R. Hargreaves and R. White. Oxford: Basil Blackwell.

———(1969a). *Tractatus Logico-Philosophicus*. Oxford: Basil Blackwell.

———(1969b). *On Certainty*. Ed. G. E. M. Anscombe and G. H. von Wright, trans. D. Paul and G. E. M. Anscombe. Oxford: Basil Blackwell.

———(1975). *Lectures and Conversations on Aesthetics, Psychology and Religious Belief.* Ed. C. Barrett. Berkeley: University of California Press.

———(1976). *Wittgenstein's Lectures on the Foundations of Mathematics, Cambridge, 1939*. Ithaca, N.Y.: Cornell University Press.

———(1978). *Remarks on the Foundations of Mathematics*. Oxford: Basil Blackwell, 3rd edition.

Yablo, Stephen (2000). "A Reply to the New Zeno." *Analysis* 60/2:148–51.

出版后记

苏格拉底的探究悖论、康德的纯粹理性二律背反、黑格尔的矛盾世界……这些问题都曾在哲学史上占据重要的位置，同时也经常被视作令人生畏的难题。在本书作者索伦森看来，这些问题都是哲学的原子——悖论——在不同时代的变种。悖论，不同于通常所说的"难题"，在其自身之中蕴含一种持续存在的张力：每一个解决方案单独看来都深具说服力，而不同方案之间的对立又难以通过进一步的观察和比较得到化解。如索伦森所言，悖论的这一特性暗示着我们的常识并非没有断层。悖论恰恰能够映照出常识版块的裂缝，标画出感性与理性的局限，使固化的思维大陆发生漂移。一言以蔽之，悖论中蕴藏着无穷的乐趣，它将日常语词拖入谜团之中，转化为充满刺激的挑战。

索伦森无意构建一个关于悖论的权威体系，而是带着古董收藏家的兴味搜集那些诙谐迷人的问题——先有鸡还是先有蛋？上帝能有传记吗？他能不能创造一块自己也无法举起的石头？诙谐的笔调并未妨碍研究的深度，在将近400页的篇幅中，索伦森深入讨论了24位哲学家及其相关悖论，为悖论这一主题给出了百科全书式的回答。

我们有幸将这部生动详实的著作带给更多的国内读者，在此需要感谢所有为本书出版提供过帮助的人。由于译者与编者水平有限，本书难免存在不足之处，敬请广大读者指正。

图书在版编目（CIP）数据

悖论简史：哲学与心灵的迷宫 / (美) 罗伊·索伦森著；李岳臻译. -- 北京：九州出版社, 2022.6
ISBN 978-7-5225-0889-4

Ⅰ.①悖… Ⅱ.①罗… ②李… Ⅲ.①哲学—研究 Ⅳ.①B0

中国版本图书馆CIP数据核字(2022)第064278号

A BRIEF HISTORY OF THE PARADOX: PHILOSOPHY AND THE LABYRINTHS OF THE MIND, FIRST EDITION by ROY SORENSEN
Copyright ©2003 by Oxford University Press, Inc.

A Brief History of the Paradox: Philosophy and the Labyrinths of the Mind was originally published in English in 2003. This translation is published by arrangement with Oxford University Press.

版权登记号：01-2022-1461

悖论简史：哲学与心灵的迷宫

作　　者	［美］罗伊·索伦森　著　李岳臻　译
责任编辑	周　春
出版发行	九州出版社
地　　址	北京市西城区阜外大街甲 35 号（100037）
发行电话	（010）68992190/3/5/6
网　　址	www.jiuzhoupress.com
印　　刷	天津联城印刷有限公司
开　　本	889 毫米 × 1194 毫米　　32 开
印　　张	12.5
字　　数	279 千字
版　　次	2022 年 7 月第 1 版
印　　次	2022 年 7 月第 1 次印刷
书　　号	ISBN 978-7-5225-0889-4
定　　价	78.00 元

★ 版权所有　侵权必究 ★